새로운 공부가 온다

UNIQUENESS

◄◄◄◄◄ 인공지능 시대의 생존 공부법 ►►►►►

BENCH INSIGHT

── 새로운 공부가 온다 ──

안상헌 지음

행성B

| 차례 |

낡은 것은 사라지는데, 새로운 것은 아직 나타나지 않았다는 사실 속에 위기가 존재한다.

_안토니오 그람시(Antonio Gramsci)

우리가 믿고 있던 시스템이 위기에 처했다. 낡은 것은 사라지는데 새로운 것은 뚜렷하지 않다. 4차 산업혁명, 인공지능, 플랫폼, 자율주행, 사물인터넷 등 미래사회를 대변하는 용어들만 난무할 뿐 미래의 모습이 어떠한지 정확히 알 수 없다. 이것은 커다란 위협이다.

위협은 불안을 낳는다. 불안에 대처하는 방법은 두 가지다. 과거의 것을 붙드는 것과 그것과 결별하고 새로운 것을 찾아 떠나는 것. 첫 번째 방법은 편하지만 안전하지 않다. 두 번째 방법은 힘겹고 결과가 선명하지 않다. 혁명을 두려워하는 이유는 그것이 어떤 결과를 가져올지 알 수 없기 때문이다. 혁명의 결과는 한참 후에야 드러난다. 혁명의 열매가 내 것이라는 보장도 없다. 이런 이유로 대부분 첫 번째 방법에 안주한다.

공부는 변화의 길목에 있다. 과거와 미래의 갈림길에 선 것이다. 과거의 방식을 붙들 것인가, 불안하지만 미래를 위해 새로운 길로 접어들 것인가? 지식 습득 위주의 공부, 객관식 시험, 강의식 수업, 학위와 자격증 같은 과거의 것들에 집착하는 것은 목표가 선명하다는 인상을 준다. 하지만 미래를 보장받을 수는 없다. '꺼내는' 공부, 정신적 충격, 새로운 접속, 토론과 이야기 중심의 수업, 공학과 인문학의 융합은 새로운 시대의 공부처럼 보인다. 우리는 이 공부에 익숙하지 않다. 익숙하지 않은 것은 불편하고 두려운 법이다. 손해 보는 느낌도 든다. 그래서 머뭇거린다.

전문가들은 미래사회의 공부는 달라져야 한다고 입을 모은다. 인공지능으로 대표되는 미래는 과거와는 전혀 다른 능력을 요구한다. 비판적 사고력, 창의력과 통찰력, 의사소통력, 학습 민첩성, 연결성 등이 그것이다. 얼마나 많이 아는가가 아니라 얼마나 잘 활용할 수 있는가가 중요해진 시대다. 그런 점에서 미래사회는 '2U'의 시대가 될 것이다. 자신만의 고유함과 독특함을 의미하는 유니크니스(uniqueness)와 어디서든 접속할 수 있는 유비쿼터스(ubiquitous)가 그것이다.

항상 연결된 사회는 환경적 조건이 비슷할 수밖에 없다. 같은 지식을 가진 사람과 비슷한 생각을 가진 사람들이 탄생할 것이다. 자기만의 유니크니스는 다른 사람이 가지지 못한 독특함으로 경쟁력을 가져다준다. 유니크니스는 아무나 따라 할 수 없는 자신만의 독특한 무엇이다. 독특함은 강력한 자기 세계에서 온다. 유니크니스를 가진 사람은 자기만의 세계가 있다. 그 세계는 특정 분야이기도 하고, 지식이나 기술이기도 하고, 고집스러운 철학이기도 하다. 애플은 컴퓨터와 스마트폰 분야에서 지식과 기술을 활용하여 다름이라는 철학을 실현했다. 애플이 브랜드파워를 가지게 된 것은 자신만의 유니크니스를 지켜냈기 때문이다. 이곳저곳 기웃거리는 대신 하나에 초점을 맞추는 전략은 주효했다. 초점을 맞출 중심이 없으면 자기도, 유니크니스도 없다.

우리는 유비쿼터스 시대를 산다. 유비쿼터스는 '어디에나 있다'라는 뜻이다. 어디에나 있다는 것은 어디에서나 접속할 수 있다는 것을 의미한다. 접속은 연결이다. 우리는 이미 네트워크 환경에 무의식적으로 접속해 살아가고 있다. 세계는 연결되고 있다. 미래는 초연결 사회가 될 것이다.

모든 것이 연결된 사회에서는 유니크니스를 유지하기 어렵다. 나보다 나은 것들이 눈에 보이고 그곳에 시선을 빼앗기기 쉽다. 어린 시절 총명한 아이도 자라면서 학교와 학원과 인터넷에 휩쓸려 영민함을 잃고 대중을 추종한다. 경쟁력을 갖춘 기업도 순식간에 독특함을 상실하고 평범한 기업들과 경쟁하는 처지가 될 수 있다. 유비쿼터스는 위기다. 연결은 독특함을 빠른 속도로 평범하게 만든다. 유용한 기술은 금방 퍼져나가고 새로운 지식도 금세 고철이 된다. 그렇다고 접속을 끊을 수도 없다. 단절은 소외로 이어질 수 있다. 그렇다면 방법은 접속을 유지하면서 유니크니스를 지켜내는 것뿐이다. 중심에 포획되지 않는 변방적 지식인, 자기 자신을 벤치에 앉히는 성찰이 유니크니스를 지키는 방법일 수 있다.

유비쿼터스, 연결은 위기와 기회의 두 얼굴을 가졌다. 독특함이 특별함이 되려면 다름으로는 부족하다. 여기에 특출함이 필요하다. 남들과 다른 것은 기본이고 새로운 가치가 더해져야 한다. 가치를 더하려면 세상을 알아야 한다. 연결은 세상을 살펴볼 수 있는 기회이자, 욕망을 감지하고 변화를 읽어내는 라인이다. 변화는 곧 사람이다. 변화를 읽는 것은 사람을 아는 것이다. 그래서 인문학이다. 인공지능이라는 큰 변화의 시대에 인문학이 필요한 것은 사람을 알아야 하기 때문이다.

벤치 인사이트(Bench Insight)가 필요한 시대다. 벤치는 사색하고 성찰할 수 있는 여백의 공간이다. 벤치는 무엇이 부족한지, 부족함을 채우기 위해 어떻게 할 것인지 탐색할 수 있는 기회를 준다. 선수들이 필드에서 뛰다가 잠시 쉬는 곳이 벤치고, 감독과 코치가 경기를 지휘하는 곳도 벤치다. 벤치에 앉으면 경기장이 한눈에 들어오고, 경기의 맥락이 보인다. 벤치는 경기를 어떻게 풀어나가야 할지 감을 잡는 곳이다. 이것이 이른바 벤치 인사이트다.

공부는 벤치 인사이트를 얻는 것이다. 지식의 양은 큰 의미가 없다. 무엇을 읽고 익히든 직면한 문제에 대답할 인사이트를 얻어야 한다. 미래의 공부가 과거와 다른 점이 이것이다. 새로운 공부는 공학과 인문학을 함께 요구한다. 여기에 예술적 감성도 필요하다. 집어넣는 공부가 아닌 꺼내는 공부여야 한다. 자기 세계에 천착할 수 있는 시간을 주고 유니크니스를 확보할 수 있도록 개성을 장려해야 한다. 그럴 때 벤치 인사이트를 확보할 수 있다.

미래의 지식은 빠른 생산과 파괴를 거듭할 것이다. 오늘 배운 것이 내일은 쓸모없게 된다. 이런 시대에서는 아는 것이 중요한 것이 아니라 알려는 태도가 중요하다. 얇은 지식이 아니라 알려는 태도와 관련이 깊다. 공부의 개념이 변했다. 변방적 위치를 지키면서 자신을 추방하여 벤치에 앉을 수 있어야 한다. 자기를 추방할 수 없는, 벤치 인사이트가 없는 지식은 과거에 붙들린, 하나만 옳다고 믿는 노인과 같다. 냉정한 세상에서 고착된 지식인이 설 땅은 없다. 언제나 그렇듯 노인을 위한 나라는 없다.

변화의 속도가 더욱 빨라질 것이라는 점, 빠른 변화 속에서 비판적 사고를 바탕으로 본질을 파악할 수 있는 인사이트가 중요하다는 점, 자신의 유니크니스를 지키면서도 세계와의 접속을 통해 창의성을 발휘해야 한다는 점, 무엇보다 지식적응력이 중요하다는 점. 과거의 익숙한 것이 사라진 시점에서 우리가 붙들 수 있는 것은 이런 것이다. 역사는 미래의 모습을 선명하게 보여준 적이 없다. 어떻게 보면 이 정도로 충분할지 모른다. 중요한 것은 무엇을 아느냐가 아니라 어떻게 활용할 것이냐이기 때문이다.

부족한 원고를 출판해준 행성B 임태주 대표님과 편집에 노고를 아끼지 않은 박은영 님, 숨겨둔 인사이트를 꺼내 원고의 길잡이가 되어준 양송 님께 지면을 빌어 감사의 마음을 전한다.

1부

새로운 지식이 온다

|

벤치맨,
지식의 경계에 서다

|

이방인의 죽음

오늘 엄마가 죽었다. 아니 어쩌면 어제인지도 모르겠다.

알베르 카뮈(Albert Camus)의 유명한 소
설 《이방인》은 이렇게 시작된다. 어머니의 죽음에 무덤덤했던 주인
공 뫼르소는 시신조차 보지 않고 장례를 치른다. 다음날 무사히 일
상으로 돌아온 것에 안도하며 여자친구와 바닷가에서 수영하고 평
범한 하루를 즐긴다. 어머니의 죽음도, 사랑하는 사람과의 결혼에도
별 의미를 느끼지 못하는 그는 우리 사회에서 흔히 볼 수 없는 낯선

자, 이방인이었다.

친한 사람이 별로 없는 뫼르소는 이웃인 레몽과 어울리고, 어느 날 바닷가에서 충동에 이끌려 아랍인을 총으로 쏘아 죽인다. 왜 그를 죽였느냐는 물음에 뫼르소의 대답은 '햇살이 너무 눈 부셔서'였다. 어머니의 죽음, 사랑하는 사람과의 결혼, 아랍인 살해, 심지어 자기 죽음까지도 그에게는 별 의미가 없다. 일상에 다양한 의미를 부여하며 사는 우리와는 전혀 다른 모습이다. 우리에게 그는 낯선 자, 이방인이다.

"우리 사회에서 자기 어머니의 장례식에서 울지 않는 사람은 사형당할 위험을 무릅써야 한다"라는 카뮈의 말처럼 우리는 비슷한 방식으로 생각하고 행동하며 산다. 그에 비해 뫼르소는 사회의 보편적 관념을 따르지 않는다는 점에서 평범한 사람들과는 다른 존재다. 어쩌면 그는 이방인이라는 사회적 낙인을 두려워하지 않는 진정으로 '나'다운 존재인지도 모른다.

새로운 경계인, 벤치맨

심리학자 쿠르트 레빈(Kurt Lewin)은 과거 자신이 속했던 집단을 버리지 못하고, 새로운 집단에도 적응하지 못하는 사람을 '경계인'이라고 했다. 파시즘을 피해 독일에서 미국으로 건너간 프랑크푸르트학파처럼 그 또한 미국 사회에서 독일인도 미국인도 아닌 이방인이자 경계인이었다.

분단 시대를 다룬 최인훈의 소설 《광장》은 사회적 공간인 '광장'과 개인적 공간인 '밀실'을 대비시킨다. 개인의 밀실만을 중요시하는 남한에 살던 주인공 이명준은 북한에 있는 아버지가 대남방송에 등장하면서 수사기관에 끌려가 고문을 받고 이데올로기에 혐오를 느낀다. 결국 아버지가 있는 곳을 찾아 월북을 단행하지만, 그곳은 밀실은 없고 광장만이 존재하는 곳이었다. 남한과 북한 어디에도 몸둘 곳을 찾지 못한 이방인 이명준은 한국전쟁에서 포로가 되고 중립국행을 선택하지만 정신착란에 빠져 바다에 몸을 던진다. 나와 우리, 개인과 집단 사이에서 갈팡질팡하는 경계인의 모습이 분단의 현실 속에서 잘 드러난다.

우리는 모두 경계인이다. 인간은 원숭이도 신도 아닌, 원숭이에 만족할 수도 신이 될 수도 없는 완전한 경계인이다. 원숭이에 만족할 수 없었던 인간은 지식과 문명을 일으켰다. 문명의 발달은 인간을 신의 수준으로 끌어올리는 듯했다. 과학과 기술에 대한 자신감은 인간을 자연을 지배하고 진리를 실현할 구세주로 만들었다. 하지만 세계대전과 홀로코스트, 핵전쟁과 환경오염이라는 문명의 밑바닥에서 확인한 것은 인간이 신이 아니라 원숭이에 가깝다는 진실이었다. 그렇게 자신을 돌아보려던 찰나에 인공지능이 등장했다. 사람들은 환호했고 기계와 인간이 결합하는 놀라운 시대가 올 것이라는 장밋빛 미래에 부풀어 있다. 과연 인간은 신이 될 것인가?

레이 커즈와일(Ray Kurzweil)은 《특이점이 온다》에서 2030년 이후 컴퓨터는 인간 수준의 지능을 갖게 될 것이고, 뇌의 신피질에 클라우드를 연결하는 하이브리드 두뇌의 시대가 올 것이라고 주장했다. 2045년이 되면 인공지능이 인간의 지능을 뛰어넘는 특이점이 올 것이라며 놀라운 변화가 우리를 기다리고 있다는 것이다. 이른바 신인류의 탄생이다.

그의 주장이 아니더라도 우리는 이미 기계와 하나가 되고 있다. 우리는 모르는 것이 있으면 네이버나 구글에서 검색으로 알아낸다. 검색 도구는 스마트폰이다. 스마트폰은 우리와 항상 함께하며 접속된 서버에서 새로운 지식을 쉽게 찾아낸다. 우리는 스마트폰과 한몸처럼 움직인다. 세상 어디서든 접속할 수 있다는 점에서 스마트폰은 유비쿼터스적이다. 점점 우리는 새로운 지식을 얻기 위해서 공부하는 것이 아니라 지식을 꺼내어 사용하기 위해 배우게 될 것이다. 생각하는 인간이 아닌 꺼내는 인간, 그것은 새로운 경계인이자 벤치맨이다.

하이퍼 리얼리티

우리가 살아가는 세계는 이미지가 지배하고 있다. SNS에 넘쳐나는 이미지들을 보라. 이런 이미지들은 실재(實在)가 아니다. 가상이다. 그리스의 산토리니에서 찍은 사진도 실재가 아니다. 사진일 뿐이다. 하지만 그것이 더 실재 같다. 놀라운 카메라 기술이 색감을 빛나게 해주고 행복한 표정이 여행의 고단함을 숨긴다. 이렇게 실재보다 더 실재 같은 가상 세계가 하이퍼 리얼리티

(hyper-reality)다.

SNS의 사진들을 보면 세상 모든 사람이 행복하게 보인다. 여행하고, 외식하고, 공연장에 가며, 행복한 일상을 즐긴다. 그에 비하면 내 삶은 가치 없고 초라하다. 사실 다른 사람의 삶도 나와 다르지 않다. 그들이 보여주는 삶이 전부일 것이라고 내가 착각하고 있을 뿐. 우리는 어떤 모습을 보여주느냐에 따라 내가 누구인지를 알릴 수 있는 시대에 살고 있다. 그러다 보니 어떤 모습으로 어떤 삶을 살아야 할지 혼란스럽다. 그럴 때마다 우리는 경계에 내몰린다. 왠지 사진을 찍어 올려야 할 것 같은 압박과 함께 그것은 진짜가 아니라는 허무가 공존한다. 사진 속의 행복한 나가 진짜인가, 여기 힘들게 버티는 나가 진짜인가? 도대체 진정한 나는 누구이며 어디에 있는가?

벤치맨, 경계에 서다

우리는 하나의 정체성을 갖고자 한다. 불행히도 그것은 불가능한 일이다. 사르트르의 표현을 빌자면 인간은 즉자(卽自)가 아니라 대자(對自)다. 즉자는 의식이 없는 사물이다. 대자는 자기의식을 가진 인간이다. 인간은 의식으로 다른 사물과 자신을 대면한다. 그리고 존재의 의미가 무엇인지 묻는다. 그 질문에 답하는 존재 양식을 '실존(實存)'이라고 부른다.

인간은 하나의 정체성에 머물 수 없다. 그것은 사물이나 가능한 일이다. 소나무는 일평생 소나무다. 인간은 하나의 정체성으로 평생을 지닐 수 없다. 아이들을 보면 안다. 운동선수였다가 과학자였다가 유튜버로 순식간에 꿈이 바뀐다. 다른 존재와 자신을 동일시함으로써 새로운 존재로 거듭나려 한다. 어느 하나에 머물 수 없는 인간은 그야말로 경계인이다.

경계에 선 인간은 일종의 신경증을 겪을 수밖에 없다. 경계란 모호한 것이고 말할 수 없는 무엇이다. 자신을 영원한 직장인이라고 생각하는 사람은 없다. 언젠가는 직장을 그만둘 것이고 새로운 인생을 살 것이라 생각한다. 예전에는 한 직장에 오래 머물 수 있었기에 경계인의 삶이 위태롭지는 않았다. 이제 상황이 돌변했고 평생직장을 꿈꾸는 사람은 찾아보기 어렵다. 누구나 언제든 새로운 직장에서 다른 일을 할 수 있다는 생각을 품고 있다. 이런 생각은 새로운 삶의 가능성이기도 하지만 지금의 삶에 위협이 되기도 한다. 가능성과 두려움 사이에서 괴로워하는 존재, 경계인이 지금 우리의 모습이다.

찰스 핸디(Charles Handy)의 《코끼리와 벼룩》에는 경계인의 삶을 보여주는 에피소드가 등장한다.

어떤 여자를 만나서 직업이 무엇이냐고 물었더니 텔레비전 드라마의 각본을 쓴다고 말했다. 나는 감탄하지 않을 수 없었다.
"하지만 아직 연출되지는 않았어요."
그녀가 말했다.
"그럼 뭘 먹고 삽니까?"
늘 사람들의 생활에 관심이 많은 내가 물었다.

"일요일마다 달걀을 포장하는 일을 하고 있어요."

그녀가 미소지으며 말했다. 그녀가 돈을 버는 일은 그녀의 마음 속에서 진짜 일이 아니었다.

많은 사람이 일에서 내면적 퇴직상태에 있다. 그러면서도 아침이면 자동으로 몸을 일으켜 출근한다. 하고 싶지 않은 일이지만 살아가기 위해 할 수밖에 없는 것이 일이다. 이것이 경계인이 겪는 일상의 괴로움이다. 현명한 경계인이라면 달걀을 포장하는 일보다 드라마의 각본을 쓰는 일에 더 많은 시간을 할애할 것이다.

벤치맨은 단순한 경계인과 다르다. 경계에 선 모습은 같지만 그것에 더 적극적이고 긍정적이다. 벤치맨은 현실의 시간과 벤치의 시간을 구분할 줄 안다. 현실에서 잠시 물러나 벤치에 앉아 삶을 돌아본다. 벤치는 단순히 쉬는 곳이 아니다. 전체 경기를 살피고 새로운 경기를 준비하는 곳이다. 벤치에 앉으면 플레이어가 아닌 코치가 되고 철학자가 된다. 경기에 머물면서도 그것에 집착하지 않는다. 그는 경기 중 뛸 수 있는 시간이 줄어들 것을 안다. 나보다 강한 역대급이 나타났다는 것도 안다. 그 주인공은 인공지능이다. 경기를 풀어가려면 경기를 떠날 줄 알아야 한다. 스스로를 벤치로 내몰아야 한다. 그것은 불안한 일이고 괴로운 일이다. 하지만 필요한 일이다.

진리는 길이 없다

경계인은 과거를 비리지도 미래를 얻지도 못한 사람이다. 이쪽 조직에도 저쪽 조직에도 완전히 몸담지 못한 사람이다. 선 위에 선 불안한 사람이다. 하지만 덕분에 한쪽에 발을 담그고 다른 쪽을 들여다볼 수 있다. 자기 스스로 문제를 부여안고 대답을 찾아다니며 균형을 유지하기 위해 끊임없이 고민하고 흔들리고 좌절한다. 헤매고 좌충우돌하지만 그러면서도 자기만의 뭔가를 찾아간다. 덕분에 자기만의 철학, 규율, 태도 등을 얻는다. 그는 경계를 견디고 긴장을 즐길 수 있는 사람이다. 그렇게 경계인은 벤치맨이 된다.

이제 과거처럼 경계인은 이방인으로 취급되지 않는다. 적응하지 못한 어정쩡한 모습의 아웃사이더로 규정되지도 않는다. 오히려 환영받는 찬양의 대상이다. 그는 벤치맨이다. 벤치맨은 다르다. 새롭고 창의적이다. 경계에서 다양한 요소들을 흡수하고 통합하여 새로운 방향을 제시하는 사람이다. 대부분의 혁신은 자신의 전문분야가 아닌, 조직의 내부가 아닌 다른 곳, 외부에서 온다.

나는 새로운 통찰과 새로운 아이디어를 얻으려면 자신의 전문분야에서 과감히 탈피해야 한다는 것을 알았다. 내가 회사들을 상대로 종종 지적하듯이, 진정한 혁신은 해당 산업 혹은 회사 바깥에서 온다. 회사 내부에서 오는 것은 친숙한 것의 변형일 뿐, 진정으로 새로운 것이 아니다. 나는 이 통찰이 남보다 낫기보다 다르기를 바라는 모든 사람에게 적용된다고 생각한다.

_찰스 핸디,《코끼리와 벼룩》

회사 일에 목숨을 거는 사람은 무능력한 사람으로 취급받게 될지 모른다. 경계에 서는 대신 스스로 굴종의 길을 간 이들에게 창의성은 기대할 수 없다. 창의성은 안이 아닌 밖에서, 익숙한 것이 아닌 낯선 것에서 온다. 협소한 한 분야에만 몰두한 사람은 미래가 없다. 변하는 세상은 전혀 다른 능력을 요구할 것이고, 한 분야에만 몰두한 사람은 응용력이나 적응력을 발휘하기 어렵다. 산업교육을 주도했던 수많은 기업교육 강사들이 인문학과 융합의 시대가 오자 길을 잃었다. 그 많던 CS(customer satisfaction) 교육 강사 중에서 자기 분야를 유지하거나 다른 분야로 연착륙한 이는 열에 하나도 되지 않는다. 원인은 두 가지다. 자기 정체성이 분명하지 않았다는 것, 다른 분야와의 경계에 서지 못했다는 것이다.

진리는 길을 소유하지 않으며 바로 그 점이 진리의 아름다움이다.

_프란츠 카프카(Franz Kafka),《비유에 대하여》

벤치맨은 하나에 매몰되지 않는다. 그들은 길을 모른다. 단지 진리를 추구할 뿐이다. 덕분에 그들은 어떤 길이든 갈 수 있다.

이기주의와 이타주의 사이

생물학자 에드워드 윌슨(Edward Wilson)은 인간을 '모두 성인이자 죄인이며 진리의 수호자이자 위선자인 유전적 키메라(chimera)'라고 말한다. 우리 안에 이기적인 마음과 이타적인 마음이 혼재하기 때문이다. 한 개인이 살아남으려면 이기적으로 행동하는 것이 유리하다. 윤리 시간에 강조하는 것과는 달리 실제 생활에서는 이기적인 행동이 이익을 가져온다. 자기중심적인 사람이 살아남을 가능성이 크다는 말이다. 자기 이익을 위해 목소리를 높이는 사람이 상사의 눈에 띄기 쉽고, 조직에서 구조조정 압박이 들어오면 이타성이 강한 사람이 자발적으로 그만둘 가능성이 크다. 한마디로 이기심은 생존에 도움을 준다.

집단 간의 경쟁에서는 상황이 달라진다. 두 집단 간의 경쟁에서는 집단 내에 이타적인 사람이 많을수록 경쟁에서 우위를 점할 수 있다. 자기 이익을 우선하는 사람들은 조직의 위험을 앞에 두고 헌신하지 않는다. 국가 간의 전쟁에서 승리하는 쪽은 목숨을 걸고 싸우는 국민이 많은 나라다. 도둑은 자기에게는 유리하지만 다른 사람에게는 해롭다. 전사는 다른 사람을 유익하게 하지만 자신의 목숨을 위태롭게 한다.

인간은 이기심과 이타심 사이에서 끊임없이 갈등하는 존재다. 사회변동이 극심해지는 현대에서는 내면의 갈등이 더욱 두드러지게 나타난다. 현대인들이 심리적 압박감에 시달리고 정신질환을 호소하는 경우가 많아지는 이유는 이런 상황과 관련이 깊다. 동료와 경쟁하는 직장인은 정정당당하게 패배할 것인가, 이기적으로 승리할 것인가를 고민해야 한다. 퇴근 후 가족을 위해 저녁을 준비할 것인가, 지친 척 쓰러질 것인가를 선택해야 한다. 어떻게 할 것인가? 해답은 우리 내면에 있다. 자기 이익을 찾으면서도 전체에 도움이 되는 방법을 찾아낼 것이다. 이기심을 바탕에 둔 이타적 협력, 이것으로 우리는 버텨왔다.

> 우리는 결국에는 타고난 불안을 지닌 채 살아가고, 아마도 그것을 창의성의 주된 원천으로 여기면서 기쁨을 얻는 방법을 찾아낼 것이다.
> _에드워드 윌슨, 《인간 존재의 의미》

불안은 창의성의 원천이다. 우리가 겪고 있는 경계인으로 사는 삶이 가져다주는 불안과 갈등은 우리를 새로운 생각의 문으로 안내한다. 하나의 정체성에 묶인 이들은 이런 경험을 할 수 없다. 경계에 선 사람만이 다른 흐름을 감지하고 신선한 물을 끌어와 세상에 맑은 흐름을 제공할 수 있다. 문제는 그 긴장과 압박을 견딜 수 있는가다.

경계인의 빛과 그늘

가장 성공한 과학자는 시인처럼 생각하고 ─ 폭넓게, 때로는 환상적으로 — 경리 직원처럼 일한다. 세상에 보이는 것은 후자의 모습이다.

_에드워드 윌슨, 《인간 존재의 의미》

알베르트 아인슈타인(Albert Einstein)은 소설을 좋아했다. 평생 바이올린 연주를 즐긴 음악가였고, 여유로운 시간을 소설로 채운 독서가였다. 훌륭한 과학자들은 연구에만 몰두하지 않는다. 그들은 과학 외에도 음악, 그림, 소설 분야에도 일가견이 있다. 왜 그럴까? 경계에 서는 것을 즐기기 때문이다.

《카라마조프가의 형제들》은 아인슈타인이 가장 사랑하는 책이었다. 인간 본성의 통찰로 가득 찬 이 책이 천재과학자의 어디를 건드렸을까? 자세한 내막은 알 수 없다. 하지만 인간에 대한 관심과 인류 문제에 대한 애정, 진실을 파고드는 과학자다운 태도가 소설의 어떤 부분과 맞아떨어졌음은 분명하다. 그것이 과학자의 눈을 새롭게 하고 마음을 닦고 머리를 번뜩이게 했을 것이다. 경계를 서성거리는 사람은 외부의 매력을 안다.

《나는 지방대 시간강사다》의 저자 김민섭은 책을 내고 대학을 벗어났다. 시간제로 아르바이트를 하며 버텼던 시간강사 생활을 접은 것이다. 강사가 아닌 작가의 삶을 시작한 그는 자신을 '경계인'이라 부른다. 한곳에 정체성을 둔 사람이 아닌 여러 분야에 걸쳐진 사람이기 때문이다.

나는 이제 시간강사도 아니고, 청년도 아니고 나 자신을 무엇으로 규정해야 할지 잘 모르겠다. 사실 완벽한 중심도 주변도 없다. 우리는 모두 경계인이었다. 의식적으로 한발 물러서서 자신의 모습을 타인과의 관계 속에서 관조해보는 일이 필요하다. 그러한 자기규정이 우리를 경계인으로서 타인을 감각하며 살아가게 할 것이고, 다음 세대를 이해할 수 있게 만들어줄 것이다.

_김민섭,《경계인의 시선》

경계인은 관조한다. 기성세대도 아니고 젊은이와도 어울리지 못하는 이들은 두 세대 사이에 끼어 있다. 이런 경험은 세상을 볼 수 있는 새로운 단상들을 제공한다. 정규직 교수들은 돈 버는 데 혈안이 된 대학을 비판할 수 없다. 그들의 정체성은 대학에 의존한다. 무너진 상아탑을 향한 냉정한 시선과 청년들의 상황에 대한 침착한 분석은 경계인이기 때문에 가능하다. 경계인 김민섭의 글이 날카로운 것은 그가 자신을 경계로 몰아넣은 벤치맨이기 때문이다.

지금의 젊은이들은 기성세대와는 다른 '연대'를 추구한다. 그들은 느슨하게 연결되어 있다. 어깨동무하고 같은 구호를 외치는 것이 아니라 한 가지를 매개로 그저 이어져 있는 것으로 만족한다. 취향이 비슷한 사람끼리 만나는 것은 환영하지만 사생활을 묻는 것은 허용하지 않는다. 온라인으로 연결되는 정도의 접속을 유지하며 소모임 형태로 움직인다. 그들은 하나의 구심점이나 지향점이 없다. 심지어 주변도 없다.

경계인은 뛰어난 적응력을 가졌다. 경계인은 기존의 관습이나 규칙에 무관심하고 오히려 그것을 무시한다. 기성세대의 규칙이나 신념을 따르지 않고, 과거의 깃에 불편함을 느끼고 새로운 것을 받아들이는 데 익숙하다. 그들이 한 집단이나 한 분야에 소속된 존재들이 아니기 때문이다. 정체성이 불투명한 경계인은 뭐든 할 수 있는 가능성과 적응력을 예비하는데, 이것이 경계인의 빛이다.

문과와 이과를 통합하려는 움직임도 경계인의 양성과 관련이 깊다. 경영학만 알고 생물학은 모르는 학자, 전자공학은 알고 인류학은 모르는 전문가들이 아닌 다양한 분야의 학문을 통섭할 수 있는 인간을 양성해야 한다는 사회적 압력이 교육계에 침투한 결과다. 고교학점제의 의미도 다르지 않다. 필수과목을 최소화하고 학생들에게 교과 선택권을 부여하겠다는 취지를 가진 고교학점제는 자신의 진로에 맞는 교과를 선택할 수 있다는 점에서 진로교육과도 연관된다. 고교학점제를 일찍 시행한 핀란드의 경우 필수, 전문심화, 자유선택 등으로 나누어 수업을 신청하고 학생의 수준에 따라 단계별 수업도 들을 수 있다. 앞으로 이런 변화가 교육계에 더욱 활발히 일어날 것이다. 현재의 교육방식으로 30년 후를 대비할 수 없다는 것을 누구나 알기 때문이다.

교육은 미래다. 공부는 가능성이다. 미래의 가능성은 경계를 견디는 힘에 달려 있다. 나와 우리, 이기심과 이타심, 불안과 확신, 시인과 과학자, 밥벌이와 자유의 경계에 선 인간. 모순의 날 선 긴장 속에서 사유를 지속하는 인간이야말로 미래의 가능성이다.

|

변방적 지식인이
되자

|

공자와 변방

동아시아 역사에 가장 큰 영향을 미친 사람은 누구일까? 진시황, 칭기즈칸, 마오쩌둥 등이 떠오르지만 이들보다 더 강력한 영향을 미친 사람이 있다. 바로 공자(孔子)다. 유학의 종조이자 동양 최고의 성인(聖人)으로 존경받는 인물, 중국은 물론이고 한국, 일본까지 동북아 문화를 바꾸어놓은 사람이 공자다.

그는 춘추전국시대의 혼란기에 약소국 노나라에서 태어났다. 어려서 배우기를 좋아하여 학문에 전념한 결과 자신을 따르는 사람들이 생겨났고, 나라의 부름을 받아 대사구(大司寇)라는 관직에 등용되어 빛을 보는 듯했다. 그러나 세도가들의 반란 사건 이후 천하를 주유하면서 자신의 신념과 사상을 알아줄 제후들을 찾아다녀야 했다. 그런 노력에도 불구하고 그의 사상은 제후들의 선택을 받지 못했고, 결국 지친 몸을 이끌고 고향으로 돌아와 글을 쓰고 제자들을 가르치며 여생을 마쳤다. 춘추전국시대에 공자의 사상은 변방에 있었다.

공자가 빛을 본 것은 한나라 이후였다. 한나라 무제는 세상을 다스릴 수 있는 학문을 원했고 유학이 선택되면서 그의 사상은 새로운 빛을 본다. 인(仁)을 강조하는 공자의 사상이 전쟁의 시기에는 통용되기 어려웠으나 나라가 안정되면서 사회질서를 유지할 수 있는 중요한 사상으로 인정받은 것이다. 그 후 유학은 당나라와 송나라로 이어졌고, 성리학과 양명학, 고증학으로 계승되고 발전하여 동아시아인들의 정신적 기준이 된다.

공자는 변방적 지식인이었다. 그의 사유는 중심이 가진 체계나 경전적(經典的) 고착이 없다. 그가 강조한 것은 인(仁)과 예(禮)라는 인간이 살아가는 데 필요한 덕목이었고, 살기 좋은 세상에 대한 열정이었다. 그의 사상이 유학 혹은 유교로 체계화되고 교조화된 것은 그의 잘못이 아니다. 한나라 이후 유학이 중심부를 차지하면서 체계를 세우고 세상을 해석하고 다스리는 기준으로 작용하면서 일어난 일이다.

그의 변방적인 측면은 출생에서도 드러난다. 약소국 노나라에서 태어났고, 가문 또한 몰락하여 기울어진 상황이었다. 부친 숙량흘과 모친 안징재는 정식으로 혼인한 관계가 아니었고, 세 살 때 아버지의 죽음으로 홀어머니를 모시고 천한 일을 하면서 힘겨운 소년 시절을 보내야만 했다. 출생에서 죽음까지 공자는 변방적 인물이었다.

변방의 의미

변방적 지식인은 인류 역사에서 수없이 발견된다. 궁형을 당하는 치욕 속에서도 《사기》를 완성한 사마천이 그랬고, 조선 후기 집권 노론의 위세 속에서 백성들에게 도움이 될 수 있는 학문을 추구했던 박지원, 박제가, 정약용 등이 그랬다. 소크라테스는 아테네의 광장에서 젊은이들과 대화를 나누던 강퍅한 늙은이였고, 프리드리히 빌헬름 니체(Friedrich Wilhelm Nietzsche)는 사회적 소외와 정신질환의 고통 속에 몸부림치며 생각을 써 내려간 불우한 철학자였다. 그들은 사회가 만들어놓은 주류의 길이 아닌 아웃사이더로서 변방에 머물렀다. 그 변방에서 자신의 사유를 펼쳤고 중심을 흔들 수 있는 독특한 사상과 결과를 얻어냈다. 변방은 그들에게 유니크니스를 제공했고 그들은 그것을 지켜냈다.

그들을 변방적 지식인이라고 하는 것은 지역적인 면을 강조한 것이 아니다. 중심에 있으면서도 변방에 머물 수 있고, 변방에 있으면서도 중심적 지위를 누릴 수 있다. 변방은 지역적 의미보다 내용적 면이 중요하다. 주류에 포획되지 않고 고유한 것을 지키며 그것을 밀어붙여 독특함으로 완성하는 것이 변방적 지식의 특성이다. 그들은 한곳에 머물지 않고 새로운 것들을 맞이하며 끊임없이 변한다. 익숙한 것과의 결별과 기존 체제로부터의 탈주를 통해 과거와 선을 굿고 새로운 접속을 시도한다. 그들에게 고립과 정착은 쇠퇴와 멸망이다. 그들에게는 큰 틀은 있지만 체계적인 규범은 없고, 정체성은 가졌지만 그 내용은 열려 있다.

변방적 지식의 변질

이른바 주류적 지식에는 신선함이 없다. 펄떡이는 생명력은 없고 죽은 옛사람들의 찌꺼기만 가득하다. 누구의 말을 숭배하고 누구의 행동을 찬양하는 것이 주류적 지식의 특성이다. 소크라테스가 죽은 후 플라톤은 스승에게서 배운 것으로 자신만의 철학을 확립했다. 소크라테스의 변방적 지식을 체계화시켜 자기 철학으로 완성한 것이다. 플라톤은 국가는 어떠해야 하며 인간은 어떤 삶을 살아야 하는지에 대한 기준을 세웠다. 덕분에 소크라테스적 변방성은 사라지고 플라톤적 중심만 강조되고 말았다.

소크라테스는 열린 사고를 지향했고 질문을 중요시했다. 그는 진리를 발견하고 실천한다는 큰 그림만 가지고 있었고, 그것이 무엇이고 어떠해야 하는지에 대한 자세한 내용은 각자에게 맡겼다. 플라톤은 이데아론을 통해 각자에게 맡겨진 열린 가능성을 닫아버리고 올바른 삶의 기준을 분명히 설계했다. 덕분에 창의적으로 흘러넘쳐야 할 철학과 사유들이 고정되고 획일화되었다.

공자 이후 유학은 체계화를 거듭했다. 특히 송나라의 주희는 공자와 맹자의 사상을 끌어올려 성리학으로 완성했다. 그는 사서(四書)를 중심으로 유학을 재편하고 공자-증자-자사-맹자로 이어지는 도통(道統)을 제시하며 사서에 주(註)를 달아 해석의 기준을 세웠다. 이후 학자들은 그의 주를 기준으로 경전을 해석했고, 주희는 교주에 버금가는 지위를 누렸다. 그 결과 공자의 큰 그림에 세부적인 지침과 방법들이 가미되어 이전과는 판이한 모습의 학문이 형성되었다. 성리학을 신유학이라고 부르는 것은 그만큼 이전의 유학과 다르기 때문이다. 공자가 보았다면 고개를 갸웃했을 만한 일이다.

주희의 작업은 그나마 남아 있던 공자의 변방성을 모조리 집어삼키고 말았다. 덕분에 성리학은 나라를 이끌고 자신을 수양하는 기준의 역할을 맡게 되었으나 변하는 사회에 대응할 수 있는 탄력성과 생명력을 잃고 말았다.

변방적 지식이 중심부의 주류적 지식으로 변질되는 과정은 주변이 중심을 장악하는 과정이기도 하다. '시작은 나약하였으나 끝은 창대하리라'라는 말이 그 과정에 딱 어울린다. 문제는 중심을 장악하고 주류가 된 지식은 현실적 문제해결력을 상실하기 쉽다는 것이다. 나라를 구한 영웅이 독재자가 되는 모습을 너무도 쉽게 발견할 수 있다.

지식의 함정

우리가 숭상하는 중심부의 주류 지식은 몇 가지 함정을 품고 있다. 그 함정의 핵심은 문제에 직면했을 때 어떤 중심 혹은 정답이 있다고 믿게 한다는 것이다. 중심적 지식은 많은 사람에게 환영받고 인정받았디. 그 결과 그 지식은 중심에 도달했고 사람들은 저마다 그 지식을 찬양하며 배우기에 여념이 없다. 요즘 같은 분위기라면 《사피엔스》의 유발 하라리(Yubal Harari)나 《총, 균, 쇠》의 재레드 다이아몬드(Jared Diamond) 같은 경우다. 변방적 지식은 어느새 중심을 파고들어 너나없이 읽기를 선망하는 책과 지식이 된다. 물론 이 저자들이 중심과 정답을 강조하거나 그들의 저작에 그것을 담고 있다는 뜻은 아니다. 그들을 읽는 독자들, 세상이 그렇게 만들고 있다는 것이다. 권력은 주변부의 지식을 포섭하고 흡수하는 데 탁월한 능력을 보여준다.

중심적 지식의 정점은 교과서다. 교과서는 수십 명의 전문가가 모여 과학적으로 증명된 내용과 옳다고 믿는 것들을 종합하여 만들어진다. '객관적 검토'를 마친 것이다. 학교에서는 교과서를 중심으로 가르치고 시험도 교과서에서 출제된다. 교과서는 교사, 학생들과 부모들에게 신이다. 여기에서 벗어난 내용을 가르치는 교사는 반골이 되거나 무능하다고 낙인찍힌다. 교과서에 담기지 않은 내용은 시험으로 출제될 수 없고, 출제된다고 해도 엄청난 사회적 부담을 떠안아야만 한다.

최근 학생부종합전형의 문제가 주목받으면서 수능시험을 강화하자는 목소리가 힘을 얻고 있다. 수능시험은 부모의 재력과 영향력이 미칠 수 있는 범위가 제한적이고 학습의 정도에 따라 평가하기 때문에 객관적일 수 있다는 것을 근거로 한다. 수능은 중심적 지식을 얼마나 머릿속에 담고 있느냐에 따라 사람을 평가하는 방법이다. 객관성을 담보할 수 있지만 변방적 지식의 소멸이라는 점에서 수능시험의 확대는 바람직한 방향이 아니다. 수시와 같이 열린 교육방식을 발전시키면서 기존의 권력이 교육에 침투하지 못하는 체계를 고민해야 한다. 사지선다형 지식인을 양성하는 것은 미래를 위협하는 일이다.

사람들이 중심적 지식에 대한 환상을 가지는 것은 그것에 익숙하기 때문이다. 여기에 무엇을 어떻게 공부해야 할지 모르겠다는 막연한 불안도 한몫한다. 학생들이 교사에게 시험 범위를 정해달라고 요구하는 이유도 여기에 있다. 우리는 새로운 지식과 열린 문제들에 익숙하지 않다. 그것들은 불안을 가져오고 감당할 수 없을지도 모른다는 두려움을 안겨준다. 중심적 지식은 이런 인간의 심리를 집요하게 파고들어 주류의 위치를 장악한다.

지식의 죽음

중심적 지식은 정답에 매몰되어 다른 가능성을 보지 못하도록 만든다. 처음 인문학을 공부하는 사람들은 '왜 정답이 없냐'라고 묻는다. 수학과 과학처럼 하나의 정답을 제시하는 학문에 익숙해진 탓이다. 이런 사고에 익숙해지면 하나의 정답을 찾아야 한다는 생각에 창의적 해답들을 찾지 못한다. 지도교수의 지도를 받으며 논문을 써야 하는 대학원생들에게 학문은 불가능하다.

그들은 정답을 정해둔 채 현실을 그것에 짜 맞출 뿐이다.

지식숭배자들의 탄생도 다르지 않다. 공부를 하다 보면 흔히 '꽂히는' 경험을 한다. 평소 궁금했던 점이나 고민하는 문제를 시원하게 풀어주는 책을 만난다. 그날 이후 저자의 팬이 되고, 저자가 말한 이론의 숭배자가 된다. 책의 내용을 인용해 말하고, 저자의 생각을 자기의 것으로 내면화한다. 강의를 찾아다니며 듣고 한마디를 놓치지 않기 위해 필기한다. 그 과정에서 지식은 얻을 수 있지만 자기를 잃는다. 독자의 죽음이다.

중심적 지식은 현실적 문제해결력이 취약하다. 변방에서 등장한 지식이 주류가 될 수 있었던 것은 그 시대의 문제를 해결하는 데 중요한 역할을 했기 때문이다. 문제는 그 이후다. 세상은 변하고 시대에 따라 직면하는 문제의 성격도 달라진다. 과거의 패러다임과 이전의 지식으로 변해버린 세상의 문제를 해결하려니 쉽지가 않다. 현실적 문제해결력을 상실할 만큼 지식이 고착되었기 때문이다.

고려 말 신진사대부들은 성리학으로 무장하고 고려 사회의 모순을 들여다보았다. 그들의 눈에 당시의 지배층은 나라를 운영할 능력을 상실한 상태였다. 수기치인(修己治人)의 노력은 찾아볼 수가 없었고 권문세족들은 권세를 개인적 치부를 위한 수단으로 악용하고 있었다. 전시과 제도는 붕괴했고 농장이 확대되며 백성들이 송곳 꽂을 땅조차 없는 최악의 상황에서 성리학은 문제해결의 길을 제시했다.

성리학은 개인의 도덕적 수양과 학문적 노력을 통해 군자의 길을 제시한다. 그러자면 백성들에게 모범을 보여야 하고 실무 능력을 갖추어 구체적인 삶의 문제를 해결할 역량을 훈련해야 한다. 이제현 등의 초기 성리학자들은 다양한 개혁안을 제시하여 기울어지는 나라를 바로잡으려 시도했고, 이색(李穡)과 문하인들에 이르러 본격적인 정치세력으로 성장하여 이상적인 국가상을 제시하고 행동했다. 그 열매가 과전법과 조선의 개창이었다.

조선 초기의 성리학은 나라를 이끌 중심사상으로 자리 잡았고 유교적 이상국가 건설이라는 꿈에 부풀어 사대부들을 이끌었다. 중심과 주류는 현재를 향유하며 자기를 강화하고 확대하는 데 집착하기 쉽다. 결국 성리학은 이론에 갇혀 변화하는 현실 문제를 해결할 힘을 상실하고 오히려 성장의 걸림돌이 되고 말았다.

기성세대의 사고방식이 그렇다. 그들은 자신의 시대에 통용되었던 사고방식과 옛 지식으로 현시대의 문제를 해결하려 한다. 문제가 해결되지 않으면 문제를 품고 있는 시대를 탓한다. 심지어 문제를 특정한 사람의 잘못으로 몰아붙인다. 답은 정해놓고 문제를 바꾸자는 식이다. 이런 사고방식은 그 시대의 문제를 해결할 수 있는 이들에게 장애로 작용한다. 최근 주변에서 쉽게 볼 수 있는 신구세대 간의 갈등이 그 사례다.

중심부의 주류 지식은 현실적 문제해결력을 상실한 채 자신과 주변과 인간을 죽인다. 자기중심적으로 고착되고 역동성을 상실한 지식의 폐해가 이렇게 심각하다.

경계인으로
산다는 것

변방적 지식인은 경계인이다. 경계인은 두 가지 의미가 있다. 하나는 서로 다른 영역의 경계(境界)에 머문다는 것이고, 다른 하나는 자신을 경계(儆戒)한다는 의미다. 변방적 지식인은 자기 것만을 고집하지 않는다. 그들은 내 생각이 옳다는 절대적 신념이 없다. 그렇기에 다른 지식과 쉽게 접속하고 융합한다. 또한 여러 지식의 경계에서 긴장을 견뎌낸다. 그 과정에서 자신을 경계한다. 배우고 익힌 것이 고착되어 절대적인 기준이 되지 않는지를 살핀다. 부와 권력과 결탁하여 곡학아세(曲學阿世)하지 않는지를 경계한다.

변방적 지식은 권력과의 타협을 통해 중심부로 진입하려는 유혹을 견뎌야 한다. 타협을 통한 유입은 포획이나 마찬가지다. 신선하고 생명력 넘치던 지식은 곧 부와 권력의 향유에 백기를 들고 죽어갈 것이다. 우리는 이런 경우를 수없이 목격했다. 민주화를 외치던 영웅이 제도권 정치 속에서 괴물로 변해가는 모습, 정의감과 패기로 가득 찬 사법시험 지망생이 판검사를 거치면서 권력의 시녀로 전락하는 과정, 끊임없이 질문하며 세상을 신기한 눈으로 보던 아이가 고개를 숙이고 학원 승합차를 타러 가는 모습까지.

아르투어 쇼펜하우어(Arthur Schopenhauer)가 지적했듯이 인간은 의지의 동물이다. 인간의 삶은 자기보존과 확대라는 맹목적인 의지가 지배하고 있다. 지식 또한 마찬가지다. 자신을 강화하고 멀리 퍼져나가려 한다. 위험한 것은 이런 자기 강화적 본능이 무용해지는 시대가 왔다는 것이다. 지식의 양이 중요한 시대라면 지식의 자기 강화가 생존에 도움을 주겠지만, 이제 상황은 반대로 흘러갈 것이다. 자기를 강화하는 지식이 아니라 오히려 자기를 파괴하는, 지식의 죽음이 다가왔기 때문이다.

변방적 지식이
역동적 힘을 가지려면?

변방적 지식이 힘을 가지려면 주변의 압력을 견뎌야 한다. 중심적 지식은 우리의 일상을 장악한다. 일상을 장악하지 않으면 중심이 아니다. 유교적 사고방식이 한국인의 정신세계를 어떻게 점령하는지를 보면 알 수 있다. 이런 중심적 사고는 나도 모르게 나를 장악하고 삶의 방향을 조종하려 든다. 주변부에 머무는 이들 또한 자신도 모르게 중심에 휩쓸리기 쉽다. 자기도 모르게 유행하는 드라마를 보고, 유행하는 개그를 따라 하고, 남들이 입는 스타일의 옷을 추종한다. 추종과 모방은 중심적 지식이 힘을 강화하는 방식이다.

'말도 안 되는 소리 하지 마!', '현실적으로 가능하다고 생각해?', '내 눈에 흙이 들어가기 전에는 안 돼!'

이런 말들을 견딜 힘이 필요하다. 긴장감을 견디는 힘은 변방성의 핵심이다. 지리적인 변방성도 도움을 준다. 중심에서 멀어져 있기에 상대적으로 영향력을 덜 받기 때문이다. 여기에 적절한 정보의 차단도 필요하다. 지나친 정보, 왜곡된 정보가 변방성을 약화시킨다. 베스트셀러 목록을 살피는 독자가 대표적이다. 그 독자는 자신과 무관할 수 있는 정보를 얻고 그것으로 세상을 들여다보려고 시도한다. 좋은 독자는 자신이 무엇을 읽어야 하는지 알고 그것에 집중한다. 베스트셀러는 중심부가 만든 기준일 뿐이다.

책을 읽는 방식도 중요하다. 저자의 의도를 파악하는 데 여념이 없는 독자가 있다면 그는 중심에 포획된 독자다. 변방의 독자는 저자의 의도가 아니라 자신의 눈으로 책을 본다. 읽고 맥락을 살피며 감동한 부분에 줄을 치고 생각한다. 변방의 독자는 저자의 의도를 숭배하는 대신 무시한다. 그래야 자신이 거듭남을 알기 때문이다. 저자의 권위에 짓눌려 그의 이론적 체계를 따르는 독자는 변방성이 없다. 교수님의 말을 필기하느라 정신없는 학생도 생명력이 없다. 멍한 모습으로 듣다가 우연히 들리는 한 마디에 꽂혀 그것에 대해 생각하고 또 생각하는 학생은 생명력이 넘친다. 내면에 자신의 지식을 잉태하고 있기 때문이다.

긴장감을 견디는 힘이 변방성에서 중요한 이유는 생존의 문제와도 직결되기 때문이다. 중심적 지식을 얻으면 생존에 유리할 것처럼 보인다. 수능시험을 잘 보고, 자격증 시험에 합격하고, 전문가의 이론을 수강하면 일자리를 얻거나 사회적으로 유리한 지위를 점할 수 있다는 생각이 그것이다. 실제로 중심적 지식은 자기 권력을 유지할 수 있는 배치를 통해 배타적 지위를 유지한다. 특정한 자격, 요건을 갖추어야만 향유의 권능을 부여받을 수 있다고 외친다. 생존에 민감한 이들이 무시하기 힘든 소리다. 부모가 자식의 적성은 무시한 채 취업이 잘 되는 학과를 선택하게 하는 이유가 이것이고, 대학이 학위를 팔아 돈을 벌 수 있는 이유도 이것이며, 기업이 사원들의 충성심을 끌어낼 수 있는 이유도 여기에 있다.

중심부에 대한 선망과 환상을 극복하지 못한다면 변방적 지식은 불가능하다. 자신의 고유함을 지키고 키워나갈 수 없을 뿐만 아니라 새로운 지식과의 접속과 결합의 가능성도 사라지기 때문이다. 중심부적 지식은 채찍과 당근, 협박과 회유라는 양날의 검을 사용한다. 그 칼은 중심부에 다가갈수록 벼려져 변방적 지식은 쉽게 자신의 독특한 힘을 빼앗기고 만다.

다행인 것은 지식 엔트로피가 본격화되면 중심부의 지식이 급속히 와해된다는 점이다. 탈주와 접속을 반복하는 변방적 지식인들이 새로운 시대의 주인공이 될 것이다. 과거의 것이 사라진 곳에서 새로운 것을 창조할 수 있는 힘은 역동성에 있고, 그것을 품고 있는 이들이 변방적 지식인이기 때문이다.

지식의 숲에서
길을 잃자

지식이 지혜를 가린다

우리가 흔히 착각하는 것이 있다. 많이 알수록 똑똑해진다는 생각이 그것이다. 똑똑해진다는 의미가 지식의 양이 늘어나고 세상일을 판단하는 데 도움을 준다는 뜻이라면 맞는 말이다. 하지만 많이 알수록 똑똑해지는 면이 있지만 생각이 지엽적으로 치우치거나 더 큰 그림을 보지 못한다는 약점도 있다. 지식이 지혜를 가린다는 말은 이런 뜻이다.

그동안 우리 사회의 교육은 많이 아는 사람을 만들기 위해 노력해 왔다. 교육제도는 물론 공부의 분위기 자체가 지식의 양에 쏠려 있었다. 그러다 보니 공부하는 사람들은 늘 쫓기며 산다. 학생들은 물론이고 직장인들, 취미로 공부를 시작한 사람들까지 공부의 양에 집착하며 목표량을 채우는 데 급급하다.

독서에 발을 디딘 사람들이 가장 쉽게 익숙해지는 분야는 자기계발이다. 자기계발 분야의 책은 내용이 선명하고 열정을 심어주는 힘이 있기에 많은 사람이 좋아한다. 자기계발 분야의 독서가들이 다독가가 되는 경우가 이것 때문이다. 읽으면 아는 기쁨이 오고, 다음 책을 찾게 된다. 그렇게 자기계발에 익숙해진 후에는 새로운 분야들로 옮겨간다. 경제경영이나 에세이, 심리학 등이 그것이다. 그렇게 독서가가 되고 독서 모임에도 참여하고 글도 써본다. 많이 읽고, 많이 알고, 많이 익히는 때다.

지식방황기

그러다 정체기가 찾아온다. 그동안 많이 읽어왔지만 남는 것이 없는 것 같다. 언제까지 읽기에만 집중해야 하는지 막막해진다. 이때 일반적으로 이루어지는 선택은 두 가지다. 하나는 공부가 시들해지고 점점 책과 멀어져서 중단되는 것이고, 다른 하나는 더 읽어야 한다는 생각으로 다독에 집중하는 것이다. 두 방법 다 현명한 방법은 아니다. 공부의 양으로 결과를 보려는 생각은 더 이상 유효하지 않을 것이기 때문이다.

인간은 알고자 한다. 인류학자 클로드 레비스트로스(Claud Lévi-Strauss)는 이것을 '지식본능'이라 불렀다. 인간에게 우주는 낯선 곳이다. 세상이 어떤 곳인지 알지 못하고 자신이 누구인지도 알 수 없다. 이런 인간에게 지식은 삶을 계획하는 데 중요한 역할을 한다. 무엇인가를 안다는 것은 두려움을 덜어준다. 세상에 대한 지식은 자신이 사는 곳을 안전하게 느끼게 하고, 이제껏 경험해보지 못한 곳도 여기와 다르지 않다는 예상을 가능하게 한다. 인간이 지구를 정복한 것은 지식 덕분이었다.

문제는 지식이 정보 이상의 기능을 수행하지 못하는 시점에서 발생한다. 지식이 쌓이기만 할 뿐 지혜나 통찰로 이어지지 못한다면 더 이상의 공부는 무의미하다. 이럴 때 필요한 것이 헤매는 시간이다. 지적 수준이 탁월한 사람들을 만나 이야기를 나눠보면 이른바 지식방황기를 겪었다는 것을 발견할 수 있다. 알고 싶다는 갈망으로 공부에 뛰어든 이후 손에 잡히지 않는 신기루를 좇고 있는 것이 아닌지 불안한 상황을 경험한다. 그리고 지적 방황이 시작된다. 이 시기는 중요하다. 방황을 경험하지 않은 사람은 지식을 다루는 힘이 부족할 수 있기 때문이다.

목적지를 찾아갈 때 내비게이션을 따라간다면 다음에도 혼자 갈 수 없을 것이다. 안내를 받으면서 가는 길은 기억에 남지 않는다. 기록은 기억을 보장한다지만 지나치게 기록에 의존하는 것은 기억력을 감퇴시키고 판단력을 연습할 기회를 빼앗을 수 있다. 지식도 마찬가지다. 지식이란 단순히 아는 것이 아니다. 지식은 아는 것을 응용하고 결합하고 활용해서 새롭게 만들어지는 생명력 넘치는 어떤 것이다. 물론 지식의 생명력은 그것을 다루는 사람에게 달려 있다.

악보를 보지 않고 연주를 할 수 있는 사람들이 있다. 음악적 재능을 타고난 사람들이다. 평범한 사람도 악보를 보지 않고 연주할 수 있다. 물론 연습이 필요하다. 방법은 악보를 보지 않고 연주 연습을 하는 것이다. 이 방법은 단순히 악보 없이 연주하는 능력을 얻는 것을 넘어선다. 음악을 느끼고 흐름을 타며 연주 자체를 즐기는 데 도움을 주기 때문이다.

지식을 다루는 힘을 가지려면 연습이 필요하다. 그러자면 악보를 보지 않고 연주하는 연주자처럼 지식을 이렇게 저렇게 다루어보는 시간이 필요하다. 그 시간이 헤매는 시간이다. 이는 자신이 공부한 것이 어디에 사용될 수 있고, 어떤 지식과 연관되어 새로운 지식이 될 수 있는지 시행착오를 통해 알아보는 시간이다.

이때는 더 많은 것을 배우기보다 적게 배우고 많이 다루어보려고 한다. 무엇인가를 읽으면 그것을 이해하고 외우고 따라 쓰기보다 생각하는 시간이 많아진다. 관심이 없는 것은 버리고 꽂히는 뭔가에 집중한다. 그 과정에서 이전의 지식이 폐기되고 정돈되며 이면에 숨겨진 의미가 떠오른다. 이런 시도들은 지식에 생명력을 불어넣는 작업이고 고착된 생각을 살아 있는 것으로 만드는 일이다.

지식의 숲에서 길을 잃는다는 것은 좋은 일이다. 오히려 길을 잃지 않고 안전하게 목적지에 도달했다면 그것이 문제일 수 있다. 창의성은 찾아볼 수 없는 죽은 지식을 품고 애착에 빠진 고루한 사람이 되어 있을지도 모르기 때문이다.

문명의 배후

지식의 숲에서 길을 잃어본 사람은 더 이상 많은 지식에 집착하지 않는다. 양이 중요하지 않다는 것을 알기 때문이고, 지식의 본질이 무엇인지 깨달았기 때문이다. 그들은 무엇을 보고 만나든 그것의 갈래를 잡고 행간을 읽으며 이면을 이해한다. 과거의 지식은 흩어졌고 지식에 대한 감각만 남았다. 그들에게 지식은 무엇을 아는 것이 아니라 느끼고 함께 흐르고 사랑하는 것이다.

공부의 새로운 단계에 도달하는 방법은 무엇일까? 그것은 호세 오르테가 이 가세트(José Ortega y Gasset)가 《대중의 반역》에서 말하는 문명의 배후와 관련이 있다. 그는 오늘날 문명이 너무나 풍부하고 확실해서 생산물의 양과 정밀도가 보통 사람의 수용 능력을 넘어서고 있다고 지적한다. 이런 경향은 인간의 실패를 낳는다. 인간이 자기 문명의 발전을 따라잡지 못하고 교양인이라고 스스로 자부하는 사람들이 대중이 되어 문명을 지배하려 한다. 대중은 즉흥적이며 깊은 생각이나 역사의식 없는 평범한 사람들인데 이들이 정치, 경제, 문화에 간섭하면서 인류를 타락으로 이끌고 있다는 지적이다.

지금도 대중의 정치참여가 많은 문제점을 노출하고 있지만 이대로 인공지능 시대가 온다면 그의 지적이 사실이 될 것이다. 인공지능이 생산한 지식을 통찰력과 비판력을 갖추고 이해하는 이들이 거의 없을 것이기 때문이다. 우리 시대는 과학이 지배하고 있다. 공대생들이 인문계열 학생들보다 월등히 많다. '문송'(문과라서 죄송)이라는 말이 유행하는 것은 이런 경향을 잘 보여준다. 하지만 앞으로 필요한 인재는 인간의 마음은 어떠하며, 사회는 어떻게 운영되어야 하는가를 사유하는 능력을 갖춘 사람이 될 것이다.

문명은 끊임없이 복잡해진다. 복잡해진다는 것은 그만큼 해결하기 어려운 상황이나 문제에 직면할 가능성이 크다는 것을 의미한다. 고대 부족은 부족장이나 현명한 노인의 판단력이면 집단의 문제를 해결하기 충분했지만 현대의 정치는 그렇지 않다. 대통령 혹은 고위 관료의 결정은 다양한 의견을 가진 정당과 사회 세력, 대중의 목소리로 인해 수없이 견제받는다. 현대의 정치가 어려움을 겪는 이유는 그만큼 문명이 복잡해졌기 때문이다. 문제가 복잡해질수록 그것을 해결할 수 있는 수단도 정교해진다. 이때 그 수단들 가운데 문명의 진보와 긴밀히 연결되는 것이 있다.

> 그것은 문명의 배후를 열심히 배우고 많은 경험을 하는 것 곧 역사를 배우는 것이다. 역사 지식은 낡은 문명을 유지하고 계승하기 위한 최상의 기술이다. 그것이 새로운 상황의 삶의 갈등에 적극적인 해결책을 주기 때문이 아니라 ― 삶은 언제나 과거와는 다르다 ― 다른 시대에 범한 순진한 과오를 되풀이하지 않게 해주기 때문이다.
>
> _오르테가 이 가세트, 《대중의 반역》

오르테가 이 가세트의 주장처럼 우리에게 필요한 것은 문명의 배후를 공부하는 것이다. 그중 하나가 역사다. 역사는 인간이 살아온 과거에 대한 것이고, 반복되는 인간 삶의 패턴에서 같은 실수를 되풀이하지 않도록 도와줄 수 있다. 역사를 통해 인간과 삶과 세상의 이치를 깨우치는 일은 문명의 유지와 발전에 필요한 작업이다.

문화인류학의
가능성

마르셀 모스(Marcel Mauss)의 《증여론》은 원시 부족사회에서 선물을 교환하는 다양한 방식과 기능들을 분석한 책이다. 그에 따르면 부족 간의 선물 교환은 겉으로는 자유롭고 무상(無償)인 것처럼 보이지만 사실은 강제적이며 타산적인 성격을 띠고 있다. 그들에게 교환은 사회를 유지하기 위한 필수적인 관습이다. 북서 아메리카 해안지역에 사는 원주민들은 포틀래치(potlach)라는 독특한 선물 교환방식을 가지고 있다. 포틀래치는 '식사를 제공하다' 또는 '소비하다'라는 뜻이다. 동맹 관계에 있는 부족은 겨울 축제 기간이 되면 서로 존경을 표하기 위해 음식과 선물을 준다. 처음에는 생필품을 제공하는 것으로 시작하지만 점차 자신의 부를 상대에게 과시하기 위해 가진 것을 탕진해버리는 극단적인 모습으로 변한다. 이런 모습을 통해 모스는 선물은 단순히 자발적으로 주어지는 것이 아니며 주기와 받기가 의무적으로 이루어지는 행위임을 강조한다. 원시사회에서 주기를 거부하거나 접대를 소홀히 하는 것, 선물을 제공하지 않는 일은 부족의 권위와 명예를 실추시키는 일이며 상대방과 결별을 선언하는 것으로 이해되곤 한다. 교환을 통해 우호적인 관계를 유지하겠다는 상호호혜성이 선물을 나누는 의미이기 때문이다.

포틀래치 같은 선물 교환은 부족 간에 살아남기 위한 동맹의 수단으로 이해할 수 있다. 여기에 선물은 선물을 전하는 자의 마음, 영혼의 일부가 담긴 것으로 그것을 받는 사람들에게 큰 부담감을 준다. 선물이 부채가 되는 것이다. 우리는 가끔 자신이 가장 아끼는 것을 주는 것이 진정한 선물이라고 말한다. 가장 아끼는 것을 준다는 것은 그만큼 상대방에게 깊은 호의를 보여주는 일이고, 그것을 받은 상대방은 선물을 준 사람의 마음에 깊이 감사할 수밖에 없다. 감사하는 마음이 커지면 다시 가장 소중한 것을 선물하고 싶다는 마음이 생기는데, 이런 과정을 통해 단순히 필요한 물건을 교환하는 것을 넘어 우정과 사랑을 나누는 관계로 정착된다.

> 선과 행복이 무엇인가를 멀리서 찾을 필요가 없다. 그것은 부과된 평화 속에, 공공(公共)을 위한 노동과 개인을 위한 노동이 교대로 일어나는 리듬 속에, 또한 축적된 다음 재분배되는 부 속에 그리고 교육이 가르치는 서로 간의 존경과 주고받는 후함 속에 있다.
> _마르셀 모스, 《증여론》

《증여론》을 통해 모스는 선물을 나누고 존경을 주고받는 넉넉한 행위를 통해 행복을 찾기를 권하고 있다. 오래된 원시적 관습이 많이 가질수록 행복하다는 현대적 관념을 단숨에 깨부수는 것이다. 이 것이 문화인류학의 가능성이다. 복잡하게 꼬여서 어떻게 살아야 하는지 갈피를 잡기 어려운 상황에서 문화인류학은 단순명쾌한 원리를 제공해준다. 인류학은 어떤 이론에도 의존하지 않고 원시 데이터를 지켜보고 갈래를 잡아가는 현상학적 엄밀성을 통해 삶의 문제에 접근해간다. 이런 방식은 어떤 자기계발 논리보다 선명하고 강력하다. 심지어 다른 문제들을 해결할 수 있는 실마리(비싼 차와 명품을 선호하는 이유)까지 안겨준다.

또 다른 문명의 배후

인류학은 현실에서 쓸모없는 학문으로 취급되어왔다. 그러나 최근 인류학은 문명의 배후를 이해하고 새로운 비즈니스의 가능성을 높이는 학문으로 인정받고 있다. 구글은 마케팅에 인문학자들을 활용한 지 오래고, 영화 〈어벤져스〉로 유명한 마블도 영화 제작에 저명한 인문학자들의 참여를 독려한다. 실용성이 떨어진다는 이유로 무시당했던 인류학이 미래의 새로운 학문으로 주목받기 시작한 것은 특이점 시대와 관련이 깊다. 사회가 복잡해지고 지식과 정보의 엔트로피가 급격히 증가하면서 다양한 사회 현상들을 분류하고 이해하는 데 어려움을 겪는 것이 오늘의 현실이다. 인류학은 인간의 삶 전반에 깔린 단서들을 긁어모으고 그것들을 분류하고 새롭게 연결하여 이해의 수준을 높여나가는 방식을 취한다. 기존의 이론과 법칙을 무시하고 원점에서 사회현상에 대해 열린 자세로 접근하는 것이다. 이런 방식은 기존의 방식으로 풀지 못하는 문제들을 다르게 인식하고 해결할 수 있는 효과적인 접근성을 제공한다.

하루가 다르게 바뀌는 소비 패턴과 문화의 이동은 기존의 이론이나 지식으로는 이해할 수 없다. 그런 점에서 인류학은 일종의 열린 학문으로 계보학적인 사고를 통해 다른 접근을 시도한다. 그 결과 새로운 소비 패턴을 발견하는 것은 물론 독특한 패턴을 창조해낸다. 구글이 축적된 방대한 데이터를 문화의 진화 분석에 활용하는 이유도 이것 때문이다.

문명의 배후를 파악하는 방법이 역사나 인류학으로 그치는 것은 아니다. 원시시대부터 인간이 창조해온 이야기, 신화 또한 문명의 배후를 이해하는 중요한 요소다. 이야기와 결부된다는 점에서 신화는 앞으로 공부하고 활용할 가치가 충분한 영역이다. 인간 본성의 심연을 들여다보는 소설도 좋을 것이다. 오노레 드 발자크(Honore de Balzac), 헤르만 헤세(Hermann Hesse), 윌리엄 서머셋 몸(William Somerset Maugham)의 글은 인간이 어떤 존재이며 어떠할 수 있는지를 깊이 들여다보게 한다. 오래된 인도의 경전이나 《도덕경》, 《논어》도 세계와 인간의 관계를 꿰뚫어본 점에서 문명의 배후를 이해하는 데 중요하다. 물론 인간 사유의 핵심을 다루고 있는 쇼펜하우어, 니체, 마르틴 하이데거(Martin Heidegger), 질 들뢰즈(Gilles Deleuze) 같은 철학자와 사유의 폭을 넓히는 철학 공부는 그 중심에 설 것이다. 결국 세상의 흐름을 만들고 길을 잡아기는 일은 인문학에 맡겨질 가능성이 크다. 인공지능에 인류의 삶을 통째로 맡길 수는 없는 일이다.

뿌리공부

지식 엔트로피 시대가 오면 우리가 아는 지식이 무의미해질 것이다. 그때는 너무 많이 배운 것이 생각의 무질서를 증대시킬 것이고 오히려 문제가 될 수 있다. 이때 지식 다이어트가 필요하다. 그래야만 우리에게 필요한 것이 무엇인지 선명하게 알게 되고, 그것의 활용 가능성도 커진다. 공부의 뿌리를 찾는 일은 문명의 배후를 아는 것과 연관된다. 잔가지나 잎은 날씨와 계절에 따라 피고 지지만 뿌리는 여전하다. 어떤 전공을 공부하든, 어떤 직업을 가졌든 문명의 배후, 뿌리를 발견하고 연구하는 공부에 마음을 쏟자. 그것이 우리가 준비해야 할 새로운 공부다.

인문학, 지식에
날개를 달다

지식의 넓이

창의성 논의에서 빼놓을 수 없는 것이 인문학이다. 인문학은 사람을 탐색한다. 인생의 문제에 대한 통찰을 추구한다. 그 과정에서 기존의 것을 다르게 보고 새롭게 생각하기를 시도한다. 철학은 기존의 생각을 의심하는 학문이다. 의심을 통해 진리에 도달하는 것이야말로 철학이 추구하는 바다. 의심은 창의적 활동의 시작이다. 새로운 해석과 이해의 가능성을 열어준다. 기업이 인문학을 강조하는 이유도 이런 가능성과 연관된다.

인간과 삶에 대한 지식을 다루는 인문학은 기존의 콘텐츠를 두 가지 방향으로 증폭시킨다. 첫 번째 방향은 지식의 양을 늘리는 것이고, 두 번째 방향은 지식의 깊이를 더하는 것이다. 양을 늘리는 것은 스토리와 이미지가 대표한다. 《삼국지》를 읽은 사람은 심국지 게임을 좋아할 가능성이 크다. 게임뿐만 아니라 거대한 전쟁과 영웅 이야기를 응용해서 새로운 콘텐츠를 얼마든지 만들어낼 수 있다. 그리스 신화는 어떨까? 수많은 신과 영웅들, 전쟁과 모험 이야기는 작가들에게 끝없는 영감을 제공했고 여전히 새로운 콘텐츠로 제작되는 추세다. 레고를 구원한 제품인 닌자고 시리즈와 프렌즈 시리즈는 스토리라는 인문학적 콘텐츠에 기반을 둔다.

현대사회는 이미지의 시대다. 쏟아지는 이미지들은 네트워크를 타고 세상 어디든 다닐 수 있다. 우리는 이미 글자보다 이미지에 더 익숙하다. 문장을 읽기보다 이미지를 통해 메시지를 파악한다. 이미지는 짧은 시간에 강력한 메시지를 전달한다. 인문학은 다양한 이미지를 창조하는 원천이다. 괴물의 이미지를 어디서 가져올 것인가? 고대 신화와 전설은 괴물의 이미지를 가져올 수 있는 최고의 동굴이다. 영웅의 모습은 어디에서 가져올까? 그 역할은 판타지 소설이나 역사소설이 맡아줄 것이다. 건축의 이미지는 어디서 가져올까? 로마의 콜로세움이나 바티칸 성당, 고딕 건축물들이 아이디어를 줄 것이다. 스타벅스의 로고 이미지는 그리스 신화의 세이렌에게서 가져왔고, 사명은 허먼 멜빌(Herman Melville)의 소설 《모비딕》의 일등 항해사 스타벅을 차용했다.

인문학은 하나의 콘텐츠를 다양하게 보고 활용할 수 있는 상상력과 감성을 제공한다. 현대의 이미지처럼 고정되고 획일적으로 규정되지 않은 고대의 전설과 문학작품, 역사적 사건과 영웅의 일대기, 철학적 개념과 사유 활동은 경영학이나 공학이 제공할 수 없는 정신적 요소들을 끌어와 콘텐츠를 풍부하게 만들어준다.

고전을 읽는 이유

수백 수천 년이나 지난 책들을 왜 읽어야 할까? 고전의 매력은 재해석에 있다. 수학이나 과학은 해석의 여지가 거의 없다. 옳고 그름은 공식과 법칙을 활용해서 따져보면 된다. 반면 고전은 정해진 답이나 고정된 해석이 없다. 시대 상황에 따라 다르게 읽고 새롭게 이해된다. 같은 시대 사람이 읽어도 누가 읽느냐에 따라 다르게 해석된다. 그러면서도 고전은 보편적 인간의 문제를 건드린다. 인간 삶의 핵심에 닿아 있으면서도 다르게 볼 가능성을 열어두는 것이 고전의 매력이다.

장자가 산속에서 큰 나무를 보았다. 나무 베는 사람이 옆에 있으면서도 베지 않았다. 까닭을 물으니 쓸만한 곳이 없기 때문이라고 했다. 장자가 말했다.

"이 나무는 쓸모가 없어서 타고난 수명을 다 누리는구나."

_장자, 《장자》

《장자》는 쓸모없음의 쓸모 있음을 말한다. 나무는 쓸모가 없으므로 살아남았다. 무용지용(無用之用)이다. 그 반대의 경우도 있다.

> 장자가 산에서 내려와 친구 집에 머물렀다. 친구는 하인에게 거
> 위를 잡아 요리하게 했다. 하인은 울 줄 아는 놈과 울 줄 모르는
> 놈 중 어느 것을 잡아야 하느냐고 물었다. 주인은 울지 못하는
> 놈을 잡으라고 했다.
> _장자, 《장자》

나무는 쓸모가 없어서 살았고, 거위는 쓸모가 없어서 죽었다. 어
떻게 이해할 것인가?

답은 정해진 것이 아니다. 상황에 따라 처신은 달라질 수밖에 없
다. 어떤 사람은 자신의 재능을 발휘하다가 지쳐 쓰러질 것이고, 또
다른 사람은 빈둥거리다 편안히 죽어갈 것이다. 어느 경우가 낫다고
말할 수는 없다. 인생은 그런 것이다. 《장자》 같은 고전은 어느 시대
어느 순간 어떤 사람이 읽느냐에 따라 이해가 달라진다. 재능을 발
휘하느라 자기 인생을 살지 못한 사람들에게 《장자》는 빈둥거리는
삶을 추천할 것이고, 자기 역할 없이 세월만 축내는 사람에게는 쓸
모 있는 일을 해보는 것도 괜찮다고 할 것이다. 어떻게 읽든 그것은
읽는 사람의 몫이다.

미겔 데 세르반테스 사아베드라(Miguel de Cervantes Saavedra)의
《돈키호테》는 어떨까? 어떤 사람은 돈키호테를 시대에 뒤떨어진 기
사놀음에 빠진 미친 사람으로 취급한다. 과거의 향수에 젖어 시대의

변화를 읽지 못하는 뒷방 늙은이의 모습이 돈키호테다. 반면 좌절을 모르는 불굴의 정신을 가진 사람으로 돈키호테를 널리 칭송하는 이도 있다. 오르테가 이 가세트는 《돈키호테 성찰》에서 그를 속물근성에서 벗어나 자기만의 의미를 부여하고 진정한 '나'가 되기 위해 싸우는 영웅으로 바라본다. 어떤 상황에서도 긍정적 태도를 잃지 않는 돈키호테는 새로운 미래를 향해 저돌적으로 돌진하는 영웅적 행보를 보여준다는 것이다.

> 썩 꺼져버려, 라만차의 돈키호테! 너는 미친놈이야. 그런데 그저 너 혼자 미쳐서 얌전히 들어앉아 있다면 그리 큰 해가 되지는 않을 테지. 하지만 너한테는 너와 관계 있는 모든 사람을 미치고 얼빠지게 만드는 특성이 있단 말이야. 내 말의 증거로는, 네놈을 따라다니는 신사분들을 보는 것만으로도 충분하지.
> _르네 지라르(Rene Girard), 《낭만적 거짓과 소설적 진실》

지라르는 돈키호테를 욕망을 전염시키는 인물로 본다. 지금의 자신에게 만족할 수 없는 그는 자기 자신을 초월하고자 한다. 이것이 욕망이다. 이상적인 기사도에 도달하기 위해 돈키호테는 아마디스라는 기사를 중개자로 설정하고 그를 모범적 대상으로 삼는다. 지라르가 말하고자 한 것은 인간은 욕망을 이루기 위해 중계자를 찾아내고, 그를 모방하는 방법을 취한다는 것이다. 이를 통해 지라르는 숨겨진 욕망의 구조를 분석해낸다.

시대에 따라 사람에 따라 다르게 재해석되는 고전은 창의성과 맞닿아 있다. 창의성은 무엇보다 다르게 생각하기를 전제로 한다. 고전은 정답이 없기에 어떻게 해석하든 읽는 사람의 자유다. 게다가 읽을수록 새로운 답을 찾아낼 가능성이 크다. 처음 읽을 때 발견하지 못한 부분을 찾아내고 다르게 해석하는 것은 흔한 일이다. 읽을 때마다 새로운 모습을 보여주는 것이 고전의 매력이다.

지식의
깊이

영화 〈스타워즈〉는 조셉 캠벨(Joseph Campbell)의 《천의 얼굴을 가진 영웅》에서 중요한 모티프를 가지고 왔다. 영화를 본 조셉 캠벨은 〈스타워즈〉가 성공할 수 있었던 이유를 이렇게 설명한다.

> 그 영화는 우리에게 말을 걸고 있어요. 젊은이들 사이에서 통하는 언어로 우리에게 말을 거는 겁니다. 이건 중요해요. 너는 가슴으로 사는 사람, 인간성을 섬기는 사람이냐, 아니면 '음험한 세력'이 요구하는 대로 하며 사는 사람이냐, 이렇게 묻고 있는 겁니다. 물론 가슴으로 사는 사람이어야 하지요. 생명이 있는 곳은 가슴이니까요. 벤 케노비(Ben Kenobi)가 "포스가 너와 함께 할지어다"라고 말할 때 그가 말하는 '포스'는 프로그램된 정치적 힘이 아니

라 우리 생명의 힘, 생명의 에너지인 겁니다.

_조셉 캠벨, 《신화의 힘》

〈스타워즈〉의 성공 요인은 무엇일까? 대부분 재미있는 스토리와 화려한 영상이라고 대답할 것이다. 물론 맞는 말이다. 하지만 〈스타워즈〉의 성공에는 그 이상의 인문학적인 깊이가 깔려 있다. 그것은 인간은 어떤 존재인가? '선과 악, 가슴과 머리, 인간성과 폭력성 중에서 어디에 이끌리는가'라는 삶의 문제와 관련이 있다. 우리는 타인을 배려하는 이타적인 삶이 좋은 삶이라고 생각한다. 하지만 현실은 그와는 반대다. 학교와 직장 어디에서든 친구를 이기고 동료를 앞질러야 한다는 요구들이 넘쳐난다. 고객을 진심으로 돕고 싶다는 내면의 소리보다 어떻게든 이익을 내야 한다는 시스템의 아우성에 민감하게 반응할 수밖에 없는 것이 우리의 현실이다. 이런 양가감정의 갈등 속에서 우리는 늘 생존의 목소리를 따를 수밖에 없다. 〈스타워즈〉는 이런 우리에게 가슴의 소리, 생명의 소리를 따르라고 말하고 그것을 지키는 제다이라는 영웅을 통해 올바른 삶의 길을 안내한다. 제다이의 승리는 루크 스카이워크의 승리가 아니라 인간 전체의 승리인 것이다. 이것이 〈스타워즈〉가 성공한 원인이고, 루크 스카이워크를 응원할 수밖에 없는 이유다.

최근 공전의 히트를 기록한 〈어벤져스〉 시리즈도 마찬가지다. 이 시리즈는 광활한 우주를 무대로 초능력자들이 활약하는 거대한 전쟁 드라마를 완성했다. 여기에 최첨단 공학기술이 가미되어 화려한 그래픽으로 관객을 사로잡았다. 하지만 관객의 눈을 사로잡은 것은 그래픽일지 모르지만 마음을 사로잡은 것은 컴퓨터 그래픽이 아니었다. 그것은 인간의 문제에 대한 인문학적 통찰이었다. 울트론과 타노스로 상징되는 어벤져스의 빌런들은 평범한 빌런이 아니다. 울트론은 지구를 보호하기 위해 인간이 만든 인공지능 로봇이지만 오히려 인간에게 반기를 들었다. 인간이야말로 지구를 파괴하고 생명을 말살하는 공적이라는 것을 자각했기 때문이다. 타노스 또한 지구 환경을 파괴하고 종말로 치닫게 하는 원인을 인간에게서 발견하고 생명의 절반을 없애기 위해 인피니티 스톤을 모은다. 울트론과 타노스를 통해 우리는 우리가 어떤 모습인지, 미래가 어떠할 수 있는지를 자각할 수 있었다. 〈어벤져스〉가 단순한 SF영화를 넘어 인문학적 콘텐츠를 담은 깊이 있는 작품으로 인식되는 것은 이런 철학적 사유가 깔려 있기 때문이다. 물론 〈어벤져스〉를 보는 사람들이 모두 현대사회의 거대 담론을 이해하고 받아들이는 것은 아니다. 하지만 콘텐츠에 담긴 인문학적 감성과 품격, 감동의 메시지는 충분히 느낄 수 있다. 그것은 〈어벤져스〉를 비롯한 콘텐츠들이 인간의 감성과 삶의 문제라는 인문학이 다루는 보편적 사유를 함의하기에 가능한 일이다.

우리는 말만으로 상대방을 판단하지 않는다. 말의 내용뿐만 아니라 말하는 태도, 눈동자, 손 모양, 서 있는 자세까지 모든 것을 통해서 그를 '읽는다'. 관계의 문제는 말의 내용이 결정하는 것이 아니라 태도가 결정한다. 지식과 기술이 상대방의 말이라면 태도는 인문학이다. 창의성에는 지식과 기술 같은 전문분야의 이해가 필수적이다. 그러나 그것에 깊이를 더하고 다양성을 확보하는 힘은 바로 인문학에 있다.

기업과 인문학

글로벌 기업들은 너나없이 인문학을 강조한다. 그 이유가 무엇일까?

요즘 사람들이 자동차를 구매하는 기준을 생각해보자. 가격, 기능, 디자인 등은 자동차를 구매할 때 판단하는 일반적인 기준들이다. 여기서 가장 중요한 것은 무엇일까? 가격이나 성능이 가장 중요해 보인다. 그런데 가격과 성능은 뛰어난데 디자인이 별로라면 어떻게 될까? 구매를 꺼릴 것이다. 기능 면에서 보자면 브랜드의 격차는 점점 좁혀지고 있다. 벤츠나 BMW, 현대자동차의 기능 차이는 크지 않다. 아이폰과 갤럭시의 성능은 우열을 가리기 힘들다. 그런데 왜 벤츠나 BMW는 프리미엄 브랜드의 지위를 누리고 아이폰은 비싼데도 잘 팔릴까? 이유는 디자인에 있다. 아름다움을 강조하고 갖고 싶은 욕망을 불러일으키는 감성적 요소가 디자인이다.

요즘 젊은이들은 가격이 싸고 디자인이 예쁘지 않은 제품을 구매하지 않는다. 그들은 원하는 제품을 사기 위해 돈을 모으고 구매력이 생길 때까지 기다린다. 매력적인 제품을 소유하고 사용하는 것이 삶의 만족도를 끌어올린다고 믿기 때문이다. 한국은 오랫동안 따라

하기에 급급했다. 급속한 산업화는 모방의 산물이었다. 한국은 어느 새 자체 기술력을 갖추었고 세계 시장에서 선진 브랜드들과 어깨를 나란히 하고 있다. 여전히 아쉬운 점은 감성이다. '애플-삼성=감성' 이라는 말이 나올 정도다. 이것은 삼성의 문제가 아니라 우리 자신의 문제다.

공학은 뛰어난 기능을 탑재하는 힘이다. 인문학은 기능에 아름다움을 가미하는 예술이다. 공학이 사람들을 편리하게 만들 기술을 찾는다면 인문학은 사람들이 어떤 제품에 열광하는지를 생각한다. 문제는 공학이 추구하는 편리함을 사람들이 원치 않을 수도 있다는 것이다. 그런 점에서 공학과 인문학은 만나야 한다. 이것이 기업이 인문학을 강조하는 이유다.

보편자의 눈

우리는 모두 자기 관점에서 세상을 본다. 타인의 관점, 인간 전체의 관점에서 세상을 보는 일은 드물다. 아무리 인문학 공부에 매진해도 관점을 확대하지 못하면 공부는 소용이 없다. 자기를 넘어 타인, 인간의 관점에서 세상을 볼 때 보지 못한 것이 보인다. 인문학은 우리의 좁은 시야를 넓히는 공부다.

불교에서는 '아상(我相)'에 갇히는 것을 경계한다. 자기에 갇히면 타인과 선을 긋게 되고 관계는 단절된다. 자기를 보호하겠다는 마음으로 저지른 일들이 범죄가 되고 인류에게 해악을 주는 일은 흔하다. 자아에 갇힌 사람의 눈에는 자신에게 도움이 되는 것만 보인다. 나르시시스트는 오직 자신에게 관심이 집중하므로 자신의 이익을 위해 주변 사람들을 착취한다. 이런 이상에 갇히면 창의성은 엄두도 낼 수 없다.

자아의 한계를 넘어 타인과 인간, 우주 전체의 눈으로 세계를 보면 많은 것이 달라진다. 일단 타자와의 갈등이 줄어든다. 자신이 아닌 상대방의 관점에서 경청하고 공감하며 소통할 수 있기 때문이다. 그동안 인간중심적 관점에서 지구의 자원을 아무렇게나 이용해온 것도 자연의 착취로 볼 수 있다. 인간 중심주의를 내려놓고 생명 전체의 관점에서 바라볼 때 지구라는 공간에서 함께 살아가는 생명체 모두가 소중하다는 것을 자각하게 된다. 인문학이 공감과 소통이라는 키워드와 관련되는 이유가 이것 때문이다. 나를 넘어 우리를 사유하는 힘이 인문학이다. 그러자면 나를 넘어 인간과 우주의 입장에서 생각하는 공부가 필요하다.

인문학은 인간이라는 보편자를 다룬다. 인간의 탄생과 성장과 변화와 본질에 접근하는 학문이 인문학이다. 나를 넘어 인간이라는 큰 범주로 사유를 옮겨놓는 것이 인문학 공부의 시작이다. 나는 몸과 마음을 가진 하나의 독립된 개체지만 다른 존재들과 긴밀하게 연결되어 있다.

오늘날 집단은 개인을 생산하기 위한 모태일 뿐이다. 모든 의미는 개인 안에서 발견된다. 각 사람 안에서 의미는 저마다 유일무

이한 것으로 간주된다. 그러나 결론적으로 이 점을 생각해보자. 나름의 모험을 통해 각자 개인직 삶을 다 살고 나서 돌이켜보았을 때 얻게 되는 깨달음은, 결국 하나의 모범적인 인간적 삶을 살았다는 것이 아닐까 하고 말이다.

_조셉 캠벨,《네가 바로 그것이다》

인도철학의 정수를 담고 있는 '타트 트밤 아시(tat tvam asi)'는 '네가 바로 그것이다'라는 뜻이다. 자신의 삶에 충실한 이들은 깨닫게 된다. 나의 삶이 인류적 삶의 일부라는 것을. 조셉 캠벨의 말처럼 '우리는 지구의 감각기관들'이고 '우주의 감각'이다. 인류의 삶이 바둑판이라면 나는 하나의 돌이다. 바둑판 위에서 다른 돌과의 관계를 통해 나라는 개인은 역사라는 게임에 참여한다. 나를 넘어 전체의 눈으로 볼 때 타인의 삶도 보인다. 내 삶이 힘들 듯 너의 삶도 그렇다는 것을 깨닫는다. 이것이 공감의 힘이다.

인간은 혼자 행복할 수 없다. 아무리 돈이 많고 권력이 높고 체력이 강해도 행복하려면 타인이 필요하다. 겨울밤 거리에서 귤을 파는 할머니에게 '귤값을 깎으며 기뻐하는' 것이 사람이지만 그것은 일시적일 뿐 진정으로 행복하려면 누군가의 사랑이 필요하다. 아이러니하게도 행복하려면 이기적인 기쁨이 아닌 이타적인 슬픔이 필요하다. 슬픔은 타인의 고통을 자기 것으로 느끼는 힘이다. 타인의 고통을 아파할 수 있을 때 함께 행복할 수 있다.

'나'는 행복하기를 바란다. '나'가 행복하려면 사랑하는 이가 행복해야 한다. 그들의 불행은 나의 고통이다. 사랑하는 사람이 고통을 겪고 있는데 혼자 행복할 수 있는 사람은 없다. 사랑하는 사람은 자신의 것을 내어준다. 주는 것은 나에게 손해지만 상대방에게는 이익이다. 상대방에게 이익을 주고 행복을 느끼는 것이 사랑이다. 타인에게 호의를 베풀면 결국 자기에게도 좋다.

불교에서는 우리가 모두 이어져 있음을 아는 것을 '깨달음'이라고 한다. 해탈이란 인간, 존재 전체의 관점을 얻는 것이다. 시인 존 던(John Donne)은 〈누구를 위하여 종은 울리나〉에서 이렇게 노래한다.

누구든 그 스스로 완전한 섬이 아니다. 모든 사람은 대륙의 한 부분이며, 대양의 일부이다. 흙덩이가 바다에 씻겨 내려가면, 유럽은 그만큼 작아지며, 어떤 높은 곳이 바다에 잠겨도 마찬가지. 그대의 친구들 혹은 그대 자신 소유의 땅이 물에 잠겨도 마찬가지니라. 어떤 사람의 죽음도 나를 감수시킨다. 왜냐하면 나는 인류에 속해 있기 때문이다. 그러므로 누구를 위해 종이 울리는지 알려고 사람을 보내지 마라. 종은 바로 그대를 위해 울리느니.
_최영미, 《내가 사랑하는 시》 중에서 〈누구를 위하여 종은 울리나〉

나는 다른 사람과 연결되어 있다. 나는 인간의 일부다. 나는 세상의 한 부분이다. 다른 사람이, 세상이 아프면 나도 아프다. 세계가 행복해야 나도 행복하다.

부처님처럼 해탈하자는 말이 아니다. 그럴 수 있다면 좋겠지만 쉽지 않은 일이다. 최소한 나와 타인, 세계가 연결되어 있음은 알자는 것이다. 나의 관점을 넘어 인간과 우주의 관점으로 보자는 것이다. 그럴 수 있을 때 나의 지평은 확장되고 볼 수 없던 것이 보인다. 타인의 아픔과 슬픔이 보이고, 인간이 가진 보편적 욕망의 모습이 드러난다. 고객의 욕구를 읽으라는 경영학의 메시지도 인간 전체의 눈으로 볼 때 그 맥락이 보인다. 인문학은 나를 넘어 우리와 인간과 세계라는 보편자의 눈으로 보는 힘이다. 그때 창의성의 눈도 열린다.

정신적 풍요

인문학은 생각을 넓고 깊게 만든다. 인문학은 사물을 하나의 관점에서 보지 않고 다르게 보기를 시도하고 허용한다. 인문학을 공부할 때 자신과 생각이 다른 사람도 기꺼이 받아들이고 그들과 이야기를 나눌 수 있다. 이것은 타자에 대한 이해와 수용력을 높인다. 이해와 수용력이 높은 사람은 스트레스가 적고 인간관계가 원만하다. 폭넓은 수용력은 사물을 다르게 보고 연결하는 창의력으로 이어진다.

인문학은 물질을 생산하지 않는다. 물질적 편의를 가져오는 것은 과학과 공학의 몫이다. 인문학이 생산하는 것은 정신적 가치다. 인간은 많이 가졌다고 행복해지지 않는다. 많이 가지는 것보다 더 중요한 것은 가진 것의 의미를 재발견하는 일이다. 많이 가지려고만

하는 인간은 끝없는 욕망의 수레바퀴에서 허우적거린다. 인문학은 수레바퀴 밖에서 생각할 것을 권한다.

사람들은 돈이 많은 사람을 부러워하지만 그들을 존경하지는 않는다. 부러움은 소유에서 오고 존경은 품격에서 온다. 가진 것이 별로 없는데도 품격이 느껴지는 사람이 있다. 그런 사람은 대부분 사물을 보는 자신만의 관점, 사람을 대하는 철학을 가졌다. 무엇이 가치 있고 어떤 삶이 아름다운지를 생각하며 자기 기준으로 살아가는 사람들이다. 이런 사람들의 모습은 다른 이들을 감염시킨다. 감염의 원인은 그들이 가진 매력이다. 사람은 자기를 이해하고 인정해주는 사람을 좋아하기 마련이다. 대중이 추구하지 못하는 그만의 특별함, 유니크니스가 있는, 이해력과 수용력을 갖추고 자기 생각으로 살아가는 사람은 매력적일 수밖에 없다.

인공지능 시대에도 사람은 관계 속에서 살아가야 한다. 그러자면 품격 있고 매력적인 사람이 훨씬 유리하다. 그 중심에 인문학이 있다. 제품에 감성을 가미하는 것이 인문학이듯, 사람에게 매력을 더하는 것 또한 인문학이다.

사람을 읽고
변화에 접속하라

변화가 공부다

세상은 큰 변화 없이 흘러가는 것처럼 보인다. 눈으로 보는 세상은 일상이다. 일상은 조금씩 변하기에 큰 차이가 눈에 띄지 않는다. 반면 10년 혹은 20년 전의 사진을 들여다보면 격세지감을 느낀다. 우리의 사고와 행동을 바꾸는 패러다임의 변화는 우리가 모르는 사이에 세상으로 퍼져나가고 어느새 모든 것을 바꾸어놓는다.

시골 의사로 유명한 박경철 씨는 한 티브이 방송에서 세상을 움직이는 사람들에 대한 강연을 했다. 그는 자신이 읽은 책의 내용을 인용하면서 인간은 크게 0.1퍼센트의 창의적 인간과 0.9퍼센트의 통찰적 인간, 99퍼센트의 잉여 인간으로 나눌 수 있다고 말했다. 창의적 인간은 평범한 인간이 생각할 수 없는 것을 꿈꾸는 사람이다. 그들은 남들이 보지 못하는 것을 보고 새로운 세상에 깃발을 꽂는다. 0.9퍼센트의 통찰적 인간은 0.1퍼센트가 꽂은 깃발의 가치를 알아보고 그들의 아이디어에 편승해서 놀라운 성공을 이루어낸다. 나머지 99퍼센트는 1퍼센트의 인간이 만든 세상을 아무 생각 없이 즐기면서 사는 잉여 인간들이다.

그는 헨리 포드(Henry Ford)의 예를 든다. 헨리 포드는 자동차를 발명한 0.1퍼센트의 인간이었다. 99퍼센트의 인간들은 자동차가 가져올 변화를 예측하지 못했고 쓸모없는 것을 만들었다며 비웃었다. 그때 존 데이비슨 록펠러(John Davison Rockefeller)는 헨리 포드의 자동차가 가진 가치를 알아보았고 주유소를 세우고 석유를 공급했다. 이로 인해 록펠러는 막대한 부를 이룩하여 석유왕이라는 타이틀을 얻었다. 록펠러는 0.9퍼센트의 통찰적 인간이었다.

그의 이야기는 '모든 진리는 그것이 인식되기 전에 3단계를 거친다. 처음엔 조롱을 받고 다음엔 반대에 부딪히다가 결국은 자명한 것으로 받아들여진다'라는 쇼펜하우어의 말을 떠올리게 한다. 《도덕경》에서도 '최상의 사람은 도를 들으면 힘써 행하고, 중간의 사람은 반신반의하고, 최하의 사람은 크게 비웃는다'라고 했다. '남에게 비웃음을 당하지 않으면 도라고 할 수 없다'라고 말할 정도다. 그만큼 세상을 바꾸는 큰 변화를 사람들은 알아보지 못한다.

이런 일이 미래사회에서는 더욱 두드러질 수 있다. 쓸모없는 지식을 가진 사람들과 핵심 역량을 가진 파워 엘리트의 격차가 더욱 커질 것이기 때문이다. 99퍼센트의 잉여 인간으로 살고 싶은 사람은 없다. 문제는 0.1퍼센트의 창의적 인간은 대부분 타고난 천재라는 것이다. 다행히 0.9퍼센트의 통찰적 인간은 노력으로 이룰 수 있다. 이때의 노력은 세상의 변화를 알아보고 이해하는 능력이다. 록펠러는 창의적 인간이 아니었지만 세상의 흐름을 알고 창의적 인간이 만든 세상의 가치를 읽었다. 지금 우리에게 필요한 것은 세상의 변화를 읽고 파악할 수 있는 능력이다. 고정된 진리가 없는 세상에서 변화를 감지하는 것은 중요하다. 공부는 진리를 찾는 것이 아니다. 변화의 흐름을 알고 그것을 읽는 것이다. 변화가 곧 공부다.

포노 사피엔스

현대사회는 스마트폰 이전과 이후로 나누어진다. 기준은 사람이 무엇을 보느냐다. 사람은 보는 것이 무엇이냐에 따라 생각이 달라진다. 옛사람들은 산과 들을 보고 길거리를 보고 사람을 보며 살았다. 현대인들은 실제 사물의 세계를 보지 않는다. 대신 손바닥 위에 올려진 기계를 본다. 바로 스마트폰이다. 우리는 스마트폰의 세계를 통해 자료를 얻고 생각하고 판단한다. 포노 사피엔스(phono sapiens)라는 말이 현실을 잘 말해준다. 라틴어 'phono'와 'sapiens'의 합성어로 스마트폰 없이 살아갈 수 없는, 스마트폰과 한몸이 된 세대를 뜻한다.

우리는 인터넷을 통해 뉴스를 보고 유튜브를 통해 정보를 얻는다. 스마트폰으로 온라인 쇼핑몰에서 주문하고, 스마트폰 앱을 통해서 아이의 학원비를 송금하며, 고객에게 보낼 자료를 클라우드에 저장해두고 전송한다. 스마트폰은 우리의 소비 스타일을 넘어 생각하는 방식 자체를 변화시켰다. 지구상 어떤 기기보다 빨리 보급된 스마트폰의 파괴력은 이전의 기기들과 비교할 수 없을 정도다. 구글, 유튜브, 페이스북, 우버, 넷플릭스, 아마존, 알리바바 등 현대판 제국들은 모두 스마트폰의 힘을 빌려 탄생했다. "모든 전자기기는 휴대폰 하나로 통일될 것"이라는 삼성전자 이건희 회장의 말이 현실이 되었다. 덕분에 우리는 어디에서 무엇을 하든 사이버 세계에 '접속'할 수 있다. 접속할 수 없는 인간은 불안한 인간을 넘어 불행한 인간이다. 접속의 차단은 인간관계의 차단 이상으로 치명적이다. 2007년 "우리는 오늘 휴대전화를 새로 발명했습니다"라는 스티브 잡스(Steve Jobs)의 말로 시작된 아이폰의 보급은 채 10년도 되지 않아 엄청난 변화를 불러왔다. 도대체 우리에게 무슨 일이 일어난 것일까?

우리는 접속형 인간으로 진화했다. 앞으로도 인류는 넘쳐나는 하이퍼링크와 이미지의 환각에 빠져 그 세계에서 살아갈 것이다. 접속이 곧 나의 존재를 보증하고, 정체성을 형성하며, 삶을 지속시키는 시대다. 이런 변화를 싫다고 거부할 수도 없다. 세상은 나의 기분과는 상관없이 흘러간다. 외면하는 것은 가능하지만 그 후폭풍은 각오해야 한다.

사람은 변화를 좋아할까, 싫어할까? 답은 상황에 따라 다를 수 있다는 것이다. 변화가 자신에게 유리한 것이라면 긍정적일 테고, 불리하면 부정적일 것이다. 일반적으로 변화는 부담스러운 것이다. 새로운 지식과 기술을 배워야 하고, 새로운 사람과 흐름에 익숙해져야 한다. 변화는 귀찮고 힘든 일이다. 그러다 보니 변화를 피하게 된다. 단기적으로는 문제가 없지만 이런 상황이 오래 계속되면 변화의 흐름을 따라갈 수 없게 된다.

변화를 따라갈 수 없게 된 사람들은 감당할 수 없는 세상을 보며 '필요 없다', '왜 저러는지 모르겠다', '나쁘다'라는 말로 비판한다. 나약해진, 무능력해진 자신을 방어하고 싶기 때문이다. 이런 상황이 계속되면 '꼴통'이라는 소리를 듣는다. 퇴물이 되는 것이다. 세상은 변화에 뒤떨어진 사람들에게 냉혹하다. 새로운 세대는 구세대에게 관대하지 않다. 안타깝지만 이것이 세상이다.

사파티스타의 무기

사파티스타(Zapatista) 민족해방군은 멕시코의 무장 혁명단체다. 1994년 북미자유무역협정이 발효되는 날, 해방군은 멕시코 국가에 전쟁을 선포했다. "우리는 세상을 정복하려는 것이 아니라 새로운 세상을 제안하려는 것입니다."

사파티스타의 부사령관 마르코스(Marcos)의 말이다. 이들은 원주민 삶의 기반을 붕괴시키고 자본주의적 빈민으로 내모는 세계화와 신자유주의 정책에 반대하며 총을 들었다는 점에서 여타의 혁명 조직과 다르지 않다. 하지만 그들의 모습에는 과거의 무장단체들과는 확연히 다른 점이 있다. 그것은 그들의 무기가 총이 아니라 말이라는 점이다. 총을 들기는 했지만 그것은 저항의 상징일 뿐 실제로 그들이 사용하는 무기는 '말', 즉 언어였다.

> 형제자매 여러분, 이것이 우리의 무기입니다. 우리는 말을 외칩니다. 우리는 말을 들어 올려, 말로 우리 국민의 침묵을 깹니다. 우리는 말을 살게 함으로써 침묵을 죽입니다. 거짓말이 말하고 숨기는 것에는 권력 혼자 있게 내버려둡시다. 그리고 우리는 해방하는 말과 침묵으로 서로 손을 잡읍시다.
> _마르코스,《우리의 말이 우리의 무기입니다》

부사령관 마르코스는 사파티스타의 상징적 인물이다. 그는 인터넷 전쟁의 전도사로 불린다. 폭발물보다 인터넷을 더 잘 다루기 때문이다. 전통적인 전쟁에서 사용하던 총과 폭탄은 이제 무의미해졌다. 대신 말이 중요해졌다. 인터넷이라는 강력한 네트워크를 타고 다니는 말이야말로 21세기의 총이다.

실제로 그는 인터넷을 통해 전 세계 사람들에게 성명을 발표하고 정책을 선전하며 지지를 호소한다. 비정부기구와 우호세력과 연대를 얻기 위해 네트워크를 적극적으로 활용하고 행동한다. 이들의 활동에 고무된 미국의 록 밴드 레이지 어게인스트 더 머신(Rage Against the Machine)은 음악을 통해 그들을 간접 지원하기도 했다. 사람들의 마음을 사로잡는 어휘와 인간 내면의 이타성을 일깨우는 표현력, 세계적 상황에 대한 강력한 비판 정신은 인터넷을 타고 그를 이 시대 반세계화 운동의 아이콘으로 만들었다.

사파티스타에서 주목할 것은 그들의 활동 방식이다. 그들의 활동 방식은 과거와 다르다. 그들은 총과 폭탄이 아니라 말과 글을 사용한다. 네트워크는 그들의 말과 글이 무기로 변하는 장(場)이다. 스마트폰 시대는 그들의 무기에 날개를 달아주었다. 네티즌들은 그들의 말에 댓글을 달고, 정책을 퍼뜨리고, 활동을 지원하며 새로운 이미지를 생산했다. 이런 쌍방향 소통은 네트워크를 타고 엄청난 증폭 효과를 낳았다. 멕시코 정부가 사파티스타를 무시하지 못하는 것은 그들의 화력 때문이 아니라 전 세계와 연결된 네트워크의 힘 때문이다. 그런 점에서 이 시대의 진정한 힘은 폭탄도 권력도 돈도 아닌 접속과 연결이다.

변화와 유니크니스

변화를 잘 읽어야 한다는 점을 강조하다 보면 자기 자신의 정체성이 희미해지기 쉽다. 괜찮은 일이다. 정체성이 희미한 사람은 새로운 것들을 받아들이는 데 유리하다. 자기 생각이 강할수록 타인의 생각이 비집고 들어올 틈은 없다. 직업의식이 강할수록 새로운 직업을 가지기 힘들다. 하나의 사상에 지배될수록 다른 사상을 죽이기 쉽다.

정체성이 필요 없다는 말이 아니다. 자기만의 정체성이 없으면 변화를 읽어도 할 수 있는 것이 없다. 정체성이 없는 사람은 변화를 따라가기만 하는 수동적 인간일 뿐, 그 속에서 가치를 만들 힘이 없기 때문이다. 변화의 흐름 속에서 가치를 만들려면 자기만의 독특함, 유니크니스가 필요하다. 마르코스는 자신의 유니크니스를 알았다. 그것은 말이었다. 여기에 더해 그는 변하는 세상의 흐름을 읽었다. 인터넷을 활용한 것이다. 인터넷만 알고 유니크니스가 없는 마르코스를 우리는 상상할 수 없다.

"내가 고객들에게 무엇을 원하는지 물어보았다면 아마 그들은 '더 빠른 말을 원해요'라고 말했을 것이다"라는 헨리 포드의 말이 이것을 대변해준다. 사람은 지금보다 개선된 것을 원할 뿐 현재를 벗어난 생각은 하지 못한다. 세상의 흐름 속에서 예측 가능한 정도의 생각에 머문다. 헨리 포드가 고객의 충고를 따랐더라면 말(馬)을 키우는 사람이 되었을 것이다. 그러나 그는 다른 선택을 했다. 대중의 의견을 무시하고 자기 길을 간 것이다.

변화의 흐름을 타고 세상을 읽은 후에는 사람들의 선호가 아닌 자기 것을 만들어야 한다. 이때 유니크니스가 필요하다. 자기만의 독특함이야말로 강력한 무기가 될 수 있다. 남들의 생각, 남들의 취향, 남들의 예측에서 벗어나지 않는 사람이 새로움을 창조하는 것은 불가능하다. 자기만의 생각이 있을 때 대중을 사로잡을 독특한 뭔가가 탄생한다.

공부하는 사람들이 기억해야 할 것이 이것이다. 자기만의 공부가 있는가? 이것은 중요한 문제다. 우리 사회에는 이런 전공을 하면 돈을 잘 벌고, 저런 것을 배우면 취직이 잘 된다는 식의 통념이 있다. 많은 사람이 이 통념을 좇아 산다. 그런 삶에는 자기 것이 없다. 사회가 제공하는 방식의 공부와 기술만 있을 뿐. 이런 방식이 위험하다는 것을 우리는 너무도 잘 안다. 그럼에도 불구하고 그것에 집착하는 것은 새로운 도전이 과거의 것을 고수하는 것보다 위험부담이 크기 때문이다. 불행히도 이제 그 신화가 무너지고 있다.

공부하는 사람은 자기만의 관심 분야, 공부가 필요하다. 그것은 타인이 따라올 수 없는 자기만의 것이다. 물론 자기 분야를 오래 공부한다고 꼭 결과가 좋으리라는 보장은 없다. 결과는 열심히 한다고 얻어지는 것이 아니다. 결과를 얻으려면 두 가지가 필요하다. 자기 이해와 실패의 경험이다.

자기 이해와
실패의 경험

마르코스는 과거의 혁명을 통해 실패를 배웠다. 쿠바혁명을 성공시킨 체 게바라(Ché Guevara)는 볼리비아에 잠입 게릴라 활동을 펼치다 정부군에 사로잡혀 총살당했다. 미국의 지원을 받는 막대한 화력으로 무장한 정부군을 상대하는 것은 어려운 일임을 그는 너무도 잘 안다. 과거의 전사에게 용기가 미덕이라면 오늘날에는 지혜가 덕목일 수 있다. 총과 폭탄만이 능사는 아니라는 것, 혁명은 무력이 아니라 마음에서 일어난다는 것을 우리는 안다. 제3세계에서 일어난 수많은 혁명은 큰 성과를 거두지 못하고 좌초했다. 이런 과거 실패의 경험이 마르코스를 일깨웠을 것이다. 덕분에 그는 인터넷이라는 세상의 변화를 읽었고 그것에 자신만의 유니크니스, 말과 글을 담을 수 있었다.

> 사람들에게 어떤 가치를 제공한 적이 있는가?
> 왜 사람들은 거부하는가?
> 사람은 언제 감동하는가?
> 나는 언제 감동하는가?

이런 질문을 해본 적이 있는가? 이런 질문은 실패의 경험에서 깨달음을 발견하도록 돕는다. 또한 사람의 본성이 어떤지, 어떤 순간에 감동하는지, 사람을 움직이려면 어떻게 해야 하는지를 아는 데 도움을 준다. 실패의 경험은 자기와 타인, 세상을 연결시킨다.

세상과의 연결이 파괴력을 가지려면 자기를 알아야 한다. 내가 무엇을 좋아하고 잘하는지 알 때, 자기 것으로 세상과 연결될 수 있다. 우리에게 부족한 점이 있다면 바로 자기 이해다. 우리는 아이들이 무엇을 좋아하고 잘할 수 있는지 발견할 기회를 충분히 제공해주지 못하고 있다. 스스로 자신을 위해 시간을 들여 무엇인가를 해보는 데 익숙하지 않다. 혼자만의 시간을 주면 부담스러워한다. 익숙하지 않은 것은 두려운 법이다.

지금은 개인주의 시대다. 누구나 자기 시간을 자유롭게 사용하고 싶어 한다. 현대인들에게 행복은 자기 시간을 자유롭게 쓸 수 있는 자유다. 스마트폰은 개인화를 부추긴다. 스마트폰 하나면 다양한 사람을 쉽게 만날 수 있고 원하는 곳에 접속하여 시간을 보낼 수 있다. 소셜 네트워크는 개인들의 접속, 연결을 강화한다. 개인화는 외로움을 가져온다. SNS는 연결을 통해 외로움을 해소할 수 있다고 알려준다. 구글과 아마존은 안다. 개인화, 스마트폰이야말로 자신들이 번영할 수 있는 조건이라는 것을.

이것은 악순환이다. 혼자됨을 통해 자기를 알아야 하는데, 혼자인 개인은 다른 사람과의 연결을 지향한다. 그렇게 연결에 익숙해지면서 자기를 잊어버린다. 우리는 유튜브를 통해서 다양한 것을 보고 있다고 생각하지만 사실 그것은 착각이다. 유튜브는 인공지능 알고리즘을 통해 내가 어떤 성향을 지녔는지 분석하고 좋아할 만한 영상들을 노출한다. 한마디로 '취향 저격'이다. 스스로 생각하고 영상을 찾아낼 필요가 없다. 유튜브가 제공하는 비슷한 성향의 동영상과 음악과 자료들을 연결해서 보기만 하면 된다. 이런 상황이 계속되면 하나의 편향을 가지게 될 것이고 결국 기존의 생각만 강화하고 말 것이다. 이런 사람에게 개성과 유니크니스를 기대하기 어렵다.

접속과 연결이 전부는 아니다. 접속 이전에 자기가 있어야 한다. 그래야 접속에서 나를 잃지 않고 제 힘을 발휘할 수 있다.

유희형 인간

인공지능 시대가 오면 제품의 생산단가가 혁신적으로 낮춰질 것이라는 전망이 있다. 고가의 프리미엄 제품은 건재할 것이고 여전히 인기를 누릴 것이다. 비교적 안정된 수입원을 가진 사람들은 원하는 제품을 구매하며 여유를 누릴 것이고, 이런 사람들은 경제적 안정을 바탕으로 개인적인 삶에 집중할 가능성이 크다. 개인적인 삶의 모습 중 우리가 상상할 수 있는 것 하나는 유희다. 게임을 비롯한 놀이산업은 미래사회에도 전망이 밝다.

놀이와 함께 생각할 수 있는 것은 학습이다. 꼭 뭔가를 해야 하는 학습이 아니라 세상을 알고 자신을 발견하며 새로운 것에 도전하는 수단으로서의 학습이다. 이때의 학습은 생계의 수단이라는 이전의 그것과는 다른 모습일 것이다. 지금의 노인세대를 보면 알 수 있다. 경제력을 가진 은퇴자들은 도서관과 평생교육원으로 몰려든다. 노는 것도 쉽지 않은 이들에게 학습은 새로운 도전의 즐거움과 유희가 줄 수 없는 만족감을 준다. 물론 앞으로의 학습은 사람이 직접 가르치고 배우는 강의장이 아니라 기계를 통한 접속으로 이루어질 가능성이 크다. 놀이와 학습도 사회 변화에 따라 모습이 달라질 것이다.

접속의 시대는 '우리는 타인과 맺는 가장 기본적인 인간관계를 과연 어떤 방향으로 재설정하고 싶은가'라는 근본적 물음으로 우리를 내몰 것이다. 접속이라는 것은 참여의 수준만이 아니라 참여의 유형을 결정하는 문제이기 때문이다. 그것은 단순히 누가 접속권을 얻느냐의 문제가 아니라 어떤 유형의 체험과 세세가 과연 접속할 만한 가치가 있고 추구할 만한 가치가 있는가를 따지는 물음이다. 21세기에 우리가 만들어나갈 사회의 성격은 이 답변에 좌우될 것이다.

_제러미 리프킨(Jeremy Rifkin),《소유의 종말》

미래를 읽는 방법은 인간 사회의 변화를 읽는 것 외에는 방법이 없다. 인간의 욕구가 사회를 변화시키고, 변화된 사회가 새로운 인간의 욕구를 증폭시키기 때문이다. 그렇다면 무엇을 학습할 것인가? 사람을 학습해야 한다. 사람이 변화를 만든다. 그리고 변화를 학습해야 한다. 변화의 이면에 사람이 있다.

사람을 읽으면 변화가 보이고, 변화를 들여다보면 사람이 있다. 여기가 우리의 공부가 접속해야 할 곳이다.

2부

벤치 인사이트를 키워라

메타인지를
키워라

기계와 인간 사이

1995년 제작된 〈공각기동대〉는 인체 대부분이 기계화된 시대를 배경으로 인간의 정체성에 대한 주제를 다루는 영화다. 정부의 비밀 기관에서 음식을 먹지 않고 정비와 수리를 통해 살아가는 사이보그 인간 쿠사나기는 자신의 정체성에 깊은 회의를 갖는다. 쿠사나기는 동료와 기계와 인간의 차이에 관한 대화를 나눈다.

"나처럼 뇌만 살아 있는 사이보그가 갖는 고민이야. 기계의 몸과 전자두뇌로 새로운 '나'가 된 건 아닐까? 아니면 본래 '나'라는 건 존재하지 않는 것인가?"

"니의 티타늄 두개골 안에는 살아 있는 뇌가 있잖아."

"뇌가 곧 나는 아니잖아. 뇌가 살아 있다고 해서 내가 존재하는 건 아니라고."

"뇌에 영혼이 없다는 거야?"

"만약 전자두뇌와 사람의 두뇌가 똑같이 기능한다면 그때도 인간만이 영혼을 가진 존재라고 할 수 있을까?"

인간과 기계의 차이는 어디에 있을까? 기계의 능력이 인간의 것을 뛰어넘는 특이점의 시대를 경험할 우리에게 묻지 않을 수 없는 질문이다. 흔히 인간만이 영혼을 가졌다고 하지만 도대체 그 영혼이라는 것은 무엇이고, 기계는 그것을 가지고 있지 않다고 할 수 있을까? 참으로 곤란한 질문이다.

인간과 기계의 차이를 숙고하며 나는 누구인가를 고민하는 쿠사나기가 생각하지 못한 것이 있다. 그것은 자신이 질문하고 있다는 사실이다. 인간은 자신이 누구인지를 질문하는 존재다. 기계는 이런 질문을 할 수 없다. 자의식이 없기 때문이다. 자기를 인식하고 내가 누구인지를 질문하는 힘은 인간에게 주어진 특권이다. 이것이야말로 인간이 기계와 다른 점이고 인간에게 주어진 무한한 가능성이다.

공부에 밀도가 없는 이유

열심히 여러 가지 일을 배우는 사람이 있다. 책도 많이 읽고 다양한 자격증도 확보한다. 그런데 열심히 하는 만큼 성과가 없다. 인식능력에 큰 변화가 없고, 말이나 글솜씨도 이전과 다르지 않다. 한마디로 공부에 밀도가 없다.

아이들도 이런 경우가 있다. 책도 많이 보고 수업도 잘 듣고 시험 공부도 열심히 하는데 막상 성적은 기대에 미치지 못한다. 이런 경우 대부분 공부 방법에 문제가 있거나 타고난 머리가 부족하다는 식으로 치부해버린다. 문제의 원인은 여러 가지가 있을 수 있고, 우리가 생각하지 못하는 중요한 원인이 도사리고 있을 가능성이 크다. 그 원인 중 하나는 중요한 것을 가려내는 눈이 없다는 것이다.

지식과 정보가 아무리 많아도, 입력되는 데이터가 아무리 쌓여도 무엇이 중요하고 필요한지를 가려내는 눈이 없다면 소용이 없다. 공부를 많이 해도 그것이 어떻게 문제화되고, 어떻게 이용될 수 있는지 알지 못하는 경우가 이런 경우다. 한마디로 벤치 인사이트(Bench Insight)가 없다고 할 수 있다.

내가 무엇을 모르는지 아는 학생은 아는 부분은 빨리 넘어가고 모르는 부분을 집중적으로 공부한다. 이런 학생은 약점을 보완해 고득점을 올릴 수 있다. 공부 잘하는 아이, 자기 주도적인 학습을 하는 아이는 학원이나 사교육에 의존하지 않는다. 학원에서 공부하는 시간이 아깝고 쓸모없게 느껴진다. 이런 아이는 학원을 가더라도 자기에게 필요한 부분만을 배운다. 어떤 부분이 부족한지 알기 때문이다.

공부머리가 부족한 학생일수록 자신이 무엇을 잘 알고 무엇을 모르는지에 대한 판단력이 부족하다. 시험을 친 후에도 자기 피드백이 불가능하다. '이번 시험에서는 이 부분의 공부가 부족해서 원하는 점수를 얻지 못했구나' 하는 생각을 할 수 없다. 그런 학생은 한마디로 자기를 모른다. 가끔 중하위권에 머무르던 학생이 갑자기 성적이 오르기 시작하는 경우가 있다. 자기가 모르는 부분이 무엇인지를 발견하고 그것을 어떻게 보완해야 하는지 알게 된 경우다. 이런 능력을 메타인지(metacognition)라고 부른다. 메타인지는 자기가 무엇을 알고 무엇을 모르는지를 아는 능력이다. 이들은 벤치 인사이트를 가졌다.

메타인지의 힘

> 정보를 다루고 전달하는 능력의 향상은 미래 예측, 문제해결 방식, 사회적 관계의 재구축 등에 혁신적 결과를 가져왔다.
> _유발 하라리,《사피엔스》

우리 시대는 정보의 부족이 아니라 범람이 문제다. 이런 시대는 정보를 판단하는 눈이 중요하다. 필요한 정보를 연결하고 가공해서 필요한 곳에 사용하는 능력이 핵심이다. 이런 능력은 메타인지와 연관된다.

메타인지란 한 차원 높은 생각을 말한다. 메타(meta)는 '~에 관하여', '~를 넘어서'라는 뜻이다. 자신이 무엇을 모르는지 아는 것, 자신의 상황을 객관적으로 인지할 수 있는 능력으로 이해한다.

지나가는 강아지를 보면서 귀엽다고 생각한다. 이것은 기본적인 인지 과정이다. 메타인지는 '내가 지금 강아지를 보고 있구나. 내가 왜 강아지를 보고 귀엽다고 생각했지?'를 생각할 수 있는 능력이다. 자기 생각을 생각할 수 있는 능력, 자기를 파악할 수 있는 능력이 메타인지인 것이다.

소크라테스는 '너 자신을 알 것'을 강조했다. 이때 너 자신을 아는 것은 너의 무지를 아는 것이다. 내가 모른다는 사실을 알 때 모르는 것을 배울 수 있다. 모른다는 것을 모르면 무엇을 배워야 할지 알 수 없다. 이것이 무지의 지(無知之知)다.

메타인지는 자신이 무엇을 모르는지 아는 것 혹은 자신의 상황을 객관적으로 인지하는 능력이다. 모르는 것이 무엇인지를 알면 자신에게 무엇이 필요하며 어떻게 배울 수 있을지 판단할 뿐 아니라 학습을 실천하고 배움의 방법을 통제할 수 있다. 자신의 상황을 객관적으로 바라볼 수 있기 때문이다.

이런 능력은 학습에서 매우 중요하다. 학습 목표를 정하고 실천하며 피드백하는 힘이 여기에 기반을 두고 있기 때문이다. 그러자면 자신을 벤치에 앉혀야 한다. 벤치에서 자신의 공부와 문제를 돌아봐야 한다. 벤치맨이 되어야 메타인지를 얻을 수 있다.

《사피엔스》에서 유발 하라리는 현대 과학이 급속한 발전과 큰 힘을 발휘할 수 있었던 이유를 무지를 기꺼이 인정했기 때문이라고 지적한다. 과거의 절대적 진리에 대한 확신을 무지가 대체함으로써 옛 전통을 연구하기보다 새로운 관찰과 실험을 선호하여 과학과 수학적 논리를 사용할 수 있었다는 것이다. 그렇게 진리의 여부를 묻는 대신 우리에게 어떤 힘을 줄 수 있는가를 중심으로 판단함으로써 과학은 급속히 성장하고 힘을 얻었다. 그런 점에서 과학혁명은 '무지혁명'이었다. 모른다고 대답함으로써 새로운 과학과 지식의 문을 열어놓은 것이다. 빅뱅이 어떻게 일어났는지 모른다고 인정할 때 그것에 대해 더 깊이 있고 진지하게 탐구하게 된다.

메타인지는 자아의 발견이다. '내가 이렇게 생각하고 있구나', '이런 행동을 하고 있구나' 하는 것을 발견하는 것이다. 내가 누구와 연결되어 있고 어디에 접속하는 것이 바람직한지 판단하는 것이다. 메타인지를 통해 현재를 이해하고 미래를 진단하며 목표를 세우고 앞으로 나아가는 것이 가능하다. 이것은 인간이 인공지능과 다른 점이고, 인간이 기계보다 우월할 수 있는 영역이다. 이것이 21세기의 공부가 메타인지로 쏠리는 이유다.

메타인지와 창의력

메타인지라는 개념을 처음 사용한 발달심리학자 존 플라벨(John Flavell)은 문제해결에 필요한 지식과 수단을 선택하고, 계획 실행 과정에서 일어나는 일들을 관찰하고 통제하는 활동이 메타인지를 통해 가능하다고 말한다. 이것은 메타인지를 기반으로 문제를 해결하는 과정에서 창의성이 증폭됨을 의미한다. 문제를 인지하고, 해결방안을 찾고, 실행하면서 피드백하는 과정은 문제에 대한 대처 능력을 증대시킨다. 이런 경험을 몇 번 반복하면 자신감을 가지게 됨은 물론 창의적인 활동에 재미가 높아져 학습에 더욱 매력을 느낀다.

메타인지의 강화는 대상 세계 혹은 타인과의 긍정적 관계 형성에도 기여한다. 자신의 지적 능력과 힘을 세상에 어떻게 사용해야 하고, 타인과 어떻게 관계를 맺는 것이 좋은지 알게 되는 것이다. 이것은 자기효능감을 강화시키고 도전의식을 불러일으킨다.

캐나다의 창의성 전문가 어니 젤린스키(Ernie Zelinski)는 창의적인 사람의 가장 큰 특징이 '스스로 창의적이라고 생각한다'는 것이라고 말한다. 창의적인 사람은 자신을 창의적이라고 믿기 때문에 어떤 문제에 부딪혀서도 포기하지 않고 도전하려는 마음이 강하다. 실제로 그런 마음으로 문제에 접근하면 해결의 가능성이 훨씬 커진다. 이것 역시 메타인지에 기초한 자기효능감의 강화와 창의성 향상의 결과다.

한 분야에서 중요한 일을 해내는 사람들을 살펴보면 한 가지 공통점을 발견할 수 있다. 그것은 세상이 필요로 하는 것이 무엇인지를 찾아내는 능력이다. 한 분야에서 오래 일하거나 공부한 사람들은 많다. 그런데 그들 모두가 중요한 일을 해내는 것은 아니다. 자기

분야의 상황이 어떠하며 자신의 지식과 기술이 세상에 어떻게 기여
할 수 있는지를 모르기 때문이다. 책을 쓰는 사람은 많지만 자기 분
야의 지식이 세상과 어떻게 연결되고 어떤 기여를 할 수 있는지 아
는 사람은 많지 않다. 좋은 책을 쓰는 사람들은 자기 분야와 세상을
연결하여 이해할 수 있는 사람이다. 그러자면 자기 분야에 정통해야
하고 자신이 세상에서 어떤 역할을 할 수 있는지 알아야 한다. 이것
은 정확히 메타인지 능력과 관련된다.

메타인지 능력 향상을 위해서는 자신에게 필요한 지식과 기술을
얻는 기초학습이 필수적이다. 이런 1차 학습과 함께 내가 무엇을 아
는지, 아는 것을 어디에 어떻게 활용할 수 있는지를 아는 2차 학습
이 필요하다. 1차 학습을 통해 구체적인 지식을, 2차 학습을 통해 추
상적인 방향을 발견할 수 있다.

메타인지력 높이기

그리스신화의 오이디푸스는 아버지를 죽
이고 어머니와 결혼할 것이라는 신탁을 받은 인물이다. 신탁을 알게
된 친아버지는 아이를 내다 버리고, 이웃 나라에서 성장한 오이디푸
스는 자신의 운명을 알게 된다. 아버지를 죽이는 운명을 피하기 위
해 집을 떠난 오이디푸스는 우연히 길거리에서 실랑이를 벌이고 싸
움 끝에 노인을 죽인다. 그 지방에는 스핑크스라는 괴물이 살았는데
이 괴물을 죽이는 자는 왕비와 결혼할 수 있다는 소문을 듣는다. 오

이디푸스는 인간 중에서도 탁월한 '아는' 자였다. 그는 당당히 스핑크스에게 찾아갔고, 스핑크스는 '아침에 네 발, 낮에 두 발, 저녁에 세 발로 걷는 것이 무엇이냐?'는 질문은 던진다. 그 질문에 오이디푸스는 '인간'이라고 대답해 스핑크스에게 치욕을 안기고, 스핑크스는 벼랑에 몸을 던져 죽는다.

약속대로 오이디푸스는 왕비와 결혼하고 두 아들과 두 딸을 낳는다. 어느 날 그가 다스리는 테베에 역병이 돌고 신탁은 테베에 부정한 자가 있기 때문이라고 말한다. 그 부정한 자를 추적하던 오이디푸스는 자신이 길에서 죽인 사람이 친아버지인 라이오스 왕이라는 사실과 자신이 어머니와 결혼했다는 것을 알게 된다. '알게 된' 자 오이디푸스는 자신의 운명을 슬퍼하며 스스로 눈을 찔러 장님이 되어 세상을 떠돌다가 죽는다.

오이디푸스는 스핑크스의 질문을 풀 수 있는 '아는 인간'이었다. 그는 인간이 어떤 존재인지를 알았다. 하지만 정작 자신이 누구인지는 몰랐다. 다른 사람과 인간에 대해서는 알면서 자신은 모르는 것이 인간의 슬픈 운명이다. 그가 자신이 누구인지 알았다면 이런 극단적 비극은 피할 수 있었을 것이다.

오이디푸스 이야기는 자기를 안다는 것이 얼마나 힘들고 중요한 일인지 알려준다. 자기를 돌아보고 성찰할 수 있다는 것, 메타인지력은 인간만의 전유물이자 특권이지만 그만큼 어렵고 힘든 일이다.

어떻게 하면 메타인지력을 키울 수 있을까?

첫 번째 방법은 질문하고 스스로 피드백하는 습관을 갖는 것이다.

'내가 모르는 것은 무엇인가?', '지금 잘하고 있는가?', '무엇을 더 배워야 하는가?', '나의 판단이 맞는가?', '예측대로 진행되고 있는가?'

이런 질문은 자기성찰과 상황에 대한 주의력을 높여준다. 질문에 답하는 과정에서 자기를 알게 되고 자신의 객관적 상황을 이해할 수 있다. 자기를 알고 상황을 이해하면 앞으로 어떻게 해야 할지 예측해보고 방향을 잡을 힘이 생긴다. 덕분에 지금 하는 공부나 일이 지긋지긋하지 않고 할 만한 것이 된다. 내가 통제할 수 있다는 생각이 들기 때문이다. 행복한 사람들은 자기 일상과 인생의 방향을 통제한다고 느끼는 사람들이다.

통제력은 자기 확신을 가져오고 몰입이라는 특별한 경험으로 이어진다. 《몰입의 즐거움》의 저자 미하이 칙센트미하이(Mihaly Csikszentmihalyi)는 지겹고 단조로운 활동이 환상적 활동으로 변모되는 비밀을 이렇게 말한다.

> 첫째, 무슨 일이 일어나고 있고 그 원인이 무엇인지를 명확히 이해하는 데 관심을 기울여야 한다. 둘째, 지금의 방식이 업무에 임하는 유일한 방법이라는 수동적 자세에서 탈피해야 한다. 셋째, 대안을 모색하면서 더 좋은 방법이 나타날 때까지 실험을 게을리 하지 말아야 한다.
> _미하이 칙센트미하이,《몰입의 즐거움》

학습에서도 자신에게 무슨 일이 일어나고 있는지 원인을 알고 그것에 관심을 기울이는 것이 중요하다. 그럴 수 있을 때 공부에 대한 수동적인 자세를 탈피하고 자기 목적성을 가진 사람으로 변모할 수 있다. 자기 목적성이 있을 때 공부든 일이든 자신이 경험하는 것에 질서가 생긴다. 경험의 질서는 생각과 행동에 대한 기준을 제시한다. 어떻게 다루어야 하는지 판단이 선다는 말이다.

이 과정에서 실수를 허용하고 새로운 대안을 탐색할 수 있는 실험을 계속하는 것은 중요하다. 쉽게 배운 것은 쉽게 잊어버린다. 맞힌 문제보다 틀린 문제가 훨씬 오래 기억에 남는다. 실수와 실패의 경험이 뇌에 강한 자극을 남기기 때문이다. 인간은 실수를 통해서 배우고, 배움을 통해서 앞으로 나아가는 존재다. 호기심과 자신감을 가지고 실수를 통해서 배우는 과정이 메타인지가 발달하는 과정이기도 하다.

메타 질문을 하려면 자신을 벤치에 앉혀야 한다. 일에 열중한 상태로, 공부에 몰입한 상태로 메타 질문을 던질 수는 없다. 사색과 성찰과 통찰을 가져오는 중요한 질문은 벤치에 앉는 시간을 필요로 한다. 그 질문의 답을 통해서 벤치 인사이트를 얻을 수 있다.

두 번째 방법은 지금 자신이 처한 상황을 객관적으로 바라보는 연습을 하는 것이다. 이른바 자기 객관화 연습이다. 우리는 책을 볼 때 '내가 책을 본다'라는 것을 생각하지 못한다. 책을 보는 것에 집중하기 때문이다. 이때 제3의 눈을 만들어 내가 책을 보고 있는 장면을 지켜본다고 한다면 어떻게 될까? 어떤 자세로 앉아 있고, 주변의 환경은 어떠하며, 책에 대해 어떻게 느끼는지 등을 알게 될 것이다. 이런 연습은 자기가 처한 상황을 파악하는 데 도움을 준다.

자기 객관화는 갈등의 상황에서도 힘을 발휘한다. 다른 사람과 갈등이 생겼을 때 제3의 눈으로 문제와 상황을 바라보면 주관적 입장에서 보지 못한 것들을 볼 수 있다. 자기 감정에서 벗어나 상황을 판단하기 때문이다.

세 번째 방법은 자극을 주는 멘토를 얻는 것이다. 그리스 청년들의 멘토였던 소크라테스는 아고라 광장에서 질문을 통해 청년들의 사유를 자극했다. '진리란 무엇인가?', '용기란 어떤 상태인가?', '좋은 삶이란 무엇인가?' 이런 질문을 끊임없이 던졌고 상대방의 대답에 맞게 새로운 질문을 던졌다. 질문은 그들을 자극했고 소크라테스의 방식에 많은 사람이 열광했다. 이 열광은 소크라테스가 '젊은 이들에게 나쁜 사상을 주입한다'라는 명목으로 고발당하는 원인을 제공했다. 그만큼 그의 영향력은 컸다. 그가 죽자 그의 제자를 자처하는 사람이 수없이 나타났다. 너나없이 그의 제자임을 자랑스러워했다. 플라톤부터 디오게네스(Diogenes)까지 스타일도 다양했다.

소크라테스는 이론이나 사상을 가르치지 않고 철학하는 방법을 가르쳤다. 이런 방법을 통해 제자들이 얻은 것은 무엇일까? 스스로 생각하는 힘, 자기 생각을 만들어내는 기본적 역량, 즉 메타인지였다. 내가 모른다는 것을 알고, 나에게 필요한 지식이 무엇인지를 찾아갈 수 있는 생각의 생각, 벤치 인사이트를 일깨웠다.

미래의 스승은 하나의 지식을 전달하기보다, 정답을 찾아내는 방법을 알려주기보다 무지를 깨우치고 생각을 자극하며 벤치 인사이트를 키워주는 멘토여야 한다.

기본으로 돌아가자

우리는 '가짜 뉴스'가 판을 치는 시대에 살고 있다. 현실을 있는 그대로 전달하는 미디어는 거의 없다. 미디어 간의 경쟁이 치열해지면서 조회 수를 늘리기 위해 혈안이 된 지 오래다. 미디어는 사실을 과장하고, 왜곡하고, 심지어 꾸며내기도 한다. 지식이 폭발적으로 증가하는 인공지능 시대에는 가짜와 진짜 뉴스를 구분하기가 더욱 어려워질 것이다.

그런 모습을 이미 우리는 경험하고 있다. 이미지를 합성하고, 댓글을 조작하여 거짓으로 꾸미는 일은 이제 흔한 일이었다. 이렇게 거짓이 지배하는 시대를 제대로 보려면 질문하고 의심하는 능력이 필수적이며, 자신의 인지편향을 극복할 수 있는 메타인지의 힘을 키우는 방법밖에 없다.

메타인지를 키우는 방법은 기본으로 돌아가는 것이다. 인공지능 시대든 초연결의 시대든 우리가 바라는 삶은 인간적인 삶이다. 인간이 어떤 존재인지를 알고, 그 앎에 기초할 때 좋은 세상과 좋은 삶을 일굴 수 있다. 인간은 강한 호기심으로 새로운 것을 탐구하는 데 능하다. 우리가 일군 문명이 그것을 말해준다.

문제는 인간이 새로운 힘을 얻는 데는 유능하지만 이 힘을 자신과 지구의 행복을 위해서 사용하는 데 미숙하다는 것이다. 과거보다 훨씬 많은 것을 가졌는데도 더 행복하지 못한 이유가 여기에 있다. 초연결의 시대는 좋은 삶에 대한 감각을 더욱 혼란스럽게 만들 수 있다. 과학과 인공지능의 발달은 인간이 세상을 통제하는 힘을 상실하는 디스토피아의 가능성까지 내포한다. 이런 상황에서 우리는 사이버 공간과 현실이라는 두 세계 사이에서 정체성을 고민해야 하고, 과학과 인공지능의 급속한 성장 속에서 인문학을 통해 현명한 방향도 모색해야 한다. 우리가 어디에 있는지를 알려주는 메타인지는 개인에게도 중요하지만 인간 종족 전체에게도 무척 중요하다.

> '우리는 누구인가, 어디에서 왔는가, 어떻게 해서 이처럼 막대한 힘을 얻게 되었는가'를 이해하는 데 도움이 되기를 소망한다. 이 같은 이해 덕분에 생명의 미래에 대해 더 현명한 결정을 내릴 수 있기를 소망한다.
> _유발 하라리,《사피엔스》

인간은 과학과 공학과 수학과 경제와 경영에 대해 잘 안다. 이렇게 '아는 인간'이 될 수 있었던 것은 실수를 통해서 배웠기 때문이다. 호기심을 바탕으로 시작된 세상 탐구는 많은 실수에도 문명을 성장시켰다. 쿠사나기의 말처럼 '인간은 가능성만 있으면 어떻게든 실현하는 본능'을 가졌다. 조심해야 할 점은 안다는 착각에 빠질 수 있다는 것이다. 작은 실수는 모르기 때문에 일어난다. 큰 실수는 알기 때문에, 아니 안다는 착각 때문에 일어난다. 인간에게 일어날 가장 큰 실수는 무엇일까? 그것은 인간 전체의 운명과 관련이 있을 것이다. 큰 실수를 예방하는 길은 우리가 누구이고 어떤 상황에 처해 있는지를 아는 것, 즉 벤치 인사이트를 얻는 것이다. 그러자면 처음으로 돌아가야 한다. 우리가 누구이고 어떤 존재인지를 알 때, 인간다운 미래가 가능하다.

철학이
필요한 시대

철학의 이유

아이들에게 가장 필요한 공부는 무엇일까? 수학일까? 영어일까? 국어일까? 이 문제에 답하려면 아이들의 상황부터 살펴봐야 한다. 대한민국은 세계 어느 나라보다 공부량이 많은 나라다. 그런데 왜 창의성이 낮은 나라가 되었을까? 대한민국의 청년들은 모험보다는 안정을 추구한다. 의사, 공무원이 되기 위해 노력하는 모습이 그것을 단적으로 보여준다. 교육환경도 주입식 암기 교육에서 벗어나지 못한다. 이런 사회 환경에서 창의성을 추구하는 것은 어려운 일이다. 인공지능 시대가 눈앞인 상황에서 창의성이 부족하다는 것은 미래를 걱정할 충분한 이유가 된다. 다가올 미래는 인간의 창의적 활동 영역만이 인공지능이 넘보지 못하는 분야가 될 것이 분명하다.

청소년기는 왕성한 신체발달과 성적 성장, 심리적 성숙이 이루어지는 시기다. 미국의 정신분석학자 에릭 에릭슨(Erik Erikson)은 청소년기에 가장 중요한 것이 자아정체성(Ego Identity)의 확립이라고 말한다. 청소년기에 어떤 경험을 하고 어떤 자아정체성을 획득하느냐에 따라 어른이 되어 해낼 수 있는 역량이 달라지기 때문이다. 자아정체성이란 자기 안에 지속적인 동일성이 존재한다는 것을 의미한다. 개인은 그 동일성을 타인과 지속적으로 공유함으로써 생산적인 사회 활동을 영위할 수 있다. 물론 자신만의 동일성은 타인과의 지속적인 교류를 통해서 수정되고 발달하며 사회적 현실 안에서 능동적으로 작동한다. 그러자면 과거 자신의 모습을 돌아보고 이해하면서 미래의 모습을 연상하여 일관된 자아정체성을 만들어가야 한다. 한마디로 자신만의 유니크니스를 확립해야 하는 시기다.

이 과업을 필요한 시기에 해내지 못하면 자아에 타격을 입고 정체성의 혼란에 빠져 주변 사람들의 말에 쉽게 현혹되거나 권위 있는 사람에게 순종하는 사람이 될 수 있다. 자신이 어떤 사람인지, 무엇을 좋아하고, 어떤 것에 이끌리며, 무엇을 할 수 있는지 이해하지 못하는 사람이 되는 것이다. 이것은 수학이나 영어 공부로는 성취할 수 없는 일이고, 규격화된 도덕이나 윤리 수업에서 배울 수 있는 것도 아니다. 이 과업을 수행할 수 있는 학문은 철학뿐이다.

철학의 필요성은 아이들의 현실만 봐도 알 수 있다. 대한민국의 아이들은 초등학교에서 대학까지 16년을 공부한다. 이렇게 오랫동안 공부해도 아이들은 자기 인생관이 없다. 세상은 왜 존재하는지, 삶의 의미는 무엇인지, 나에게 어울리는 삶은 어떤 방향인지 판단할 힘을 잃었다. 원인은 교육의 부재다. 아이들은 자기에 대해, 세계에 대해, 타인에 대해 생각하고 판단할 기회가 없었다. 아이들은 어떻게 사는 것이 현명한지 이야기해 본 적이 없기에 자아정체성 형성에 실패할 수밖에 없다. 자신이 누구인지 어떤 삶을 살고 싶어 하는지 말하지 못하는 아이들. 그동안 우리 교육은 무엇을 한 것일까?

초격차의 시대

어른들의 상황은 어떨까? 대한민국은 반도체, 스마트폰, 화학, 디스플레이 등의 분야에서 세계 최고의 자리에 있다. 조선과 자동차 또한 세계적인 수준이고 건설 능력은 타의 추종을 불허한다. 원자력 발전소 건설 기술을 해외에 수출할 정도다. 이런 우리를 세상은 '한강의 기적'을 이룬 나라라고 부른다. 그런 나라가 왜 자살률은 세계 1위이고, 출산율은 세계 꼴찌인가? 아이들의 학업 스트레스는 세계 최고이고, 의욕에 불타올라야 할 근로자들은 세계 최저 수준의 노동 의욕을 보이는가?

이 상황을 세계적인 경제불황, 빈부격차, 세대 간의 갈등, 구직난 등의 문제로 치부할 수도 있을 것이다. 하지만 일자리와 부가 늘어나고 세대갈등이 개선된다고 해서 상황이 좋아진다는 보장이 있을까?

과거보다 훨씬 높은 수준의 부를 이루었음에도 더 행복해지지 않은 이유를 생각해야 하지 않을까? 그동안 우리가 놓친 것이 무엇일까?

문제의 열쇠는 철학에 있다. 우리에게 철학이 없다는 것, 그것이 우리를 힘겹게 만들고 있다. 인생관은 세상과 삶을 바라보는 관점이다. 인생관이 확립되지 않은 사람은 사회가 제공하는 것을 따라갈 수밖에 없다. 남들이 가는 길, 남들이 하는 일을 추종한다. 자기 생각이 없으면 줄을 서게 된다. 줄을 서는 곳은 복마전이다. 우리 삶이 힘겨운 것은 자기 삶의 기준을 잃고 타인의 삶, 사회가 만든 생각의 피라미드에 갇혀 있기 때문이다.

아인슈타인은 투자 기간이 길어질수록 돈의 가치가 기하급수적으로 늘어나는 '복리'를 세계 8대 불가사의 중 하나라며 인간의 가장 놀라운 발견 가운데 하나로 꼽았다. 그 복리의 차이가 벌어지기 시작하는 때가 청소년기다. 자신의 정체성을 확립하고 생각의 폭을 확장하려면 세상을 바라보는 관점, 삶에 임하는 태도, 지식과 정보를 다루는 방식, 타인을 대하는 방법에 대한 자기만의 원칙과 기준을 만들어야 한다. 이때 기존의 자기 생각과 다른 경험, 다른 정보와 충돌했을 때 원칙과 기준들을 수정하고 새롭게 만들어나가야 한다. 그것을 연습하고 만들어가는 시기가 청소년기이고, 철학을 통해 그 과정을 통합할 기회를 얻을 수 있다. 현실의 경험을 종합하고 자기 생각을 만들어가는 건강한 정체성 확립의 힘이 철학에 있는 것이다.

만약 이 작업에 실패한다면 성인이 된 후 생각하는 힘의 초격차가 벌어져 기존의 생각을 충실히 따르기만 하는 창의성 없는 사람이 된다. 이런 일이 한 집단, 한 국가에서 일어난다면 그 집단과 국가는 어떻게 될까? 부와 지식의 분배가 초격차로 벌어질 것이 예상되는 인공지능 시대가 두려운 것은 기우일까?

프랑스의 철학 수업

프랑스의 철학 수업은 세계적으로 유명하다. 1828년 철학자 빅토르 쿠쟁(Victor Cousin)의 주도로 완성된 철학 교육과정은 프랑스혁명 정신을 계승하고 독립적인 사고를 갖춘 시민을 양성하기 위한 취지로 시작되었다. 철학자들의 생각을 공부하는 것이 아니라 생각하는 힘을 키우는 것이 프랑스 철학 수업의 목표다. 문과든 이과든 고등학교 3학년 학생들에게 철학은 필수과목이다. 고등학교 졸업 자격 시험인 바칼로레아도 철학 시험으로 시작된다. 출제 문제는 언론에 특필되고 화제에 오른다.

'국가는 개인의 적인가?'
'철학자는 과학자에게 어떤 도움을 주는가?'
'스스로 인식하지 못하는 행복이 가능한가?'
'지금의 나는 내 과거의 총합인가?'

자기 생각을 묻는 주관식 논술이다. 논술 시험에 대비할 교과서가 있는 것도 아니다. 의존할 수 있는 것이 없다. 프랑스에서는 철학을 고등학교 3학년부터 본격적으로 공부하지만 초등학교부터 글쓰기와 토론 수업이 활발하기 때문에 큰 어려움은 없다. 프랑스의 교육은 철학을 배우는 것이 아니라 철학하는 힘을 키우고 자기 생각을 펼치는 것에 의미를 둔다. 프랑스의 교육이 어디에 중점을 두고 있는지 알 수 있는 대목이다.

자유롭고 창의적인 생각은 외우는 것에 있지 않다는 것을 우리는 이미 안다. 그런데 왜 그런 공부를 반복할까? 이 의문이 새로운 공부의 시작 지점이다. 질문을 던지고 해답을 찾아가는 것이 철학이다. 인공지능 시대에 중요한 것은 우리의 대응이다. 임마누엘 칸트의 말처럼 우리는 '철학을 배우는 게 아니라 철학적으로 사는 법'을 배워야 한다.

프랑스는 왜 철학 공부를 강조할까? 그것은 철학이 기존의 가치와 고정관념을 의심하고 자기 생각을 만드는 과정이기 때문이다. 바칼로레아 시험은 형이상학적이고 도발적이다. 이런 문제에 답하려면 자유로운 생각을 펼치면서도 자기 나름의 질서정연한 논리가 확립되어야 한다. 세상에 나가기 전, 어른이 되기 전에 자기만의 세계관과 인생관을 확립해보라는 취지가 담겨 있다. 한마디로 건강한 자아정체성을 확립하자는 것이 바칼로레아의 취지다.

큰 그림 공부

세상은 왜 존재하는가? 우리는 이런 질문에 익숙하지 않다. 우리나라처럼 실용적인 문화가 강한 곳에서는 이런 질문이 터부시되기도 한다. 답도 없는 질문을 한다며 핀잔을 듣다 보면 이런 질문을 포기하게 된다. 정말 세상이 왜 존재하는지를 묻는 것이 아무런 가치가 없을까?

세상의 존재 이유나 삶의 목적을 묻는 학문을 형이상학이라고 한다. 형이상학은 철학의 중심 분야다. 왜 형이상학이 중요할까? 생각의 기반이 되기 때문이다. 세상은 왜 존재하는가? 삶이란 무엇인가? 이런 질문의 답을 찾는 것은 세상은 무엇이고 어떻게 살아가야 하는가에 대한 기반을 제공한다. 세상이 복잡해지고 변화의 속도가 빨라질수록 근본적인 통찰이 요구된다. 왜 이렇게 복잡하고 바쁜지 근원을 파헤칠 수 있어야 한다. 이때 필요한 것이 근원을 묻는 형이상학적 질문이다.

왜 미분과 적분을 배워야 하는가? 신라 시대의 관등제도를 외워야 하는 이유는 무엇인가? 지구에서 별까지의 거리 측정법을 알아야 하는가? 물고기를 해부하고 기관의 명칭을 외우는 것은 무슨 의미가 있는가? 번역기가 있는데 영어 공부에 많은 시간을 쏟아야 할 이유는 무엇인가? 왜 모든 교육과정이 대입 수능에 맞춰져야 하는가? 우리는 이런 질문이 낯설다. 질문에 익숙하지 않기 때문이고 사고력이 협소하기 때문이다. 이런 질문을 던질 수 없을 때 다른 사람이 시키는 대로, 사회가 제공하는 대로 살게 된다.

한 분야에서 중요시하는 내용을 이해하려면 큰 그림, 벤치 인사이트가 필요하다. 그 분야와 시대, 사상의 배경을 알아야 한다. 단편적인 주장이나 사건만 봐서는 왜 그런 주장을 하고 일들이 생기는지 이해하기 어렵다. 중요하면서도 세부적인 것을 제대로 이해하기 위해서는 앞뒤의 맥락과 배경을 이해하는 눈이 필수적이다. 공부는 미시적이기 이전에 거시적이어야 한다. 빅 픽쳐, 큰 그림을 그리는 공부여야 한다. 성공하는 방법을 공부할 것이 아니라 성공이란 무엇이고, 왜 그래야 하는지를 생각해봐야 한다. 사람을 설득하는 방법이 아닌 사람이란 어떤 존재이고, 왜 사는지를 알아야 한다. 돈 버는 방법이 아닌 돈 없이도 풍요로울 방법을 생각할 수 있어야 한다.

대중은 보이는 것, 들리는 것을 바탕으로 판단한다. 인터넷이나 TV의 정보를 통해서 무엇을 하면 돈을 벌 수 있고 어떤 일을 하면 생존에 유리한지를 생각한다. 대중은 생존과 돈에 집착한다. 생각이 있는 사람들은 다르다. 돈도 중요하지만 그보다 돈에 관한 생각이 중요하다는 것을 안다. 그들은 세상을 배우고 인간을 알 수 있는 공부에 집중한다. 역사, 철학, 문학, 예술 등이다. 이들의 선택 배경에는 세상을 알아야 좋은 삶을 살 수 있다는 큰 그림이 작동하고 있다.

대중을 넘어서

오늘날 실패하고 있는 것은 사람이다. 인간이 자기 문명의 발전을 따라잡지 못하고 있다. 교양이 있다고 하는 사람들이 오늘날의 가장 근본적인 문제에 관해 이야기하는 것을 들어보면 소름이 끼친다.

_오르테가 이 가세트,《대중의 반역》

세상은 대중에게 지배된다. 대중은 즉흥적이고 감정적이다. 자신의 이익을 최우선으로 생각하기 때문에 신중함이나 심사숙고 없이 필요에 따라 자기 의견을 관철시킨다. 백화점 '갑질' 고객들의 모습이 그렇고, 교사의 뺨을 때리는 학부모의 모습이 그렇고, 집단이익을 위해 피켓을 든 이들의 모습이 그렇다. 우리 사회는 대중의 눈치를 보며 그들의 기호에 맞춰 정책을 입안하고 법을 고치며 여론에 따르는 교육에 충실하다.

대중의 탄생에 기여하는 것은 철학 교육의 부재다. 지식의 양을 따지며 생산성과 실용성 위주의 교육에 집중하면 살아남는 것, 부를 얻는 것이 지상 최고의 가치라고 믿는 대중을 양산하게 된다. 부모들은 사랑이라는 이름으로 실용을 강조하며 교육을 흔든다. 아무리 좋은 교육제도를 만들어도 자식의 성공을 위한 용도로 악용한다면 소용이 없다. 교육제도의 개선도 시급하지만 그보다 먼저 국민 의식이 개선되어야 한다. 아파트 투기를 잡으려는 정부의 정책도 필요하지만 '부동산으로 돈을 벌지 않겠다'라는 자기 철학을 가진 사람들이 많아져야 한다. 그런 점에서 지금 우리 사회가 가진 온갖 문제점들은 스스로가 만든 결과다.

나는 시대의 산물이지만 반드시 그래야 할 필요는 없다.
_비스와바 쉼보르스카(Wislawa Szymborska), 《끝과 시작》

폴란드 작가 쉼보르스카의 말처럼 우리는 모두 시대의 산물이다.

하지만 꼭 그 시대의 문화와 사상을 따라 살 필요는 없다. 오히려 시대를 따르지 않고 남의 의견을 무시하는 쪽이 훨씬 자기다운 모습일 것이다. 시대를 넘어 자기 생각을 만드는 힘, 그 힘의 원천이 철학이다.

나와 인간

무리에 머무는 것은 위험하다. 그것은 자기다움을 추구하고 생각을 벼리는 것만 못하다. 이때 필요한 것이 자기다움, 유일함, 유니크니스다.

'나는 누구인가'라는 질문은 철학에서 중요하게 다루는 질문이다. 이런 질문은 나다움을 고민하게 하고 나답게 살기를 권장한다. 내가 좋아하는 것은 무엇이고, 어떤 일에 끌리고, 어떤 활동에 몰입하는지를 알게 한다. 좋아하는 활동에 대한 몰입은 남다른 희열을 가져다준다. 아이는 그 몰입의 세계에서 자기를 만들어갈 것이다. 책의 세계에 빠져 그 속에서 자기를 완성해간 수많은 사람이 이것을 증거한다. 그들이 빛나는 것은 다른 사람들과 다른 유니크니스 덕분이다. 남들이 수능 공부를 외칠 때 밤새 허먼 멜빌의 소설을 읽는 아이, 피시방에서 시간을 보내는 대신 리들리 스콧(Ridley Scott)의 영화에 빠져 그의 세계관을 추적하는 아이, 김수영과 황지우의 시집을 읽고 '시는 온몸으로 밀고 나가는 것'이라며 눈을 크게 뜨는 아이들이다.

자기 발견은 인간 이해와 연결된다. 내가 누구인지 알면 타인 또한 어떤지 알 수 있다. 너와 나는 모두 인간이기 때문이다. 공자는 이것을 '내가 싫어하는 것은 남에게도 시키지 말라'는 말로 정리하면서 서(恕)라고 불렀다. 나를 이해하면 타인을 이해할 수 있고, 이를 바탕으로 함께하는 삶을 추구할 수 있다. 또한 타인에 대한 수용력이 좋아지고 배려심 있는 행동을 할 수 있다. 유니크니스의 추구는 좋은 삶으로 확장된다.

과학과 철학

의학이 사람을 살리는 기술을 연구한다면 철학은 삶이란 무엇인지를 탐구한다. 심리학이 인간이 행복해지는 방법을 발견하려 한다면 철학은 행복이 무엇인지, 왜 중요한지 묻는다. 과학이 화성에 갈 방법을 연구한다면 철학은 우주의 의미와 화성에 가는 것이 바람직한지를 판단한다. 공학이 원자력을 효율적으로 개발한다면 철학은 원자력 발전이 필요한지를 묻는다. 다가올 시대는 인공지능과 유전공학 등이 급속히 성장하는 과정에서 '원자력을 폐기할 것인가?', '유전자 조작을 허용할 것인가?', '인공지능과 인간의 결합은 어느 정도까지 인정해야 하는가?' 등의 문제가 도래할 것이다. 철학은 이런 문제를 결정해야 한다.

다른 학문이 발전을 위해 노력할 때 철학은 '발전'이 무엇인가를 묻는다. 문명의 성장을 이야기할 때 왜 성장인가를 묻는다. 아이폰에 환호하는 대중 속에서 철학은 스마트폰은 어떤 의미가 있는지를 물을 수 있다. 이런 문제의 답을 찾으려는 노력이 철학이고, 철학은 삶의 속도를 조절하고 바람직한 선택을 하는 데 중요한 기반을 제공한다. 기술의 발전은 세계와 인간 자신을 파괴할 수도 있다. 이때 철학은 우리를 파멸로 이끄는 힘을 억제하고 바람직한 방향으로 재설정하도록 유도한다. 과학이 성장할수록 철학의 힘이 뒷받침되어야 한다.

인간의 지식은 의심으로 시작된다. 갈릴레이는 태양이 지구를 돈다는 것을 의심했고, 데카르트는 눈에 보이는 것이 존재한다는 것을 의심했으며, 니체는 도덕이 원래부터 있던 것이라는 점을 의심했다. 지식은 의심을 통해서 새로워지고 발전한다. 익숙한 생각을 부정하고 다양한 생각을 허용하고 새로운 지식에 접근하도록 돕는다. 회의주의는 새로운 지식, 창조의 원천이다.

> 기술이 사회에서 점점 더 중요해지고 필수적으로 되고 혜택이 커질수록 비판적이어야 한다.
> _니콜라스 카(Nicholas Carr), 《생각하지 않는 사람들》

카는 인터넷에 무방비로 노출되는 시대에 대비하는 방법은 '의심을 품는 것'이라고 말한다. 과학기술이 발전할수록 그것에 의존하는 비율이 높아질수록 비판적이어야 한다. 그래야 과학기술에 종속되지 않고 제대로 활용할 수 있다. 그 비판의 힘이 철학에 있다.

철학은 의심의 학문이다. 철학은 기존의 생각, 지식, 관습을 회의하고 의심을 통해 의문을 품고 비판적으로 접근한다. 우리 시대에 철학이 필요한 것은 철학이 의심을 통해 창의성을 촉발하기 때문이다. 철학은 과거의 지식을 있는 그대로 받아들이지 않고 의심하고 비판하며 새로운 생각을 창출한다. 다가올 시대에는 기존의 지식이 무용해지고 새로운 지식이 급격히 쏟아질 것이다. 이때 필요한 것은 새로운 지식을 생산하는 힘과 쏟아지는 지식 중 필요한 것을 가려내는 눈이다.

철학의 실용성

실용적인 의미에서도 철학은 중요하다. 돈이 중심인 사회에서 철학은 돈을 벌어야 한다는 압력으로부터 일종의 완충장치를 제공해준다. 어떤 길을 가고 어떤 삶을 살고 싶은지를 결정할 힘을 가졌기 때문에 끝없는 돈의 충동으로부터 보호막이 되어준다. 돈에 대한 자기 철학이 없다면 돈의 노예에서 벗어나지 못할 것이다.

철학은 사람들과 좋은 관계를 형성하는 데 도움을 준다. 철학이 있는 사람은 사람의 본성을 알고 다른 사람을 어떻게 대해야 하는지 안다. 인간은 혼자 사는 것을 추구하지만 함께 살 때 더 행복할 수 있다. 인간에게 행복을 가져다주는 성취감, 보람, 자긍심, 유대감이 다른 사람과 관련되어 있음을 그들은 안다. 사람들이 자신과 다르지 않음을 알고 배려하고 협력하며 마음을 나눌 수 있다. 주변 사람들과 관계가 좋아지고 그들이 자신을 좋아한다는 사실에 감사한다.

철학적 인간의 힘은 매력이다. 사업에 성공해서 돈을 많이 번 사업가나 전문가의 위치에 도달한 직장인, 뛰어난 리더십을 발휘하는 상사는 물질적으로 윤택한 삶을 살 수 있다. 하지만 인간적인 매력은 문제가 다르다. 매력은 자기 철학을 가진 사람이 갖는 특권이다. 돈이 많든 적든 자기 철학을 가지고 살아가는 사람들은 주위 사람들로부터 무시당하지 않고 존경을 받는다. 그들은 다른 사람들은 가지지 못한 생각을 가졌고 그 생각에 따라 살아가기 때문이다.

철학이 있는 기업

사람은 제품이나 도구를 다루면서 그것과 관계를 맺는다. 이때 관계의 질은 그것과 함께 한 경험이 좌우한다. 경험이 긍정적이고 만족스럽다면 관계를 계속 유지하려 할 것이다. 나아가 애착을 느끼고 다른 이들에게 그 관계를 자랑할 것이다. 이것이 이른바 '마니아'가 만들어지는 방식이다. 그 후 상황은 역전되어 제품이 사람을 유혹하는 것이 아니라 사람이 제품을 쫓아다니게 된다.

단순미와 경험을 중요시하는 애플의 철학은 매력적이다. 감각적인 요소를 강조하고 끌리는 것에 집중한다. 애플은 제품을 작품으로 만드는 뭔가가 있다. 스티브 잡스가 그토록 사랑받는 이유도 '소크라테스와의 한 끼 식사에 애플의 모든 기술을 바꾸고', '죽음이 최고의 발명품'이라고 말하는 독특한 그의 철학에 있다.

구글의 '철학 선생'으로 불리는 데이먼 호로비츠(Damon Horowitz)는 공학도들이 더 똑똑한 기술자가 되기 위한 자격증에 집중할 것이 아니라 인문학 공부에 매진할 것을 강조한다. 기술이 발달할수록 철학은 더욱 중요해지기 때문이다. 공학도 출신으로 벤처기업을 만들고 경영한 그는 스탠퍼드 대학교에서 철학을 배워 박사 학위를 받았고, 공학에 철학이 필요함을 역설하며 철학이 있는 기업을 강조한다. 그가 철학을 강조하는 이유는 기술이 사회적 도덕적 문제를 고려하지 못하기 때문이다. SNS나 서비스나 스마트폰 기술이 타인의 프라이버시를 침해하지는 않는지, 저작권법에 저촉되지 않는지, 인간다운 삶을 저해하지 않는지를 판단하는 것은 철학의 문제다. 독일 철학자 한나 아렌트(Hannah Arendt)의 지적처럼 세상에 악이 퍼지는 것은 인간이 '생각하지 않기' 때문이다.

실제로 그는 구글의 지도 검색 서비스를 개발할 때 '임마누엘 칸트(Immanuel Kant)라면 이 문제를 어떻게 생각했을까'를 고민했다고 한다. 구글은 이미 초일류 기업이고 강력한 힘을 가졌다. 구글은 그 힘으로 무엇을 해야 하는지 책임감을 느끼고 임해야 한다. 인공지능을 개발하는 기업들은 누구보다 강한 사회적 책임감이 필요하다. 자신들의 잘못된 판단이 인류의 미래를 한순간에 끝장낼 수도 있기 때문이다. 힘을 가진 만큼 철학도 필요하다.

호모나랜스
본능을 깨워라

호모나랜스

북유럽 신화의 주인공 오딘은 세계와 인간을 만든 신이다. 그가 만든 세계의 한가운데에는 이그드라실이라는 거대한 물푸레나무가 있었다. 세계나무라 칭해지는 이그드라실은 요툰하임에 있는 미미르의 샘에도 뿌리를 내렸는데 이 샘물을 마시면 세상을 이해하고 다스릴 수 있는 무한한 지혜를 얻을 수 있었다. 어느 날 오딘은 지혜를 얻기 위해 지혜의 샘으로 찾아간다.

"지혜의 샘을 마시고 싶은데 방법이 없는가?"

한참을 생각하던 미미르는 오딘의 눈에서 타오르는 지혜에 대한 갈망을 읽고 조건을 걸었다.

"세상에서 가장 귀한 지혜를 얻으려면 그에 버금가는 것을 내놓아야 하는 법, 그대의 한쪽 눈을 내놓으면 어떻겠소?"

오딘은 깜짝 놀라 망설였다. 한쪽 눈을 잃으면 볼썽사나운 외눈박이가 된다. 그런 모습으로 살고 싶지 않았다. 하지만 지혜를 얻고 싶은 간절함이 한쪽 눈에 대한 집착을 내려놓게 했다. 결국 그는 한쪽 눈을 바쳤고 지혜의 샘을 마음껏 들이켰다. 오딘의 지혜는 자신의 눈을 바친 대가였다.

하나를 얻으려면 다른 하나를 내놓아야 한다. 세상에 공짜는 없다. 주어야 받는다. 삶은 그저 주어지지 않는다. 이것이 오딘의 이야기에 담긴 메시지다. 이야기에는 메시지가 담겨 있다. 우리는 이야기를 읽으며 재미뿐만 아니라 그 안의 메시지까지 받아들인다. 오딘의 이야기를 읽으면 중요한 것을 얻기 위해서는 그만한 대가를 치러야 함을 깨닫게 된다. 이것이 이야기의 힘이다.

캘리포니아 대학교의 존 닐(John Niels)은 '호모나랜스'(Homo-Narrans)를 강조한다. 호모나랜스는 '이야기하는 인간'이라는 뜻이다. 인간은 누구나 이야기 본능을 가졌다. 오래전부터 인간은 이야기를 통해 낯선 세상을 이해했고 거친 자연과의 화해를 시도했다. 인간이 탄생하는 시기부터 이야기는 인간과 함께였고 인간과 세계를 연결하는 역할을 떠맡았다.

옛이야기는 우리의 외양과 정서적 태도를 다듬고, 우리 삶에 목표를 부여해왔으며, 우리 행위에 에너지를 공급해왔고, 고통을 성별(聖別)해왔으며 우리 교육의 길잡이 노릇을 해왔다. 그래서 아침에 잠을 깨어도 우리는 우리의 정체가 무엇인지 알고, 아이들의 질문에도 대답할 수 있었다.

_조셉 캠벨,《신화의 힘》

인간은 하늘의 원리와 바다의 힘을 제우스와 포세이돈 이야기를 통해 이해했고, 삶의 힘겨움을 시시포스와 오디세우스를 통해서 받아들일 수 있었다. 인간은 지구 위에 던져진 낯선 존재다. 이방인으로서 인간은 자신이 살아가는 세계와 어떻게든 관계를 맺어야 한다. 그러자면 세계를 알아야 하고 현실을 이해해야 한다. 이야기는 삶을 현실과 조화시키고 세상을 받아들이는 중요한 기능을 맡아왔다. 그런 점에서 인간은 호모나랜스, 이야기 그 자체다.

이야기의 힘

인류 최초의 문자는 5300년 전 메소포타미아의 수메르인에 의해서 사용되었다. 문자의 역사는 5000여 년에 불과하다. 반면 현생 인류인 호모 사피엔스가 나타난 것은 20만 년 전이다. 호모 사피엔스는 활발한 언어 활동을 펼쳤고 이야기를 통해 세상을 이해했다. 우리가 문자를 사용한 시기는 이야기로 세상을 살피던 기간의 0.03퍼센트에 불과하다. 오랫동안 이야기의 유전자를 품고 살아온 인간이 문자 중심의 시대를 살고 있는 셈이다. 책을 좋아하는 사람보다 이야기 나누는 것을 좋아하는 사람이 훨씬 많다는 것은 당연한 일인지도 모른다. 심지어 책도 이야기가 아니던가.

> 21세기 신기술은 이런 허구 힘을 더욱 성장시킬 것이므로, 미래를 이해하기 위해서는 예수 그리스도, 프랑스 공화국, 애플사에 관한 이야기들이 어떻게 그런 막강한 힘을 얻었는지 이해할 필요가 있다. 인간은 자신들이 역사를 만든다고 생각하지만, 역사는 사실 허구의 그물을 중심으로 돌아간다. 인간 개인의 기본 능력은 석기시대 이래로 그다지 달라지지 않았다. 하지만 이야기의 그물은 힘을 급속도로 키워 역사를 석기시대에서 실리콘 시대로 떠밀었다.
>
> _유발 하라리, 《호모 데우스》

유발 하라리는 호모 사피엔스가 세상을 정복한 것은 고유한 언어 덕분이었다고 말한다. 새로운 사고방식과 이야기의 등장을 의미하는 '인지 혁명'을 통해 사피엔스는 다른 경쟁자들을 물리칠 수 있었고 놀라운 문명을 건설했다. 이때 등장한 것이 전설, 신화, 신, 종교였다. 이 모든 것은 이야기이고 허구다. 허구를 말하는 능력이야말로 사피엔스가 사용하는 언어의 가장 독특한 면이었고, 사피엔스는 단순한 상상을 넘어 집단적으로 상상할 수 있었다. 가족과 민족의 번영을 노래하는 이야기는 집단적 협력을 가능하게 했고, 이런 신화 덕분에 놀라운 발전이 가능했다.

수메르인들이 문자를 발명하자 이야기는 인간 두뇌의 한계를 깨고 급속도로 성장했다. 기억력에 의존하던 이야기는 문자 덕분에 양의 한계를 걱정할 필요가 없어졌고 확산 속도 또한 걷잡을 수 없게 되었다. 문자는 수십만 명에게 세금을 징수하고 복잡한 조직을 관리하고, 왕국의 질서를 유지 강화하는 데 엄청난 기여를 했다. 유발 하라리의 지적처럼 피라미드를 건설한 실질적 통치자는 생물학적 파라오가 아닌 이집트인들의 머릿속에 공유한 이야기들 속의 파라오였다.

> 그들은 실제에 맞춰 이야기를 바꾸는 대신 이야기에 맞춰 실제를 바꾼다.
> _유발 하라리, 《호모 데우스》

인간이 역경을 이겨낼 수 있는 것은 꿈과 희망이 있기 때문이다. 어려운 시절 회사가 살아날 수 있는 이유는 힘껏 노력하는 구성원들이 있기 때문이다. 한 민족이 식민시대의 핍박을 견딜 수 있는 것은 자유라는 미래를 함께 꿈꿀 수 있기 때문이다. 인간은 미래를 꿈꾸는 존재이고 이 꿈은 이야기를 통해서 만들어지고 확산된다.

힘의 원천

인간이 인공지능과 다른 점은 무엇일까?

인간의 능력을 논리적 판단력인 이성과 외부의 자극을 느끼는 감성으로 나눌 때, 인공지능이 갖지 못한 것은 이성보다 감성일 것이다. 감성은 감정과 연결되며 감정은 인간의 전유물이다. 아무리 탁월한 인공지능도 감정을 가지기는 어렵고, 가질 수 있다 해도 아직은 먼 미래의 일이다. 인간에게 유효한 경쟁력은 감정을 다루는 능력, 다른 사람과 교감하고 공감하는 능력일 수밖에 없다.

듣는 능력이 떨어지는 요즘 청소년들과 수업을 해보면 재미있는 현상을 발견할 수 있다. 지식을 전달하려고 하면 저항하고, 이야기를 풀어놓으면 좋아한다는 것이다. 신화의 기능을 설명하는 것보다는 아킬레우스(Achilleus) 이야기를 들려주는 것이 훨씬 효과적이다. 왜 그럴까? 재미있기 때문이다. 인간은 재미가 우선이다. 숨겨진 의미나 교훈을 찾는 것은 나중의 일이다. 우리 교육은 의미나 교훈을 앞세우는 방식에 익숙하다. 수업이 재미없는 이유가 이것 때문이다.

이야기에 빠진 아이들은 수업이 끝난 후에도 공부를 계속할 준비가 되어 있다. 아킬레우스 이야기를 찾아 《일리아스》를 읽어볼 것이다. 재미가 붙은 아이들은 다양한 신화를 탐색할 것이다. 그리스신화를 다 읽고, 북유럽 신화, 동양 신화까지 섭렵한 아이들이 제법 있다. 그런 아이들에게 신화를 섭렵한 이유를 물으면 한결같이 말한다.

"재미있어요."

이것이 시작이다. 이제 아이들은 책을 읽지 말라고 해도 찾아서 읽는다. 프로메테우스(Prometheus)와 여와의 이야기를 읽으며 또 다른 이야기를 찾아 헤맬 것이다. 이것이 이야기가 가진 힘의 원천이다.

재미있다는 것, 상상력을 자극한다는 것, 다음 이야기가 기대된다는 것. 이런 자극은 생각에 활력을 불어넣고, 뭔가 알고 싶게 만든다. 독서가의 삶은 이렇게 시작된다.

지금은 이야기 시대

현대의 이야기 산업은 상상을 초월한다. 《해리 포터》 같은 판타지 문학에서 〈겨울왕국〉, 〈어벤져스〉 같은 영화까지 이야기가 활용되지 않는 분야는 없다. 이야기는 인간 삶의 거의 모든 영역에 걸쳐 있고 그 파괴력 또한 엄청나다. 이 파괴력 때문에 제품에 이야기를 더하기 위해 기업이 사활을 건다.

> "사람들은 쓸모 있는 상품보다 자신의 꿈과 감성을 만족시키는 상품을 구매하는 경향이 있다. 사람들을 매혹시키는 것은 상품의 사용가치나 교환가치가 아니라 그 상품에 깃든 이야기이다."
> _롤프 옌센(Rolf Jensen), 《미래경영의 지배자들》

미래학자 롤프 옌센은 고객에게 꿈과 감성을 제공하는 것이 중요해지는 '드림 소사이어티(Dream Society)'가 올 것이라고 주장한다. 이제 사람들은 필요한 기능의 제품을 사는 것이 아니라 제품에 담긴 이야기를 구매한다. 애플 제품을 사는 사람들은 스티브 잡스의 매력에 동참하는 사람이 되려는 것이고, 이를 통해 스스로 창의적이고 변화 지향적인 존재임을 드러내려고 한다. 스티브 잡스는 그 자체가 이야기다. 그는 대학을 중퇴한 후 아버지의 차고에서 애플이라는 회사를 시작했고, 자신이 만든 회사에서 쫓겨났으며, 췌장암에 걸렸지만 아이폰과 아이패드를 출시해 세상을 놀라게 한 사람이다. 그의 이름에는 감동적인 이야기가 새겨져 있고, 사람 냄새가 풍기는 고난이 담겼고, 성공이라는 꿈이 함께 한다. 사람들이 그에게 환호하는 것은 이것 때문이다. 이야기는 제품과 브랜드를 매력적으로 만들고 엄청난 부가가치를 창출하는 힘의 원천이다.

> 근대 과학은 확실히 게임의 규칙을 바꾸었지만, 그렇다고 신화를 사실로 대체한 것은 아니다. 신화는 계속 인류를 지배하고 있고, 과학은 그런 신화를 더 강화할 뿐이다.
> _유발 하라리,《호모 데우스》

유발 하라리의 말처럼 과학의 시대에도 신화는 계속 존재할 것이다. 아니 더 강화될 것이다. 인간에게 신화가 필요하기 때문이다. 인공지능 시대가 될수록 인간은 신화가 필요하다. 삶을 이끌어갈 이야기가 없는 인간은 삶의 의미를 찾을 수 없기 때문이다.

이 과정에서 호모나랜스의 활동은 중요한 역할을 할 것이다. 호모나랜스는 필요한 정보를 적극적으로 찾아내고 가공하여 빠르게 전달하는 힘을 가졌다. 그들은 인터넷상에서 콘텐츠를 찾아내고 가공하여 공유함으로써 자신을 드러낸다. 과거에는 방송국이나 기자, 전문가들만이 생산하던 콘텐츠를 이제는 누구나 만들고 디지털 공간에 유포할 수 있다. 여기에 편집 기능을 장착한 프로그램들이 보급되면서 그야말로 1인 미디어의 시대가 열렸다. 애플의 신제품을 구매하기 위해 줄을 선 자신의 모습을 인스타그램에 올리고, 유튜브 생방송으로 노출하는 장면을 쉽게 볼 수 있다. 자신의 이야기를 생산하고 다른 이들의 이야기 생산을 자극하면서 보급하는 일은 호모나랜스의 일상이다. 미래사회에서는 호모나랜스의 활약이 더욱 두드러질 것이고, 그들은 이야기를 신화로 만들고 확산시키는 중심이 될 것이다. 이것이 스토리텔링 마케팅이 미래사회에도 유효한 이유다.

이야기의 구조

이야기에는 특별한 점이 있다. 외우지 않아도 외워진다는 것이다. 요약자료나 통계수치보다 이야기가 오래 기억에 남는다. 이야기는 강력하고 매력적이다. 이야기의 매력은 어디에서 올까? 그 매력의 원천은 보편적 인간의 감성에 있다.

이야기에는 욕망과 좌절과 성취가 담겨 있다. 인간은 삶을 통해 자신의 목표를 이루려고 한다. 하지만 세상은 그리 호락호락하지 않다. 도달하려는 곳에 이르지 못하도록 방해하는 세력들이 있다. 그로 인해 갈등이 생기고 어려움에 직면한다. 이때 그를 돕는 사람들이 등장하고 실패의 경험을 통해 얻은 깨달음으로 방해 세력을 이겨낸다. 그렇게 최종 싸움에서 승리하고 마침내 원하는 곳에 도달한다. 그 싸움의 과정에서 얻은 깨달음과 승리의 환희가 감동으로 다가와 사람들의 가슴에 아로새겨진다.

〈반지의 제왕〉은 절대반지를 파괴하려는 주인공과 그것을 막으려는 사우론과의 대결을 그린 영화다. 영화에서 호빗 '프로도'와 '샘'을 비롯한 친구들은 절대반지를 운반하는 원정대에 가담한다. 강력한 사우론의 힘에 비해 호빗들은 너무도 연약하다. 하지만 이들에게는 엘프 '레골라스'와 전사 '아라곤', 마법사 '간달프'라는 조력자들이 있다. 악으로부터 세상을 구하고 평화를 지키려는 반지원정대는 온갖 어려움을 뚫고 반지를 파괴할 수 있는 유일한 장소인 모르도르로 향하고 결국 자신의 임무를 완수한다.

이야기의 구조는 단순할 수 있다. 인간의 삶을 관통하는 욕망의 모습이 예전과 다르지 않기 때문이다. 목표, 역경, 깨달음, 성취라는 패턴이 그것이다. 하지만 그 과정은 조금씩 다르다. 티브이 속 아침 드라마는 우연히 사랑에 빠진 남녀가 주위의 반대에도 불구하고 (주로 부모님들의 악연으로) 결혼에 골인하는 패턴이 반복된다. 뻔한 패턴의 반복이지만 다시 새로운 드라마를 볼 수밖에 없는 것은 배치가 다르기 때문이다. 새로운 드라마에는 주인공이 바뀌고 상황이나 주변 사람들의 배치가 변한다. 패턴은 비슷하지만 배치는 다르다. 좋은 작가는 이런 패턴을 꿰고 있으며 어떤 구조에서 어떻게 사람을 재배치해야 하는지를 안다.

인간은 꿈을 꾸며 살아간다. 인간은 그 과정에서 역경을 경험하고 역경의 의미를 깨달으며 성숙해진다. 깨달음은 역경과 문제를 해결하는 열쇠로 작용하고 결국 원하는 것을 얻으며 성취의 단계에 이른다. 이것은 인간 삶의 유용한 패턴이다. 반면 새롭게 이야기를 구성하고 사람을 배치하는 것은 작가들의 경험과 상상력에 의존한다. 드라마의 뼈대를 만들 수는 있지만 인생의 경험이 빈약하거나 상상력이 부족하면 공감을 얻고 감동을 주는 이야기를 만들기 어렵다. 그래서 중요한 것이 공감이다. 인공지능이 시와 소설을 쓰는 시대지만 인간의 마음과 공감할 수 있는 이야기는 인간만의 몫일 가능성이 크다. 감정을 가진 자만이 다른 사람의 감정도 이해할 수 있는 법이다.

스토리텔러 되기

미국의 26대 대통령 시어도어 루스벨트(Theodore Roosevelt)는 노벨평화상을 받은 미국인들이 존경하는 대통령이다. 그는 러시모어산에 있는 큰 바위 얼굴 중 한 명이다. 어느 날 루스벨트 대통령은 곰 사냥을 나갔다가 곰을 한 마리도 잡지 못했다. 그러자 보좌관 중 한 명이 어린 곰을 생포해 대통령이 직접 잡은 것처럼 하라고 권유했다. 하지만 루스벨트는 올바른 일이 아니라며 거절하고 곰을 풀어주었다. 마침 동행 중인 신문기자 클리퍼드 베리먼(Clifford Berryman)이 이를 보았고 《워싱턴 포스트》에 일화를 게재했다.

뉴욕의 브루클린 장난감 가게 주인인 모리스 미첨(Morris Michtom)은 독일에서 곰 인형을 들여와서 판매했는데, 이 기사를 보고 봉제

인형에 루스벨트의 애칭인 '테디'를 붙였다. 그 후 테디베어는 미국인이 사랑하는 대통령의 이미지와 결합하여 널리 알려졌고, 오늘날까지 곰 인형의 대명사로 인식되고 있다. 테디베어의 성공에는 이런 스토리텔링 전략이 숨겨져 있다.

스토리텔링 전략은 이제 기본이 되었다. 기업뿐만 아니라 개인도 자신만의 이야기를 갖추는 것은 기본이 되었다. 문제는 우리 교육이 자기 이야기도 쓸 수 없을 정도로 이야기에 문외한이라는 것이다. 대학생이 되어도 자기 이야기를 쓰지 못한다면 경쟁력을 갖추기 어렵다. 이는 집어넣기만 하는 공부에 집중한 결과다. 자기다운 경험과 공부를 해보지 못했다는 증거다.

지금도 늦지 않다. 이야기를 읽고 삶을 이야기하자. 자기 일상을 표현해보자. 이야기를 만드는 일은 일상의 의미를 재발견하는 일이다. 작은 경험에서도 의미를 발견하는 힘이 이야기 속에 숨어 있다. 우리는 모두 호모나랜스가 아니던가.

벤치 인사이트가
강해지는 글쓰기

자기 생각을 만드는 공부

알랭 드 보통(Alain de Botton)은 《불안》에서 불안의 원인으로 속물근성을 말한다. 그가 말하는 속물이란 사회적 지위와 인간의 가치를 똑같이 보면서 낮은 지위를 가진 사람들을 불쾌하게 보는 이들이다. 지위와 가치를 같은 것으로 취급하는 것은 사람이나 사물을 판단할 수 있는 능력이 없다는 것을 말해준다. 판단력이 떨어지는 사람은 다른 사람의 의견을 갈망한다. 약간의 지위나 부를 가진 사람들은 이런 속물들을 어떻게 움직여야 하는지 쉽게 안다.

속물의 문제는 열등감에 시달린다는 것이다. 그의 내면에는 존재의 두려움이 자리 잡고 있다. 열등감에 사로잡힌 이들은 남들에게 '당신은 나의 상대가 아니야'라는 점을 알려주려고 기를 쓴다. 그것이 쉽지 않으면 무시와 외면을 통해 자신의 감정을 보호하려 든다. 이런 방법은 루쉰(魯迅)이 《아Q정전》에서 강조했던 '정신승리법'에 가깝다.

우리는 속물인가? 지위와 사람의 가치를 같은 것으로 보는가? 스스로 판단할 힘이 부족해서 권위 있는 사람의 의견에 잘 따르는가? 안타깝지만 대답은 '그렇다'이다. 대부분의 사람은 속물근성으로 살아간다. 자기 판단력이 부족하기 때문에 대중매체의 이야기에 쉽게 반응한다. 인터넷 자료를 믿고 그에 따라 움직인다. 단편적인 정보들과 편향적인 말들을 비판 없이 받아들이고, 그것에 의지하는 대중의 모습이 바로 우리다. 지금까지는 괜찮았다. 대중이 세상을 좌우하는 시대였기 때문이다. 미래사회는 대중의 삶을 더는 보장하지 못한다.

인공지능의 등장은 생산성을 높이고 우리에게 부를 가져다줄 수 있다. 다만 이런 긍정적인 효과들은 일부 준비된 사람들의 몫일 것이다.
_매일경제 세계지식포럼 사무국, 《지식혁명 5.0》

옥스퍼드 대학교 칼 프레이(Carl Frey) 교수의 지적처럼 인공지능 시대는 필요한 지식을 갖춘 극소수의 사람이 주도권을 쥘 것이고,

대중이 미칠 수 있는 사회적 영향력도 현저히 줄어들 것이 분명하다.

이런 상황에서 우리가 할 수 있는 것은 생각하는 힘을 키우는 방법밖에 없다. 정보와 지식을 넘어 판단하고 창조하는 공부가 필요하다. 그래서 필요한 것이 글쓰기 공부다. 글쓰기는 생각하는 힘을 키워준다. 단순히 받아들이는 것을 넘어서 생각을 확장하고 자기 생각을 만들어가는 과정이 글쓰기이기 때문이다.

인터넷 시대가 왔지만 여전히 책을 읽는 사람들은 존재한다. 안타까운 점은 그들이 읽기에만 집중한다는 것이다. 그들의 독서는 지식을 이해하고 받아들이는 과정에 집중한다. 우리는 많이 아는 것이 뛰어난 생각을 할 수 있는 능력이라고 착각한다. 사실 많이 아는 것과 생각하는 능력은 직접적인 관계가 없다. 지식이 지혜에 도움을 주지만 그것은 지혜가 지식을 활용할 수 있을 때만 그렇다. 적은 지식으로도 지혜를 발휘하는 경우는 얼마든지 있다. 독서는 지혜로 이어져야 한다. 이때 필요한 것이 글쓰기다.

Think on paper

독서한 후 읽은 것을 기록해보자. 책의 내용을 따라 쓰는 필사도 도움이 된다. 책의 핵심을 키워드로 만들고 논리를 따라서 구조화시키는 공부는 꼭 필요하다. 이때 판단력과 비판력이 작동하기 때문이다. 책을 읽으면서 당연하게 생각했던 것에 균열이 발생한다. 고개를 갸웃거리며 저자 논리의 허점을 찾아낸다. 의

문은 새로운 생각으로 이어진다. '나라면 이렇게 했을 텐데', '이렇게 연결되어야 할 것 같은데'라는 생각으로 저자와 대화하듯 자기만의 생각을 펼쳐간다. 이런 과정을 통해 창의적인 사람이 만들어진다. 독서는 지식을 얻는 수단이 아니라 그 자체가 살아 있는 유기적 활동이다. 창조력을 발산하는 독서는 비판적이고 변태적이고 생산적이다.

'종이 위에서 생각하라'라는 말처럼 글이 가진 힘을 잘 표현하는 것도 없다. 우리는 생각을 머리로 하는 것이라고 믿는다. 그러다 보니 글로 쓰거나 정리할 필요를 느끼지 못한다. 머릿속에서 이루어지는 생각은 복잡한 것들이 얽힌 경우가 많아 혼란스럽다. 이때 종이를 꺼내 생각을 정리해보면 혼돈이 사라지고 질서가 잡힌다. 논리가 선명해지고 눈앞이 환히 보이는 통찰을 얻는다.

사람들과 이야기하면서 종이를 꺼내는 사람들은 전략가들이다. 그런 사람들을 만나면 조심해야 한다. 그들은 자신이 지혜롭고 똑똑하며 뭐든 할 수 있는 사람이라는 자신감으로 무장하고 있다. 아무리 어려운 문제라도 생각을 집중하면 해결의 아이디어를 얻을 수 있다고 믿는 긍정적 자아를 가졌고, 인생에서는 해결하지 못할 것은 없다는 확신에 차 있다. 다른 사람들에게 자신의 지혜를 풀어내는 쾌감도 즐긴다. 그들은 자기 자신을 믿는다. 그 근거는 자신만의 창의성이다.

종이 위에서 생각하는 사람들은 구조화에 능하다. 짧은 키워드만 나열해서 논리를 펼쳐나간다. 생각은 글보다 빠르다. 글이 생각을 따라갈 수 없으므로 간단히 키워드만 기록한다. 키워드를 연결하면 명쾌한 논리가 만들어지고 그것이 가치를 창조할 수 있을 때 '유레카'를 외칠 수 있다. 종이 위에서 생각한다는 것은 기존의 지식을 구조화시켜 학습하고, 그 과정에서 비판적 사고를 바탕으로 새로운 아이디어를 가미하여 자기 생각을 만든 일이다.

글쓰기와 논리

따져보는 작업이 없다면 그저 책을 읽었을 뿐 책 속의 지식도 인터넷의 정보와 다를 것이 없어진다. 정보와 지식은 그것을 다룰 수 있는 사람에게만 의미 있다. 이때 정보와 지식을 다룰 힘을 길러주는 방법이 글쓰기다.

어떤 주제에 관해서 글을 쓴다고 하자. 두 가지 경우를 가정할 수 있다. 하나는 결론을 정해두고 글을 쓰는 것이고, 다른 하나는 결론 없이 생각나는 대로 쓰는 것이다. 두 경우 모두 생각하는 힘을 키운다는 점에서 분명히 유용하다. 결론을 정해두고 글을 쓰는 경우 논리성을 높일 수 있다. 결론에 도달하기 위해 어떤 자료를 활용하고, 어떤 예시를 가져올 것인지를 판단하고 실제로 쓰는 동안 논리력이 발달한다.

결론을 정해두지 않고 생각나는 대로 무작정 글을 쓰는 것은 창의력을 발달시킨다. 논리적 결과를 기대하지 않는 글쓰기는 어디로 어떤 내용이 전개될지 짐작할 수 없다. 그러다 스스로 생각하지 못한 결론에 도달하기도 한다. 물론 이런 글쓰기는 곤혹스럽다. 말이

안 되는 이야기를 늘어놓는 것 같기 때문이다. 처음 글쓰기를 배울 때 이런 일이 일어난다. 하지만 그것은 생각을 성장시키기 위해 필요한 작업이다. 방황의 시간, 헤매는 시간이 있어야 논리적 질서가 잡힌다. 창의적인 사람들은 이런 창조적 방황을 허용하고 즐긴다.

우리가 어떤 문제에 직면했을 때도 마찬가지 경험을 한다. 하나의 결론을 정해두면 결론에 갇혀 그와 관련이 없는 것들을 배제한다. 반면 문제의 해법을 하나로 정해두지 않고 개방하면 이런저런 방법이 떠오른다. 대부분 쓸데없는 생각이지만 이 너절한 생각의 세계에서 갈래가 잡히면 놀라운 생각을 찾아낼 수 있다.

논술을 배워야 하는 이유도 여기에 있다. 논술은 논리적 생각을 말이나 글로 표현하는 것이다. 논술은 논리적이어야 한다. 논리는 갈래와 순서다. 다양한 정보와 지식을 어떤 갈래로 나눌 것이냐가 논리에서 중요하다. 여기 빨랫감이 있다고 하자. 아이들의 빨래가 있고 어른들의 빨래가 있다. 양말이 있고, 속옷이 있고, 외투가 있다. 이런 얽혀 있는 빨래를 정리하려면 먼저 갈래를 잡아야 한다. 갈래를 잡으면 분류가 가능해진다. 어떻게 분류할 것인가는 목적에 따라 달라진다. 빨래를 널 때와 말려서 옷장에 넣을 때, 상황에 따라 분류는 달라진다. 널 때는 아이와 어른 옷을 구분할 필요가 없다. 넣을 때는 각자 옷장에 넣어야 하므로 아이와 어른 옷을 구분하고, 외투와 속옷과 양말을 분류할 필요가 있다. 갈래를 잡지 못하면 빨래가 뒤섞여 어떻게 다루어야 할지 난감해질 것이다.

갈래가 잡힌 후에는 순서가 중요하다. 순서는 논리를 보장한다.

일반적으로 귀납적 방법을 사용한다. 갈래를 잡고 사례들을 나열하며 특정한 결론을 제시한다. 논술에서는 글의 형식을 서론, 본론, 결론으로 나누기도 한다. 서론에서는 어떤 문제의 배경이나 개념, 그 문제의 중요성을 다룬다. 본론에서는 문제를 해결할 방법과 다양한 사례를 제시할 수 있다. 결론에서는 본론의 방법 중에서 가장 바람직한 것이 무엇인지를 이야기하고 마무리한다. 이것이 순서다. 갈래가 잘 잡혀 있다면 순서를 잡기 수월하다. 갈래 잡힌 것을 자연스러운 순서로 연결하면 논리가 완성된다.

우리는 하루에 수많은 정보와 지식을 만난다. 정보와 지식의 내용을 보고 갈래를 잡을 수 있다면 지식을 다룰 준비가 되었다고 할 수 있다. 여기에 순서를 잡아 글을 쓸 수 있다면 논리력을 갖춘 사람이다. 수없이 주어지는 정보와 지식을 다룰 수 없다면 그것에 짓눌려 숨조차 쉬지 못하는 사람이 될 것이다.

읽을 것을 이해하는 공부는 지식의 습득에 머문다. 독서는 생각을 만드는 일과 연결되어야 한다. 그러자면 머릿속에서 이해하는 수준을 넘어 지식의 성격을 파악하고 갈래를 잡을 힘과 자연스러운 배치를 통해 논리적으로 연결하는 감각이 필요하다. 글쓰기는 논리를 훈련하는 최고의 아레나다.

글쓰기의 창의성

글을 쓴다는 것은 창의적으로 산다는 것과

관련이 있다. 우리는 상투적 표현을 반복하며 지루한 일상을 살아간다. 이런 삶에서 글을 쓴다는 것은 같은 일상을 새롭게 보고, 늘 있던 사물을 다르게 느끼고, 함께 숨 쉬는 사람들에게서 다른 향기를 맡는 것과 같다.

> 우리의 삶은 모든 순간순간이 귀하다. 이것을 알리는 것이 바로 작가가 해야 할 일이다. 작가는 의미 없이 보이는 삶의 작은 부분들마저도 역사적인 것으로 옮겨놓을 수 있는 능력이 있다.
> _나탈리 골드버그(Natalie Goldberg) ,《뼛속까지 내려가서 써라》

글쓰기가 창조하는 것은 세상이다. 우리가 평소에 알고 있던 세상이 아닌 그것과 다른 새로운 세상이다. 내가 쓴 글에 의해 세상은 새롭게 만들어진다. 그것은 아침에 내가 본 것과 다르고, 조금 전 그들이 본 것과도 다르다. 그동안 보지 못했던, 느끼지 않았던 것들을 발견하고 깨우치는 작업이 글쓰기의 본질이다. 글을 쓴다는 것은 새로운 의미를 창조하는 작업이다.

아이들은 일기를 쓰면서 하루 중 있었던 일을 떠올리고 되돌아본다. 이것은 단순한 경험의 기록이 아니다. 경험을 재창조하는 일이다. 글쓰기에 의해 경험은 새로운 의미를 얻고 다르게 이해된다. 친구와 싸웠던 일은 화가 난 경험으로 끝나지 않고 나를 돌아보는 기회가 되어 내일 다른 모습으로 친구를 대하게 한다. 글을 쓰는 사람은 안다. 남들이 뻔히 아는 이야기를 뻔히 아는 교훈을 담아 뻔한 방식으로 쓰는 일이 얼마나 괴로운 것인지를. 이런 이유로 글 쓰는 사람은 뻔한 내용을 담을 때 자신에게 분노한다. 분노를 참을 수 없는 이들은 다른 내용과 다른 의미를 가진 글쓰기를 시도한다. 글 쓰는 일은 괴롭지만 창조적인 작업이다. 글쓰기가 고단한 이유는 식상함을 참을 수 없기 때문이다.

인간은 타자와 관계를 맺으면서 살아간다. 그 관계의 질이 삶을 결정한다. 글을 쓴다는 것은 타자와 새로운 관계를 설정하는 일이다. 관계의 내용을 들여다보고 끊어진 줄을 다시 잇고, 꼬인 실을 풀어 자유롭게 하고, 서로 다른 색깔을 줄을 이어 새롭게 하는 일이다. 글을 쓰는 사람은 다른 사람들이 흘려넘기는 것들을 살피고, 남들이 돌보지 않는 것에 관심을 기울이는 사람이다. 익숙해진 낯섦을 떠나 지금 여기를 새롭게 여행하는 사람이다. 있던 것을 새롭게 보고 또 다른 관계를 만들어내는 사람, 그는 글 쓰는 사람이다.

사냥꾼 되기

글을 쓰는 사람들은 글감을 찾기 위해 남들이 보지 못하는 것을 낚아채는 놀라운 집중력을 발휘한다. 그런 점에서 글을 쓰는 사람들은 모두 사냥꾼이다. 사냥꾼은 일상을 팽팽한 긴장감으로 채운다. 글을 쓰려면 좋은 소재를 발굴해야 하고 사소한 순간의 의미를 짚어내야 한다. 이 작업은 새로운 삶의 방식을 요구한다

사람은 누구나 익숙한 생활 방식을 가지고 있다. 아침에 일어나서 잠들 때까지 습관화된 생활 방식에 따라 살아간다. 몇 시에 일어나고 언제까지 출근하고 점심은 언제 먹고 오후에는 뭘 하고 퇴근해서는 또 어떻게 하는지 습관적인 방식으로 일상이 흘러간다. 글쓰기는 이런 생활에 변화를 일으킨다. 글을 쓰는 사람은 주제의식을 가지고 세상을 바라보기 때문에 일상을 다르게 본다. 깨어 있는 의식으로 하루를 산다.

이렇게 깨어 있는 마음으로 살면 어떤 일이 벌어질까? 일단 사물을 보는 눈이 달라진다. 예전에는 아무 생각 없이 넘기던 일들도 이제는 어떤 의미가 있을까를 고민하게 된다. 사람들과의 접촉, 동료와의 대화, 친구와의 만남 심지어 자주 보는 드라마에서도 뭔가 새로운 것이 없는지 배울 점은 없는지 고민한다. 스트레스를 받는 일에서도 어떤 의미나 교훈을 찾는다. 스트레스도 배울 수 있는 소중한 경험이 된다. 힘든 경험일수록 소중한 것이 되고 갈등이 많을수록 배울 점도 많아진다. 일상이 새롭게 재탄생하는 것이다. 하나의 경험은 전혀 다른 사건이 된다. 이전에는 잊고 싶었던 기억이 되새김질하고 가슴에 새길 의미 있는 무엇이 된다.

이런 글쓰기의 힘에도 불구하고 대한민국의 교육은 글쓰기와 거리가 멀다. 학교에서나 직장에서나 글쓰기 훈련은 개인적인 노력에 맡겨진다. 이런 교육환경에서 창의적이고 주도적인 인재를 기대하는 것은 어려운 일이다. 미래 교육을 준비하는 선진국들은 하나같이 글쓰기를 강조하고 있다.

미국의 글쓰기 교육과
시카고 플랜

미국의 교육에서 가장 부러운 점이 있다면 글쓰기 교육이다. 미국은 21세기에 접어들면서 글쓰기 교육을 꾸준하게 강화해왔다. 특히 대학 강좌에서 그 모습이 두드러진다. 각 대학에서 논술은 필수과목이 되었고, 스토리텔링을 강조하는 사회 분위기를 타고 문예 창작 강좌들이 활발히 개설되었다. 세계 최고의 명문대라는 하버드 대학교에 입학하려면 에세이 시험을 치러야 한다. 입학한 후에도 교수들로부터 차원이 다른 글쓰기 교육과 훈련을 받는다. 특히 모든 학생이 필수적으로 수강해야 하는 '논증 글쓰기 수업(Expos)'은 토론 중심의 수업과 함께 일대일로 첨삭 지도로 유명하다. 한 학기 동안 오직 글쓰기에 집중함으로써 글쓰기 실력을 일취월장시키는 것이다. 이렇게 글쓰기를 강조하는 이유는 논문을 쓰든 비즈니스를 위한 글을 쓰든 자기 생각을 상대방에게 명확하고 논리 있게 전달하는 능력이 중요하다는 사실을 충분히 알고 있기 때문이다.

초·중·고등학교에서도 모든 수업 과정에 글쓰기가 포함되어 있다. 가르치는 방법도 체계화되어 무조건 쓰라고 하지 않고 시작은 어떻게 하고, 연결하는 내용은 무엇이 좋으며, 어떤 문장이 매력적인 표현인지를 알려주고 훈련할 수 있도록 가르친다. 글쓰기 교육 프로그램은 교육청 산하에 프로그램 개발 전문팀이 구성해서 만든다.

고등학교에서는 90분씩 글쓰기 수업을 진행한다. 수업시간이 긴

것은 생각하면서 글을 쓸 수 있도록 충분한 시간을 주기 위한 것이다. 여기에 독서와 글쓰기 수업을 번갈아 진행할 수 있도록 시간을 배분하여 글쓰기 효과를 높이도록 프로그램을 구성한다. 기본적으로 짧은 논문을 쓸 수 있도록 훈련하고, 다수의 고등학교에서는 졸업논문을 쓰게 하여 평가한다.

시카고 대학교는 석유 재벌 록펠러의 출연으로 설립된 대학이다. 설립 초기에는 부호의 자녀들이 기부금을 내고 입학했다. 1929년 로버트 허킨스(Robert Hutchins) 총장이 취임하여 '시카고 플랜'을 추진하면서 상황이 달라졌다. 시카고 플랜이란 세계의 위대한 고전 100권을 읽고 구술시험을 통과해야 졸업이 가능한 독서교육 프로그램을 말한다. 《자유론》의 저자 존 스튜어트 밀(John Stuart Mill)의 아버지가 고전을 중심으로 자녀를 가르쳤다고 해서 '존 스튜어트 밀식 독서법'이라고 부르기도 한다. 밀의 아버지는 대화와 토론을 하며 아들에게 직접 고전을 가르쳤고, 공부한 것을 말이나 글로 표현하게 하여 논리적 표현력을 기르도록 했다. 밀은 자신의 자서전에서 성장에 아버지의 교육방식이 큰 도움이 되었다고 밝혔다.

말이 고전 교육이지 공부에 관심이 없는 학생들에게 어려운 고전을 읽힌다는 것은 힘든 일이었다. 학생들도 학교의 방침이기에 어쩔 수 없이 고전 수업을 듣고 책을 읽어야 하는 처지였다. 하지만 고전을 한 권 한 권 읽어나가면서 고전에 담긴 인간과 깊이 있는 사유에 익숙해졌고 학문 관심도가 높아졌다. 시카고 플랜은 하나의 고전을 선택하고 그 고전을 쉽게 설명한 책을 먼저 읽어 기초지식을 쌓게 한다. 그다음 원전을 천천히 정독하면서 독파한다. 책의 핵심을 필사하면서 생각의 폭을 넓히고 다른 사유들과 연결한다. 이런 과정은 벤치 인사이트를 얻는 것과 연관된다. 고전은 개별 인간을 다루지 않고 전체 인간의 문제를 다룬다. 자신의 문제에서 물러나 인간 종(種)의 문제를 사유하고 근원을 파헤친다. 이런 연습은 자기 자신을 벤치에 앉히고 인류의 역사와 본성, 사유 과정의 핵심에 접근하도록 돕는다.

시카고 플랜의 결과는 놀라웠다. 현재 시카고 대학교는 세계 최고의 대학으로 손꼽히고, 세계에서 네 번째로 많은 노벨상 수상자를 배출한 학교가 되었다. 특히 경제학은 타 대학의 추종을 불허하는 학과로 인정받고 있다. 이런 성과는 시카고 플랜의 결과이며 시카고 대학교의 성공에 자극받은 주 정부는 '그레이트북스' 재단을 설립하여 다양한 계층의 사람들에게 고전과 토론을 장려하고 있다.

이런 고전 독서의 강조와 글쓰기 교육의 결과는 현실의 힘으로 나타난다. 미국 출신의 전문가들이 펴내는 책의 내용과 분량은 놀라울 정도다. 재레드 다이아몬드, 새뮤엘 헌팅턴(Samuel Huntington), 앨빈 토플러(Alvin Toffler), 제러미 리프킨, 에드워드 윌슨 등 미국의 자랑하는 학자들이 내놓은 연구는 자신의 연구 분야 깊은 곳에서 퍼올린 사유를 인문학과 연결하여 독특한 글쓰기로 독자들을 뒤흔든다. 이런 성과는 어릴 때부터 익숙해진 고전 독서와 글쓰기 교육이 아니면 불가능했을 것이다. 그에 비해 우리나라는 책이 조금만 두꺼워도 읽기를 피하고 펜을 들고 끄적거리는 것을 너무나 싫어한다. 이런 교육 풍토와 문화를 바꾸지 않으면 날로 복잡해지는 지식 생태계에 적응은 물론 살아남는 것조차 걱정해야 하는 처지에 놓일 것이고, 인공지능 시대에 새로운 지식 식민지를 경험하게 될지도 모른다.

글쓰기 교육의 현주소

우리나라의 글쓰기 교육은 매우 낮은 수준이다. 전문적인 글쓰기 교육 프로그램이 없고, 글쓰기의 중요성의 인식도 낮다. 수업 시간에 글쓰기를 위한 시간이 따로 배정되어 있지 않다. 대학입시에서 논술 전형은 축소되었고 그나마 논술을 배우는 것도 사교육에 의존하고 있다. 한마디로 대한민국은 글쓰기 교육에 관심이 없다.

우리나라에서 고등학교나 대학교에서 고전 프로그램을 도입한다고 발표한다면 어떤 일이 벌어질까? 일단 수능이나 취업에 도움이 되지 않는다는 이유로 학부모들이 반대할 것이다. 학교 당국도 도입을 쉽게 결정할 수 없다. 학생들이나 학부모들에게 인기 없는 학교가 될 수 있기 때문이다. 그런 점에서 독서와 글쓰기의 문제는 학교가 아니라 사회적 분위기의 문제다. 우리 사회가 독서와 글쓰기가 무엇보다 중요하다는 사실을 인지하고 그것에 초점을 맞출 때 학생들의 미래에 실질적 도움을 줄 수 있는 교육이 가능할 것이다.

영국, 독일, 프랑스, 미국 등 대부분의 선진국에서 대입 시험에 논술형 절대평가 제도를 운용하고 있다. 대입이 논술이기 때문에 토론과 글쓰기 수업이 위주가 될 수밖에 없다. 이제 우리도 달라져야 한다. 이해하고 암기해서 시험을 잘 치는 식의 공부가 아니라 인간과 세계의 근원을 탐구하는 지적 활동의 장려를 통해 생각하는 능력, 표현하는 힘을 가진 인재를 양성하는 것이 공부의 목표가 되어야 한다. 그럴 때 경쟁력 있는 독서와 글쓰기 교육은 성공할 수 있을 것이다.

시를 아는 사람이
벤치 인사이트를 얻는다

시는 살육한다

한 편의 시가 태어나기 위해서는,
우리는 살육하지 않으면 안 된다.
많은 것을 살육하지 않으면 안 된다.
사랑하는 많은 것을 사살하고, 암살하고, 독살해야 하는 것이다.
_다무라 류이치, 〈4천의 낮과 밤〉

시는 죽인다. 기존의 관념을 죽인다. 시를 쓴다는 것은 기존의 생
각과 인습과 도덕을 끝장내는 일이다. 한 편의 시에는 많은 살육이

담겨 있다. 살육하지 못한 시는 죽은 시다. 새로운 사유에 닿지 못한 배는 침몰해야 한다.

언어는 살갗이다. 나는 그 사람을 내 언어로 문지른다. 마치 손가락 대신에 말이란 걸 갖고 있다는 듯이, 또는 내 말끝에 손가락이 달려 있기라도 한 듯이 내 언어는 욕망으로 전율한다.

나는 말로 그녀를 문지른다. 나의 입에서 흘러나온 것들이 그녀의 눈과 귀와 손가락과 가슴을 타고 흘러 다닌다. 입술에 닿기를, 가슴에 젖어 들기를, 심장을 뒤흔들기를 바라면서. 언어는 나의 살갗이다.

_롤랑 바르트(Roland Barthes), 《사랑의 단상》

일상어와 시어는 다르다. 일상어가 생각의 전달을 목적으로 한다면 시어는 생각의 파괴를 목적으로 한다. 일상어가 정확한 표현을 추구한다면 시어는 추상적 표현을 추구한다. 일상어가 과학이라면 시어는 예술이다.

시를 읽고 쓴다는 것은 새로운 세상을 들여다보는 일이다. 시인은 자신이 발견한 세상을 시로 표현한다. 그 세상은 지금과는 다른, 알려지지 않은 낯선 곳이다. 시를 쓰는 일은 낯선 세계를 발견하고 표현하는 일이고 당연히 창조적이고 예술적인 작업이다. 그런 점에서 시는 고도의 창의성을 요구한다.

언어는 우리가 세상과 관계를 맺는 선이다. 하나의 단어가 사물과 연결된다. 수많은 연결을 통해 우리는 세상을 이해하고 생각을 펼친다. 인류는 언어 덕분에 의사소통하고 이론을 만들고 과학을 발전시킬 수 있었다. 이렇게 사용된 언어는 하나의 뜻을 담은 생각이 되고 이론이 되고 사상이 된다.

교육은 정확한 언어 사용을 추구한다. 갓난아기가 세상에 적응하기 위해 반드시 배워야 할 것이 언어다. 언어의 취득은 인간의 조건이고 정확한 언어 사용이야말로 능력 있는 사람의 징표다. 우리 교육은 정확하게 이런 관점에서 이루어지고 있다. 문제는 이런 교육과정을 통해 정확한 언어 사용을 배울 수 있지만 기존의 언어를 파괴할 수 없다는 것이다. 기존의 언어를 파괴하는 것은 새로운 언어의 창조, 새로운 생각으로 이어진다. 언어의 파괴는 기존의 생각을 죽이고 새로운 관념을 만드는 일이다. 그래서 시는 학살이고 살해다.

시, 다르게 보기

"'하늘이 운다'가 뭐지?"
"비가 오는 거죠."
"그래, 그게 은유야."
_영화 〈일 포스티노〉 중에서

네루다와 시를 배우고 싶은 집배원 마리오가 나누는 대화다. 그들의 대화는 시가 어떤 방식으로 세상을 보는지 잘 보여준다. 비가 오는 것을 하늘이 운다고 표현한다. 일상어와 시어의 차이가 여기서 드러난다. 시 속에서 하늘은 살아 있는 것이 되고 감정을 품은 존재가 된다. 이제 하늘과 비가 다르게 보인다.

은유는 건너뛴다. '삶은 죽음'이라는 은유는 삶이 왜 죽음인지에 대한 이유를 생각하게 한다. 삶과 죽음 사이의 간극을 극대화한다. 그 간극을 메우는 일은 독자의 몫이다. 그것을 메울 수 있는 독자는 은유에 고개를 끄덕이게 될 것이다. 그렇지 못할 때 은유는 죽는다. 은유의 힘은 간극을 독자가 메웠을 때 일어난다. 논리를 넘어 직관으로 진실을 드러내는 방식, 그것이 은유다.

우주와 자연은 존재 이유가 없다. 이유 없는 세계에 의미를 창조하는 것은 인간이다. 우주와 자연에 의미를 부여하는 원리, 그것이 은유이고 은유는 과학이 발견한 세상의 원리에 생명을 부여한다. 의미를 곁들이고 방향을 제공하는 것은 은유의 몫이다.

너도 견디고 있구나
어차피 우리도 이 세상에 세들어 살고 있으므로
고통은 말하자면 월세 같은 것인데
사실은 이 세상에 기회주의자들이 더 많이 괴로워하지
사색이 많으니까

빨리 집으로 가야겠다

_황지우, 〈겨울산〉

'고통은 월세다.' 황지우 시인의 은유다. 사는 일에 힘겨운 사람들에게 시는 위로를 준다. 나도 그렇지만 너도 견디고 있다. 어차피 우리는 세들어 사는 이들이고 곧 사라질 것이다. 이곳에서의 고통은 월세다. 내가 괴로운 것은 기회주의적이기 때문이다. 빨리 집으로 가자. 월세를 냈으니 괜찮을 것이다.

시를 통해 보는 세상은 다른 세상이다. 덕분에 세계는 하나의 의미로 해석되는 것이 아니라 수없이 다양한 열린 의미의 공간이 된다. 그런 점에서 시인은 새로운 세상을 만드는 창조자다.

과학은 고통을 '피부나 근육 뼈 등 신체 일부에 생기는 피해로 인해 오는 육체적 정신적 괴로움'으로 정의한다. 철학은 과학이 만든 고통의 개념을 확대하고 인간의 삶 전체로 가져와 다양하게 펼쳐 보인다. 에피쿠로스에게 고통은 회피의 대상이다. 칸트에게 고통은 도덕적 존재가 겪을 수밖에 없는 자율성의 결과다. 실존주의자는 고통을 통해 삶의 의미 찾기를 시도한다. 고통을 통해 자기 삶의 의미를 묻고 자기가 누구인지를 알아보는 시간을 갖기를 권한다. 이때 고통은 새로운 삶의 의미를 발견하는 실마리가 되어 고통 속에 있는 개인을 성숙한 삶의 길로 안내한다. '의미 없는 고통이야말로 저주'라는 니체의 말처럼 고통의 철학은 삶의 의미를 재발견하게 한다.

문학은 어떨까? 시인은 고통을 무궁무진한 의미의 진폭으로 확장한다. 문학에서는 실연, 불안, 실패, 좌절, 죽음, 연민, 떨림, 흐느낌, 허무, 사랑, 결혼 심지어 삶 자체가 고통으로 묘사된다. 시인은 과학의 규정에 종속되지 않으며 철학적 논리에 사로잡히지 않는다. 현실을 넘고 학문을 건너 무한한 의미로 나아간다.

시는 어떤 장르보다 창조적이다. 하나의 관념에 종속되지 않는 떠돌이요 부랑자다. "시인은 민주사회에도 귀족사회에도 공화국에도 절대군주제에도 어울릴 수 없다"라는 보들레르의 말은 시인이 어떤 존재인지를 잘 보여준다. 모든 것을 거부하고 자기 눈으로 세상을 보는 사람이 바로 시인이다.

참을 수 없는
텍스트의 즐거움

표류란 사회어를 말하고 싶은 마음을 잃었을 때 나타난다. 표류를 말하는 것은 오늘날 곧 자살 담론이 될 것이다.
_롤랑 바르트, 《텍스트의 즐거움》

시인의 텍스트는 다르다. 일상어, 사회어를 말하지 않고 다른 방식, 낯선 언어를 토해낸다. 시어는 '표류'다. 표류하는 시는 사살하고 암살하고 독살한다. 기존의 언어를 파괴하는 것이 시의 본질이다. 롤랑 바르트는 즐거움의 텍스트와 즐김의 텍스트를 구분한다.

즐거움의 텍스트는 만족시켜 주고, 채워주고, 행복감을 주고, 문화로부터 와서 문화와 단절되지 않으며, 편안한 독서의 실천과 연결된다. 즐김의 텍스트는 독자를 상실의 상태로 몰고 가서 마음을 불편케 하고(어쩌면 권태감마저도 느끼게 하고), 독자의 역사적 문화적 심리적 토대나 그 취향, 가치관, 추억의 견고함마저도 흔들리게 하여 독자가 언어와 맺고 있는 관계를 위태롭게 한다.

_롱랑 바르트,《텍스트의 즐거움》

그가 말하는 즐거움의 텍스트는 일상어에 가깝다. 다정하고 친절한 대화, 술술 읽히는 책이다. 즐김의 텍스트는 불편한 대화, 이해하기 어려운 책이다. 즐김의 텍스트는 독자를 엉뚱한 곳으로 몰고 가 괴롭히고 기존의 관계를 뒤흔들어 낯선 곳으로 초대한다. 술술 읽히는 책에서 얻을 수 있는 것은 많지 않으며, 자기가 알고 있고 옳다고 믿는 것을 재확인할 가능성이 크다. 이해하기 어려운 책은 모험을 감당할 수만 있다면 새로운 지혜의 장으로 우리를 인도한다.

봄, 놀라서 뒷걸음질 치다
맨발로 푸른 뱀의 머리를 밟다

슬픔
물에 불은 나무토막, 그 위로 또 비가 내린다

자본주의

형형색색의 어둠 혹은

바다 밑으로 뚫린 백만 킬로의 컴컴한 터널

—여길 어떻게 혼자 걸어서 지나가?

문학

길을 잃고 흉가에서 잠들 때

멀리서 백열전구처럼 반짝이는 개구리울음

시인의 독백

"어둠 속에 이 소리마저 없다면"

부러진 피리로 벽을 탕탕 치면서

혁명

눈 감을 때만 보이는 별들의 회오리

가로등 밑에서는

투명하게 보이는 잎맥의 길

시, 일부러 뜯어본 주소 불명의 아름다운 편지

너는 그곳에 살지 않는다

_진은영, 〈일곱 개의 단어로 된 사전〉

시는 일부러 뜯어본 주소 불명의 편지처럼 아름답지만 내가 살지 않는 낯선 곳이다. 그래서 새롭고 불편하고 힘겹고 충격적이다. 자기 파괴와 신세계의 발견은 함께 온다.

시는 파괴를 허용하는 문학이다. 시어의 선택에서 문법의 파괴까지 허용 범위가 넓다. 시는 파괴를 통해 진실을 전달하기에 창의적이다. 파괴적인 생각, 창의적인 아이디어를 얻으려면 시를 알아야 한다. 표류를 견딜 수 있어야 하고, 파괴를 수용할 수 있어야 한다. 파괴하지 않고서 어떻게 창조할 수 있겠는가?

시 교육이 필요하다

한 알의 모래 속에 세계를 보며
한 송이 들꽃에서 천국을 본다
그대 손바닥 안에 무한을 쥐고
한 순간 속에 영원을 보라
_윌리엄 블레이크(William Blake), 〈순수의 전조〉에서

시를 읽는 사람은 남들이 보지 못하는 것을 보는 사람, 남들이 볼 수 없는 것을 보고야 마는 사람이다. 시를 쓰는 사람은 감히 넘볼 수 없는 것을 넘보는 사람이다. 새로운 의미와 가치를 발견하는 사람이다. 사냥꾼이다. 혁명가다.

미래 교육에 필요한 것이 비판력과 창의성이라면 시가 필요하다. 시는 기존과 다른 시선으로 세상을 본다. 새로운 눈으로 꽃을 보고 사람을 보고 사건을 보고 존재를 본다. 시를 읽는 사람, 시를 쓰는 사람은 상상력을 최고로 끌어올린다. 이보다 더 창의적인 공부가 어디 있겠는가.

안타깝게도 우리 교육은 시를 통해 생각을 확장하고 새로운 세계를 만나도록 가르치는 대신 시적 가능성을 말살하고 있다. 시에는 정답이 없고 어떤 가능성만 존재한다. 누가 쓴 시인지를 찾아내고, 시의 주제를 객관식에서 골라내며, 시어를 해석하여 답으로 만드는 공부는 시를 죽인다. 이런 교육으로는 시를 통해 아무런 창의성도 얻지 못할 것이다. 느끼고 깨닫고 감동하는 사람만이 시를 통해 낯선 세상에 닿을 수 있다.

과학을 비롯한 문명의 산물이 하나의 패러다임 안에서 작동한다면 글쓰기, 시 읽기는 가장 인간적인 이해인 상상의 방식으로 움직인다. 그것은 기존의 학문이 규정해놓은 지식을 벗어나 눈에 보이지 않는 진리로 향한다. 틀에 박힌 삶의 모습을 보여주며 이렇게 살 것을 제안하는 대신 삶이란 무엇이며, 어떤 것일 수 있는지 새롭게 시도한다. 시 공부를 통해 언어를 다룰 수 있다면 생각 또한 다룰 수 있다. 언어는 생각이고, 언어를 다루는 능력은 생각을 확장시킬 수 있기 때문이다.

비유는 힘이 세다

《도덕경》,《성서》,《숫타니파타》,《탈무드》등 이 세상의 수많은 경전은 시적(詩的)이다. 경전의 서사 방식은 모두 비유다. 왜 경전들은 시적 비유를 사용할까? 구체성은 오해받기 쉽기 때문이다. 구체적일수록 적용할 수 있는 한계는 분명하다. 반면 추상적 비유는 한계가 없다. 노자의 표현을 빌리면 도(道)에 가깝다. 경전이 비유인 이유는 그것이 진리를 잘 드러낼 수 있기 때문이다. 비유는 진리에 다가가는 길이다.

> 두 분이 함께 하시되 그 안에 공간이 있게 하십시오.
> 두 분 사이에서 하늘의 바람이 춤추게 하십시오.
> 서로 사랑하되 속박이 되도록 하지는 마십시오.
> 사랑이 두 분 영혼의 해변 사이에서 출렁이는 바다가 되게 하십시오.
> _칼릴 지브란(Kahlil Gibran),《예언자》

뛰어난 크리에이터는 비유에 능하다. 삶과 세상의 문제를 비유로 풀어낸다. 칼릴 지브란은 하늘의 바람이 춤추게 하라는 비유로 생명력 있는 사랑을 표현한다. 속박하지 말라는 상투어보다 훨씬 강력하다. 구체적이고 정확한 표현이 강조되는 일상어와는 다른 힘이 있다. 기업의 홍보팀에서 원하는 것도 이런 힘이다. 광고는 구체적인 것이 좋은 때도 있지만 추상적인 은유나 비유가 강력한 힘을 발휘하는 경우가 훨씬 많다. 구체성은 손에 잡히는 뭔가를 주지만 추상적 비유는 커다란 통찰, 벤치 인사이트를 안겨준다.

현실을 살아가는 데 과학과 기술은 중요하다. 여기에 상상과 시적 은유 혹은 비유는 과학의 발견이나 현상을 다른 관점에서 이해하고 활용하는 데 중요한 인사이트를 제공한다. 이것이 인공지능 시대 우리가 시를 익혀야 하는 이유다.

벤치 인사이트,
간결한 지식이 아름답다

핵심만 간단히

해답이 간단할 때는 신이 답하고 있는 것이다.
_아인슈타인

이야기가 길고 지루해질 때 우리는 이렇게 말한다. "간단히 핵심만
말해." 그런데 그것이 쉽지 않다. 간단히 핵심만 전달할 수 없으므로
말이 길어진다. 이런 경우 대부분 자기도 무슨 말을 하고 있는지 모
른다. 간단히 핵심을 찌를 수 없는 것은 모르는 것이다.

지식은 일반화다. 세상의 많은 것들을 묶어서 다발로 만드는 일

이다. 신진대사 활동을 하면서 움직이는 생명을 동물이라고 부른다. 세상의 여러 사물 중에서 공통점을 모아 묶으면 동물, 식물, 사람이라는 식의 개념이 탄생한다. 이것이 검증받으면 지식이 된다. 지식은 일반화를 통해 복잡한 것을 간결하게 만든 것이다.

우리가 잘 알고 있는 지식은 이런 일반화를 통해서 탄생했다. 공부란 이렇게 만들어진 지식을 익히는 것이다. 문제는 일반화된 지식을 배우는 것이 별 의미 없어졌다는 것이다. 지식을 익히는 것보다 더 중요한 것은 맥락을 알고 핵심을 꿰뚫고 다른 것들과 연결할 수 있는 능력이다. 인사이트다.

애플의 성공 원인

애플이 성공한 원인은 간결함이었다. 잡스는 아이팟을 만들 때 전원 버튼을 포함한 모든 버튼을 없애라고 했다. 당시에는 이해할 수 없는 주문이었다. 디자이너들은 난감했지만 어쨌든 그들은 지시를 따랐고, 이전에는 볼 수 없었던 아이팟을 상징하는 원형 스크롤이 탄생했다.

애플은 단순하고 간결한 디자인을 추구했다. 무엇인가를 늘리는 대신 줄이는 데 집중했다. 그 이전까지 대부분의 전자제품은 기능을 늘리고 버튼을 추가하면서 자신들의 제품이 얼마나 다양한 기능을 가졌는지 보여주려고 했다. 아이팟 이후 상황은 완전히 달라졌다. 버튼은 사라졌고 디자인은 단순해졌다. 디자인의 단순함은 손쉬운 사용으로 이어졌다. 제품 설명서가 사라졌고 사용자들은 직관적으로 제품의 사용법을 찾아냈다.

간결한 디자인과 손쉬운 사용이 혁신의 끝은 아니었다. 여기에 제품이 출시될 때마다 놀라운 기능이 추가되었다. 애플의 성공은 혁신적 기능을 간결한 디자인에 담아내는 데 있었다. 그들은 사람들이 어떤 기능에 열광하고 어느 디자인에 환호하는지를 알고 있었다.

"애플은 기능이 아니라 경험을 제공한다."

아이폰과 아이패드 등을 디자인한 조너선 아이브(Jonathan Ive)는 제품에서 중요한 것은 기능이 아니라 경험이라고 말한다. 아무리 훌륭한 기능이라도 경험을 저해한다면 과감하게 뺀다. 기능은 제품의 가치를 결정하는 일부일 뿐 중요한 것은 사용자가 느끼는 경험의 질에 있기 때문이다. 최첨단 기능이 탑재된 자동차나 오디오를 가졌더라도 실제로 우리가 사용하는 기능은 소수에 불과하다는 사실을 기억해보면 그의 말에 쉽게 수긍할 수 있다.

이런 생각은 로버트 브라우닝(Robert Browning)의 표현처럼 "간결한 것이 더 아름답다(Less is More)"라는 철학과 연결된다. 우리는 많은 정보를 제공하는 것이 효과적이라고 믿는다. 하지만 결과는 그 반대다. 많은 정보는 사람들을 더 혼란스럽게 한다. 핵심적인 정보 하나면 충분하다. 제품도 마찬가지다. 애플의 제품은 단순미를 극대화한다. 간결함을 통해 제품의 매력을 극대화하는 것이 애플의 철학이다.

애플의 디자인을 간결미라고 한다면 이것은 예술적인 요소와 연결된다. 예술은 간결함이 생명이다. 예술은 길게 설명하지 않는다. 그냥 보여주고 느끼며 깨닫게 한다. 예술의 생명은 간결함, 여백이다. 좋은 작품일수록 생각의 여지, 상상의 여분을 남긴다. 이런 여분은 영감으로 이어진다. 보는 사람의 영감을 일깨우고 직관력을 불러일으켜 통찰에 닿게 한다. 예술가들은 '어떤 작품에 영감을 받아서'라는 말을 자주 한다. 좋은 작품일수록 생각을 자극한다.

간결함과 통찰력이 중요한 것은 제품이나 예술만이 아니다. 우리가 살아가는 삶 자체에 통찰력은 중요하다. 특히 인공지능이 일반화되는 시대에는 간결함을 무기로 하는 통찰력이야말로 인간 능력의 핵심이 될 것이다.

바야흐로 빅데이터 시대다. 플랫폼은 데이터가 모이는 곳이다. 구글, 페이스북, 아마존은 데이터가 폭포수처럼 쏟아진다. 그들은 데이터를 수집하고 클라우드를 통해서 빅데이터화하여 분석한다. 물론 분석의 중심에는 인공지능이 있다. 인공지능은 다양한 데이터들을 분석하고 정리해서 새로운 데이터로 가공한다. 이런 과정을 거친 데이터는 재창조되어 황금알을 낳는 거위로 탈바꿈한다. 빅데이터라는 말은 데이터의 양이 엄청나다는 뜻이다. 인공지능은 엄청난 양의 데이터를 빠른 속도로 분석할 수 있다. 사람이 한 달 걸리는 일을 불과 몇 분 만에 해낼 수도 있다. 내비게이션이 차가 밀리는 도로를 피해 가장 빠른 길을 안내할 수 있는 것은 인공지능이 실시간으로 작동하기 때문이다. 속도 면에서 사람은 인공지능을 따라갈 수 없다.

사람의 힘이 필요한 것은 데이터를 보는 눈, 인사이트의 힘이 여전히 필요하기 때문이다. 인공지능이 빅데이터를 분석한다고 해도 그것이 유효한 것인지를 판단하는 것은 여전히 사람의 몫이다. 인공지능의 알고리즘은 끊임없이 발달하겠지만 그 알고리즘을 설계하는 일과 분석된 자료의 가치를 판단하는 일은 사람이 할 수밖에 없다. 게다가 빠르게 변하는 시대일수록 이전의 알고리즘은 금방 쓸모없는 것이 된다. 이때 어느 방향으로 어떤 일을 할 것인지를 결정하는 것은 사람이다. 인공지능 시대에도 사람의 통찰력은 꼭 필요하다.

버려야 간결하다

《21세기 핵심역량》의 저자 버니 트릴링(Be rnie Trilling)은 급변하는 사회를 대비하기 위해서는 간결함이 필요하다고 말한다. 그는 간결함을 가벼운 간결함과 깊은 간결함으로 구분한다. 가벼운 간결함이란 정확한 이해가 부족한 상태에서 짧게 말하는 것이고, 깊은 간결함이란 전문지식을 충분히 갖춘 상태에서 핵심을 간단명료하게 표현하는 것이다. 가벼운 간결함은 누구나 할 수 있다. 깊은 간결함은 통찰력을 가진 사람만이 발휘할 수 있다. 무엇인가를 명쾌하게 설명하려면 자기 생각이 정리되어 있어야 한다. 사물의 이치와 기계의 작동원리, 사람의 본성, 문제의 원인과 해결책을 정확히 꿰뚫고 있는 사람만이 단순하고 명쾌한 표현이 가능하다.

이런 간결한 통찰력을 얻으려면 어떻게 해야 할까? 버릴 줄 알아야 한다.

"사람은 하지 않은 것이 있고 난 뒤에야 무엇인가 하는 것이 있
다."

_《맹자》

간결함과 통찰력은 맥락을 읽고 문제를 분명히 할 때 드러난다.
그러자면 필요한 지식을 사용할 수 있어야 한다. 공부하는 이유 또
한 통찰에 필요한 지식을 얻기 위함이다. 문제는 지식을 넣기만 할
뿐 어떤 지식이 중요한지 가려내는 힘이 없다는 것이다. 이렇게 필요
한 지식이 무엇인지 알 수 없을 때 유용한 방법이 있다. 그것은 필요
없는 지식을 덜어내는 것이다. 필요 없는 것을 덜어내면 필요한 것이
눈에 보인다.

《도덕경》에 "爲學日益 爲道日損"(위학일익 위도일손)이라는 말이 나
온다. 학문의 길은 하루하루 쌓아가는 것이고, 도의 길은 하루하루
없애는 것이다. 학문은 지식을 쌓는 것이다. 우리 공부는 쌓는 것에
집중되어 있다. 이렇게 쌓는 것에 집중하면 무엇이 중요한지 알지 못
한다. 그럴 때는 덜어내야 한다. 그래야 중요한 것이 보인다. 덜어내
고 또 덜어내면 가장 중요한 도(道)만 남는다. 이 도가 문제의 맥락
이고 세상이 돌아가는 원리를 꿰뚫는 통찰이다.

이것저것 하는 일이 많은 경우라면 중요하지 않은 일들을 버리면
된다. 손댄 공부가 많다면 중요하지 않은 공부를 내려놓으면 된다.
하루 24시간은 누구에게나 똑같이 주어진다. 48시간이 주어지는 경
우는 없다. 그렇다면 정해진 시간 내에 무엇에 집중할 것인지를 결

정해야 한다. 이때 중요하지 않은 것을 버리면 인생이 선명해지고, 하루가 훨씬 가벼워진다. 이것이 버림의 미학이다.

개혁 군주로 바쁜 일상을 살았던 정조 대왕은 《맹자》를 좋아해서 읽고 또 읽었다고 한다. 그래서인지 《맹자》의 문장을 떠올리게 하는 글들이 많다.

> 사대부는 하지 않는 바가 있고 난 뒤에야 비로소 나랏일을 처리할 수 있다.
> _《일득록》

이 말은 하지 않는 바가 있어야 하는 일이 있다는 유소불위(有所不爲)의 메시지다. 중요한 것을 가려서 할 줄 알아야 한다는 것인데 그러자면 먼저 하지 않는 바가 있어야 한다. 그때 하는 바가 선명해진다. 아이들의 교육도 마찬가지다. 국어부터 과학까지 모두 다 잘하는 것이 우등생이고 그런 아이를 양성하는 것이 교육의 목표가 되었다. 이런 교육으로는 탁월한 인재가 나올 수 없다. 각자 잘하는 것이 있고 집중할 수 있는 것이 다르다. 참된 교육은 각자의 강점을 찾아서 장려할 수 있어야 한다.

벤치 인사이트,
어떻게 얻을 것인가

　　　　　　버림의 미학은 문제를 선명하게 한다. 사용할 수 있는 지식과 기술을 구체적으로 발견하게 한다. 그걸로 끝일까? 그렇지 않다. 인사이트의 문제는 그렇게 단순하지 않다. 벤치 인사이트를 얻는 몇 가지 방법을 살펴보자.

　첫 번째 방법은 원인과 결과에 대한 논리력을 기르는 것이다. 세상은 인과관계로 움직인다. 흰 당구공이 빨간 당구공을 움직인 것은 굴러오는 힘이 있기 때문이다. 누군가 나에게 화를 냈다면 내가 그 사람의 어떤 부분을 건드렸기 때문이다. 사람들이 구글에 접속한다면 그곳에 자기가 원하는 것이 있기 때문이다. 세상 모든 것에 원인이 있는 것은 아니지만 적어도 인간 사회의 많은 것들은 어떤 원인에 의해 움직인다. 결과만 보지 말고 원인을 볼 수 있어야 한다.

　이때 필요한 질문이 '왜?'라는 질문이다. 많은 직장인이 맡은 일을 하면서도 그것을 왜 하는지 모른다. 일하는 이유를 모르면 목적을 달성하기 어려울 뿐만 아니라 일 자체에 흥미를 가지기 어렵다. 이유를 알 때 목표가 정확해지고 그것에 도달하는 다양한 방법을 생각할 수 있다. 공부도 마찬가지다. 왜 공부하는지 알면 동기가 생긴다. 공부를 통해서 무엇을 얻을 수 있는지 명확해지고 어떻게 하면 더 잘할 수 있을지 골몰하게 된다.

　우리는 '왜?'에 익숙하지 않다. 주어진 것을 입력하기에 여념이 없다. 이제 바꿔야 한다. 아이들에게, 자신에게 '왜?'를 물을 수 있게 여유를 줘야 한다. 아이들에게 '왜?'라는 질문을 허용하지 않는 현실적인 이유가 있다. 어른들은 이런 질문이 불편하다. 자신도 그런 질문을 해본 적이 없기 때문이다. 질문을 받고 대답을 할 수 없을 때 자신이 무능하다고 느낀다. 스스로 무능을 인정하고 싶지 않아서 '왜?'를 피하는 것이 어른이다. 이 점을 인정할 수만 있다면 얼마든지 좋은 이야기를 나눌 수 있다. 아이들은 스스로 답을 찾아낼 기회를 얻을 것이고 결국 자기에게 필요한 대답을 발견할 것이다.

두 번째 방법은 사건의 흐름을 파악하는 것이다. 모든 일은 시간을 따라 전개된다. 어떤 사건이나 문제가 발생했다면 그것의 시작이 있을 것이다. 그것이 시작된 시간으로 거슬러가서 당시의 모양을 살펴보면 문제의 발단을 알 수 있다. 여기에 사건이 흘러가는 추세를 따라가보면 어떤 변화를 거쳐 어떤 대응이 나왔고 어떤 결과에 도달했는지를 한눈에 파악할 수 있다.

역사라는 학문의 힘은 여기에 기초하고 있다. 역사는 중요한 사건의 기록이다. 중요한 사건을 공부해보면 사건이 왜 발생했는지 알수 있고, 이 문제에 어떻게 대응했는지도 알 수 있다. 그 과정에서 대응책의 실효성 정도를 알 수 있고, 원인과 결과의 인과관계까지 명확해진다. 시간은 과거에서 현재로, 현재에서 미래로 흘러간다. 그 맥락을 살피고 인과관계를 명확히 하는 역사 공부는 통찰을 얻는 중요한 안목을 제공한다. 이 과정의 핵심은 자신과 인간에 대한 '성찰'이다.

세 번째 방법은 주제의식 연습이다. 책을 많이 읽지만 밀도가 없는 사람들의 특징은 읽고 이해하기에 급급하다는 것이다. 이런 경우 잠시 읽기를 멈추고 생각해보는 시간을 가질 필요가 있다. '여기에서 말하고자 하는 것이 무엇인가?', '왜 이 책을 썼나?' 이런 질문은 책 전체의 주제를 생각하게 한다. 다른 사람과 이 책에 관해서 토론한다면, 어떤 주제가 적합할지 주제를 뽑아보는 것이 좋다. 한 권의 책을 읽고 토론 주제를 뽑을 수 있다면, 그 책의 핵심을 생활과 연결시킬 수 있다. 토론 주제를 뽑는 것이 뭐가 어렵냐고 할지 모르지만 막상 해보면 쉽지 않다. 추상적인 토론이 아닌 현실과 연결된 실질적인 토론 주제는 책과 현실이라는 두 영역에 대한 감이 있을 때 가능하다. 이것은 주제가 왜 중요하고 어떤 도움이 될지 생각해야 한다는 점에서 까다로운 일이다.

카프카의 《변신》을 읽고 토론 주제를 찾는 경우를 생각해보자. 책을 읽고 주제를 찾았다고 해도 보통의 경우 이런 주제로 토론을 하는 것이 맞을까 의구심부터 들 것이다. 제대로 읽었는지 자신이 없기 때문이다. 이때 책에서 느낀 것이 '소외된 삶'이라는 생각이 들었다면 '나 혹은 주변 사람들 또한 주인공 그레고르처럼 돈을 벌지 못하면 소외될지도 모른다'는 두려움에 사로잡혀 있는 건 아닌지 생각해야 한다. 그렇다는 확신이 든다면 제대로 된 주제를 찾은 것이다.

주제의식을 찾으려고 연습하다 보면 숨겨진 이면을 엿볼 수 있고 중요한 키워드와 연결하는 통찰을 발휘할 수 있다. 이런 방식에 익숙해진 사람들은 책 제목만 보고도 내용을 짐작할 수 있고, 목차만 봐도 정독해야 할 책인지 보지 않아도 될 책인지 알 수 있다. 인터넷에 올려진 기사 제목만 보고도 내용을 알 수 있는 사람들은 나름의 통찰을 가진 사람들이다.

말하는 교육의 필요

벤치 인사이트를 갖기 위해서는 책을 읽고 질문하고 논리를 깨치고 주제의식을 가지는 연습만으로는 부족하다. 여기에 말하는 연습이 더해져야 한다. 사람은 말을 하면서 논리를 만들어간다. 머릿속에서 놀라운 아이디어라고 생각되는 것도 막상 말로 표현해보면 그렇지 못한 경우가 많다. 생각과 말 사이에는 큰 괴리가 있다. 알고 있는 것도 말로 표현하기 쉽지 않다. 뻔한 이야기인데도 정확하게 전달하기가 어렵다. 알고 있는 것이라도 다른 사람에게 제대로 전달하는 연습은 꼭 필요하다.

이런 연습을 하는 데 가장 좋은 것은 토론이다. 아이들에게 토론식 수업이 절실한 이유도 여기에 있다. 공부해서 알게 된 것이 있다면 표현을 해봐야 한다. 표현하는 과정에서 자신에게 부족한 것이 무엇인지 발견할 수 있고, 어떤 부분에서 논리를 찾아야 하는지도 알게 된다. 여기에 다른 사람을 통해 내가 생각하지 못한 부분을 발견하면서 생각의 폭도 커진다. 지적 자극이 일어나고 상자 안에서 나와 밖을 보려고 시도하게 된다.

상자 밖에서 생각할 수 있도록 도와주려면 활동해야 한다. 활동은 대화나 토론보다 힘이 세다. 대표적인 것이 연극이다. 소크라테스가 독배를 마실 수밖에 없었던 이유를 연극으로 표현하기 위해 대본을 쓰고, 그의 역할을 해보는 것은 어떤 교육보다 강력한 효과를 낸다. 자신이 소크라테스가 되어야 하므로 스스로를 설득할 수 있는 말을 만들어내야 한다. 이렇게 콘텐츠를 만들고 다루는 연습을 하다 보면 강의나 토론으로는 얻을 수 없는 중요한 무기를 얻을 수 있다. 그 무기는 자신을 현장에 있는 것처럼 상상할 수 있는 능력이다.

벤치 인사이트,
교육의 종착지

벤치 인사이트는 미래 교육의 종착지다. 그만큼 미래사회에서 인사이트는 중요하다. 사회가 복잡해지고, 문제가 다양해지고, 지식이 고도화될수록 핵심을 가려내는 힘은 중요해진다. 문제는 인사이트가 단순한 공부로는 얻기 힘들다는 것이다.

인사이트를 얻으려면 자기 공부를 주도해야 한다. 좋아하고 잘하는 분야가 있어야 하고 그것에 정통해야 한다. 자동차가 고장 났을 때 엔진소리만 듣고도 어디가 문제인지를 아는 사람은 자동차에 대해 충분히 연구해본 사람이다. 아무런 지식이나 경험 없이 통찰을 얻기는 어렵다. 여기에 자기만의 생각하는 방법도 활용해야 한다. 그 분야에 관한 생각의 경험들이 다양하게 펼쳐져, 지식을 추론하고 비판하고 비틀어본 누적된 고통이 있어야 한다. 물론 이 과정은 다른 사람과 문제를 토론하고 생각을 말해보는 과정, 현장에서 뛰어본 경험을 바탕으로 한다. 결국 통찰은 꾸준한 관심의 문제다. 관심은 주도성이 있는 사람의 공통적인 모습이다. 자기 삶과 세상 일에 호기심을 갖고 문제를 풀어보려는 주도성이야말로 인사이트의 중심이다. 교육은 아이들에게 그 중심을 만나게 하는 일이다.

3 부

어떻게 배울 것인가

플랫폼,
공부의 장을 펼쳐라

부(富)는 플랫폼에서 온다

언제부터인가 우리는 플랫폼이라는 개념에 익숙해졌다. 애플, 구글, 페이스북, 아마존이라는 거대 플랫폼들 때문이다. 이런 기업들의 성공은 플랫폼에 기초하고 있다. 도대체 플랫폼이 뭐길래 거대공룡을 탄생시킨 것일까? 기성세대는 플랫폼이라 하면 기차역을 떠올린다. 기차의 승강장에는 많은 사람이 오간다. 각자 목적지가 다르고, 기차를 타는 이유도 다르지만 승강장에모여 커피를 마시고 담소를 나누며 공간을 점유한다. 이것이 예전의 플랫폼이다.

지금의 플랫폼은 승강장이 확대된 개념이다. 과거의 플랫폼과는 성격이 많이 달라져 공통점이라고는 사람들이 많이 모여든다는 정도가 전부다. 게다가 플랫폼 개념이 사용하는 사람에 따라 너무 다양한 의미로 활용되기 때문에 아직 사회적 합의가 제대로 이루어지지 않은 면도 있다. 일단 플랫폼을 '다양한 사람들이 모여 필요한 것을 찾아내고 공유하며 문제해결의 실마리를 발견하는 곳' 정도로 이해해두자.

플랫폼은 '생태계'라는 개념과 연관해서 파악할 필요가 있다. 경영 컨설턴트 제임스 무어(James Moore)는《경쟁의 종말》에서 '기업 생태계' 개념을 강조한다. 기업은 다른 기업과 경쟁을 통해서 살아남아야 한다는 것이 경영학의 지배적 관점이었다. 여기에 생태계라는 개념이 도입되면 상황이 달라진다. 그에 따르면, 기업 생태계는 '상호 작용하는 조직이나 개인들에 기반을 둔 경제공동체'다. 당연히 다른 구성원들과 함께 협력을 통해서 상생을 추구하며 발전해나가야 한다. 이런 관점은 신선하고 새로운 패러다임을 가져왔다. 기업이 경쟁자 혹은 고객들과 함께 살아갈 방법을 모색하기 시작한 것이다. 이제 기업 생태계에서 살아남으려면 경쟁이라는 구도에서 벗어나 다른 기업 혹은 고객과 협력을 할 수 있는 네트워크를 구축해나가야 한다는 새로운 인식이 필요하다.

기업 생태계에 새로운 패러다임을 가져온 대표적인 기업이 구글이다. 구글은 강력한 검색 서비스를 제공하는 포털을 운영한다. 이곳에 접속한 사람들은 필요한 자료를 검색하고 동영상 서비스를 즐기고 메일을 주고받으며 자신의 필요를 충족시킨다. 구글은 접속자들과의 상호작용을 통해서 자신들의 서비스를 진화시키고 플랫폼을 더욱 극적인 것으로 만들어간다. 구글은 제품을 만드는 기업이 아니다. 어떤 제품도 없이 엄청난 수익을 올릴 수 있는 것은 플랫폼에 접속하는 사람들 덕분이다. 구글 수입의 87퍼센트가 광고라는 사실이 이것을 증명해준다.

온라인 서점으로 시작한 아마존은 2020년 인터브랜드가 선정한 브랜드 가치평가에서 1위 애플, 2위 구글에 이어 3위에 이름을 올렸다. 인터넷 상거래 기업이 어떻게 세계 3위의 브랜드 가치를 가지게 되었을까? 이것 또한 플랫폼의 힘으로 이해할 수 있다. 아마존은 제휴된 판매자들과 고객이 사이트를 통해 필요한 가치를 제공하고, 제공받을 수 있는 플랫폼이다. 여기에 빅데이터를 바탕으로 어젯밤 주문한 제품을 오늘 받을 수 있도록 고객 중심의 물류 서비스를 확보하여 오프라인 쇼핑에 비해 상대적인 약점으로 인식되던 배송 속도의 문제까지 해결했다. 이 외에도 애플, 마이크로소프트, 알리바바, 텐센트, 넷플릭스 등의 수많은 기업이 플랫폼에 기반한 사업을 통해 수익을 창출하고 진화를 거듭하고 있다.

플랫폼 성공의 조건

플랫폼을 성공시킨다는 것은 쉬운 일이 아니다. 성공적인 플랫폼이 되려면 몇 가지 조건을 충족시켜야 한다. 플랫폼의 성공은 참여자에게 얼마나 유익한 경험을 제공하는가, 얼마나 활발하게 소통하는가에 달려 있다. 많은 사람이 몰리고 다양한 활동이 펼쳐져야 플랫폼이 제대로 작동하기 때문이다.

플랫폼의 성공 조건에서 가장 중요한 것은 참여자에게 어떤 가치를 제공해줄 수 있느냐다. 사람들이 접속하는 데는 이유가 있다. 접속의 이유는 필요의 충족이다. 이때 플랫폼이 어떤 필요를 충족시키느냐는 중요하다. 플랫폼의 핵심은 참여자들의 경험에 있다. 참가자들이 플랫폼에서의 경험에 만족할 수 있느냐는 플랫폼의 질을 경정하는 핵심적 요소다.

두 번째 요소는 핵심 콘텐츠의 유무다. 구글은 검색, 유튜브는 영상, 인스타그램은 사진, 아마존은 배송, 넷플릭스는 영화, 애플의 아이튠즈는 음악이라는 핵심 콘텐츠가 있다. 이른바 '킬러 콘텐츠'다. 킬러 콘텐츠를 바탕으로 다양한 서비스 체계를 구축하는 것이 플랫폼이 발전할 수 있는 중요한 기반이다. 다양성을 갖추는 것도 중요하지만 그 이전에 핵심 콘텐츠가 필요하다.

세 번째 요소는 상호작용의 활발함이다. 플랫폼은 많은 사람이 모여 자신의 소리를 내고 필요를 충족시키는 곳이다. 이 과정에서 활발한 소통이 이루어지지 못하면 플랫폼은 바람 빠진 풍선처럼 금방 힘을 잃는다. 활발한 의사소통은 수익 등 상호 이익을 위한 바탕이 됨은 물론 플랫폼을 개선하고 성장시키는 원동력이 된다. 그러자면 관리자의 역할이 중요하다. 과거의 기업처럼 대상을 관리하려는 마음을 내려놓고 참여자들의 소통을 장려하고 필요한 가치를 획득할 수 있도록 돕는 역할에 충실해야 한다. 플랫폼의 핵심은 상호 협력과 상생의 정신이다. 제로섬게임이 아닌 '윈윈 정신'이야말로 플랫폼이 크게 성장할 수 있는 기반이다. 그러자면 통제자가 아닌 협력자의 정신으로 무장해야 한다.

수유+너머

'수유+너머'는 인문학을 공부하는 사람들이 모인 이른바 지식공동체다. 고전평론가 고미숙 씨가 공부하던 수유리의 작은 방이 수유+너머의 시작이었다. 1998년 당시 그녀는 한국 고전문학을 전공하고 시조로 박사 학위를 받은 30대 후반의 실업자였다. 여기에 고병권, 이진경 같은 이른바 변방적 지식인들의 연구 공간인 '너머'가 결합하여 탄생했다.

> 고병권, 30대 초반. 화학과를 졸업한 사회학자. 그러나 정작 공부하는 건 사회학이 아니라 니체다. 우리는 그를 '워킹 니체'라 부른다. 연구실이 자랑하는 세 명의 천재 가운데 하나다.
> 김영진, 30대 초반. 불교학과 박사과정 수료자. 말로는 공부한 지 오래되어서 전공이 불교학인지 중국철학사인지 헷갈린다고 하지만, 우리는 모두 안다. 그가 출가자 못지않은 수행자임을.
> _고미숙,《아무도 기획하지 않은 자유》

공동체는 새로운 접속으로 탄생한다. 그리고 이 탄생은 그녀의 삶에 엄청난 변화를 불러왔다. 박사 실업자에서 유쾌한 프리랜서의 삶으로 탈바꿈한 것이다.

그녀는 대학교수의 삶을 꿈꾸었다. 불행히도 현실의 벽은 거대했고 가로막힌 벽을 피해 새로운 대안을 모색할 수밖에 없었다. 함께 공부하는 사람과 돈을 모아 그 대안으로 시작한 것이 월세 40만 원짜리 작은 공부방이었다. 공간이 마련되자 다양한 접속과 활동이 벌어졌다. 그녀는 서울사회과학연구소라는 새로운 모임을 알게 되었고 그곳의 회원이었던 고병권, 이진경 등과 연결되었다. 연결은 들뢰즈, 니체 등 새로운 공부의 접속으로 이어졌다. 탐구에 재미가 붙자 강좌를 만들어 지식을 공유했다. 세미나와 강좌가 호응을 얻으면서 회원들이 늘어났고 그렇게 그들은 성공적인 지식공동체의 길을 제시했다. 함께 공부하고 함께 생활하며 함께 삶을 만들어가는 이상적인 삶이 눈 앞에 펼쳐진 것이다.

사유화된 지식을 넘어 개방하고 공유하는 활동은 시너지를 낸다. 개방은 지적 경계를 허물고 무한한 가능성의 장을 형성시킨다. 한 사람의 연구가 다른 사람을 자극하고, 새로운 자극이 서로에게 지적 횡단의 희열을 선사한다. 희열은 출판 활동으로 이어지고 저서들이 쏟아진다. 출간은 과거에는 생각할 수도 없었던 새로운 능력의 발견이다. 저자가 되자 강연이 활발해지고 강연은 또 다른 접속을 만들어낸다.

수유+너머는 대한민국 변방적 지식을 대표하는 공동체가 되었다. 인문학의 위기 속에서도 사유의 힘을 지지하고 개방과 공유를 바탕으로 새로운 차이를 만들어나갔다. 그러나 '견고했던 모든 것은 대기 속에 녹아내린다'라는 카를 마르크스(Karl Marx)의 말처럼 수유+너머 또한 부침에서 예외일 수 없었다. 개방과 연결의 초심을 지키려 노력했지만 어느새 무거워져 버리는 것 또한 운명이었다. 다행히 '과거의 얽매임을 떨쳐내고 선잠에서 깨어난 아이 같은 마음'으로 일어선 그들은 새로운 삶의 터전을 만들어가는 실험을 계속하고 있다.

지식 플랫폼

제 비즈니스 모델은 비틀스입니다. 비틀스의 멤버 네 명은 문제를 안고 있으면서도 그것을 서로 통제합니다. 그들은 그렇게 균형을 맞추었습니다. 모두 하나가 됨으로써 개개인의 활동을 합친 것보다 더 큰 힘을 발휘했습니다. 이것이 제가 생각하는 비즈니스의 올바른 모습입니다. 비즈니스의 위업은 혼자서 이룰 수 없습니다. 그것은 팀을 이루어야 가능한 일입니다.
_스티브 잡스

비틀스는 작은 플랫폼이다. 네 명의 멤버들이 각자의 능력을 발휘하고 서로를 자극하면서 함께 힘을 발휘했다. 혼자의 힘은 미약할 수 있지만 함께라면 문제가 다르다. 비틀스의 힘은 함께에 있다. 그들은 플랫폼을 통해 나약한 개인을 넘어섰다.

공부하는 사람들이 명심해야 할 것이 있다. 바로 지식의 소유다. 뭔가 알아냈다는 생각, 나는 안다는 느낌을 조심해야 한다. 소유의 집착은 독점욕으로 이어지기 쉽다. 아는 것을 다른 사람과 나누면 손해 보는 것 같다. 너무 좋은 책을 만나면 나만 읽고 싶다는 생각이 든다. 다른 사람도 알게 될까 전전긍긍한다. 소유와 집착은 두려움에서 온다. 내가 가진 것을 잃으면, 내가 아는 것을 상대방도 안다면, '나는 아무것도 아닐 수 있다'라는 두려움이 그것이다.

지식의 독점을 통해 부유해지거나 멋지게 보일 수 있다는 것은 착각이다. 일시적으로 그럴 수는 있지만 그런 지식은 오래가지 못한다. 지식은 한번 모습을 드러내면 금세 퍼져나간다. 게다가 다른 사람이 알까 두려워 사용할 수 없는 지식이 무슨 소용이 있겠는가.

지두 크리슈나무르티(Jiddu Krishnamurti)의 말처럼 '두려움을 벗어던질 때 더 큰 생명력을 얻는다'. 지식은 소유되어서는 안 된다. 지식의 소유에 집착하면 더 많은 지식을 추구하게 된다. 끝없는 지식의 축적에 사로잡히고 만다. 결국 끝없는 지식에 지치게 될 것이고 권태의 시간이 찾아올 것이다. 그렇게 축적으로 시작된 공부가 권태와 공허로 끝나고 만다. 공부는 흘러넘쳐야 한다. 혼자의 것이 아닌 모두의 것이어야 한다. 그때 지식은 힘이 생긴다. 배움이 희열이 되고, 만남이 기쁨이 된다. 이런 삶은 활기가 있다. 지식이 순환하고 새로운 지식으로 재탄생한다. 차이의 반복적 생산이야말로 열린 지식이 나아갈 길이다.

지식은 살아 있어야 한다. 사유화된 지식은 죽은 지식이다. 아무런 생명력이 없다. 다른 사람의 마음을 흔들 수도, 가슴에 불을 지필 수도, 변화를 촉발할 수도 없다. 공부는 지식을 붙드는 것이 아니라 지식을 나누는 것이다. 참된 공부는 증여다. 증여는 또 다른 증여를 낳는다. 베풀수록 많이 돌아온다. 이것이 상생의 관계다. 지식 플랫폼, 창조의 장(場)이다.

우리는 합격자가 한 명뿐인 시험을 치르는 경쟁자가 아니다. 공유와 자극을 통해 개인의 힘을 넘어 상생을 추구하는 지식 생태계의 파트너다. 함께 알 때 배움의 희열은 배가 된다. 나의 깨달음을 공유할 수 있는 사람을 만난다는 것은 희열을 넘어 영향력을 낳는다.

이때 필요한 것이 공동체다. 함께 모여 지적 경계를 허물고 탈주와 횡단을 자극하는 플랫폼이 필요하다. 공부하는 사람에게 지적 플랫폼은 중요하다. 플랫폼은 내가 누구와 접속되어 있는가와 연관된다. 접속의 성격에 따라 얻을 수 있는 것이 달라진다. 내가 경험하는 사건은 나를 변화시킨다. 이것이 일상의 진실이다. 일상이 지루하고 권태롭다면 사건을 만나야 한다. 사건은 새로운 접속, 다양한 변이에서 온다.

혼자 책을 읽고 공부하는 시간도 필요하다. 자기만의 연구는 생각하는 힘을 길러주고 깊은 사유를 연습할 기회가 된다. 이런 노력이 없다면 스스로 생각하는 힘을 얻기 어렵다. 어려운 책도 어떻게든 이해하려고 시도해보고, 알고 있던 내용도 새로운 논리를 가져와 연결해봐야 한다. 그런 연후에는 자기 생각을 가져와 다른 사람과 함께 펼쳐보는 노력이 필요하다. 그래야 갇힌 생각을 깰 수 있다. 그때 기존의 지식에서 탈주하고 새로운 지식을 횡단할 수 있다.

공부 플랫폼의 조건

전국에 수많은 독서 모임이 있다. 학교 내 동아리부터 도서관, 직장, 불특정인들이 모이는 자발적인 모임까지 다양하다. 좋은 일이다. 그러나 독서 모임이 지적 성장을 끌어내는 훌륭한 플랫폼이 되려면 몇 가지 노력이 필요하다.

이 문제는 플랫폼의 성공 조건과 연관된다. 독서 모임이 성공하려면 참여자들에게 제공할 수 있는 매력적인 어떤 것이 필요하다. 그것은 지식일 수도 있고, 재미일 수도 있고, 관계일 수도 있다. 내가 참여하는 모임이 어떤 것을 제공해줄 수 있는지 알아야 한다. 여기서 핵심 콘텐츠가 필요하다. 다른 모임과는 다른 우리만의 독특하고 강력한 콘텐츠가 있을 때 모임의 매력은 커진다.

모임은 구성원들로 이루어져 있다. 그들은 각자 자신의 개성과 강점이 있다. 그 개성과 강점이 발휘될 수 있는 분위기를 만들어야 한다. 자기 분야의 전문성일 수도 있고, 인간적 친화력일 수도 있으며, 독특한 재능일 수도 있다. 각자의 재능이 발휘되면 상호작용이 활발해진다. 서로에게 자극을 주고 발전의 기대감으로 참여에 앞장선다. 플랫폼을 개선하고 성장시키기 시작하는 것이다. '얕은 지식 모임'이라는 이름의 플랫폼이 이런 모습을 잘 보여준다.

'얕은 지식 모임'은 친구들끼리 일주일에 한 번씩 모여 각자의 전문 분야나 관심사에 대해서 세미나를 하는 형식으로 시작했다. 장소는 친구가 하는 술집이고 주제는 자신이 잘하는, 잘 아는 것이면 뭐든 가능했다. 처음에는 수다 떨기 위해 모였는데 어차피 놀 거 뭐라도 해볼까 하는 마음이 생겼다. 모임의 주제는 '광고란 무엇인가?', '인테리어의 기초', '술의 종류 알아보기', '클래식 재미있게 듣기', '게임의 세계', '그리스 로마 신화' 등 사람만큼이나 다양했다. 세미나가 진행되면서 사람들의 사이가 돈독해지고 새로운 멤버들이 들어와 다양한 가능성이 생겨났다. 필요할 때 도움을 주고 직업적인 협업을 하기도 한다. 심지어 아나운서, 만화가, 요리사 등의 외부 인사들이 특강하겠다며 자처하는 일도 생겼다. 그들은 얕은 지식의 이름으로 모여 깊은 관계가 형성되고 안전망을 짜가고 있다.

"친구들은 사회적 정서적 안정망이다."
우리는 이 말을 자주 중얼거린다. 나는 고양이 두 마리를 키운다. 전혀 다른 시기에 전혀 다른 곳에서 데려온 두 녀석은 누가 가르쳐준 것도 아닌데 자기 혀가 안 닿는 뒤통수를 서로 핥아준다. 그래, 서로 손잡으면 조금은 더 살만해지는 것이다. 우리는 모두 연결되어 있다.
_김하나, 《내가 좋아하는 농담》

생태계에서 종(種)이 살아남을 수 있는 비결은 협업을 통한 상생이다. 인간은 협력을 통해 대를 이어 지구의 주인으로 살아왔다. 그릴 수 있었던 것은 혼자가 아닌 함께 생존하는 법을 터득했기 때문이다. 이기적 개인이 아닌 이타적 전체야말로 공생의 비밀이다. 안타깝게도 여전히 소유의 패러다임으로 살아가는 이들이 있다. 접속과 공유의 시대에 소유 지향적 사고는 고립과 다름없다. 혼자 살아가는 사자는 먹이를 잡기 어렵다. 상처 입고 낙오된 물소는 표범의 먹이가 된다. 생태계는 말해준다. 고립은 곧 죽음임을.

도서관의 변화

최근 도서관이 변하고 있다. 한때 도서관은 시험공부를 하는 독서실 기능에 충실했다. 이제 도서관은 독서실이 아닌 다양한 삶이 마주치고 시험되는 플랫폼의 모습으로 바뀌고 있다. 책을 읽고 빌리는 기능은 기본적인 기능이다. 여기에 강연 활동이 이루어지면서 작가와의 만남, 책을 읽고 토론할 기회, 영화 상영에서 캘리그라피까지 그야말로 다양한 문화 활동이 펼쳐지고 있다. 심지어 카페의 기능까지 더해져 복합 문화공간의 느낌을 준다. 이제 도서관은 책이 아니라 사람을 중심으로 움직인다.

도서관의 변화가 환영할만한 것은 지식의 양적 증대라는 목표를 버리고 지식 생태계를 창조하고 있기 때문이다. 참여자가 늘어나고, 참여 방식이 다양해짐은 물론 쌍방향 소통까지 가능해지는 추세다. 이용자들의 요구가 늘어나는 것은 이런 경향을 잘 보여준다. 아직 가야 할 길은 멀다. 지식의 축적이라는 과거의 패러다임을 버리지 못한 관리자들이 많고, 도서관을 특정 용도로 통제하려는 분위기 또한 존재한다. 이런 경향은 분출되는 요구를 견디기 어려워하는 거부심리에 기인한다. 도서관이 플랫폼으로서 기능을 다 하려면 관리자들의 마인드 변화가 시급하다.

인터넷의 급속한 성장은 가상세계에 대한 환상을 유도한다. 인스타그램과 페이스북 같은 SNS의 발달은 자신이 누구인지를 드러내는 방식의 변화를 가져왔다. 우리는 실제의 내가 아닌 이미지 속의 나, SNS 속의 나가 진짜인 것 같은 착각에 빠진다. 이제 나는 중요하지 않다. 이미지 속의 나, 가상세계의 나가 중요하다. 명품을 걸치고, 고급 승용차를 타고, 인생의 낭만을 즐기는 이미지의 세계에 사는 나는 실제의 나와 별도로 존재한다. 이미지는 독립적이고 그래서 실제적이다. 하이퍼 리얼리티다.

우리는 이제 제품을 소비하지 않는다. 제품은 나를 창조한다. 내가 어떤 제품을 사용하느냐가 나를 말해준다. 브랜드의 이미지를 구매하고 그것을 통해 새로운 나를 만든다. 하이퍼 리얼리티의 시대는 정체성의 혼란을 가져올 수 있다. 실제의 나와 이미지 속의 나를 통합하는 작업은 쉽지 않다. 진짜 나를 빼앗기고 이미지의 나로 살아가는 이상한 일이 벌어질 수도 있다. 이런 상황에서 공부는 진짜 자기를 찾는 중요한 도구다. 공부의 본질은 자기성찰이다. 성찰은 자신이 누구인지, 어떤 존재인지를 발견하는 데 도움을 준다. 또한 정체성을 갖게 하고 어떤 삶을 사는 것이 바람직한지 알려준다.

오프라인 플랫폼에서는 함께 모여 실제 다른 사람과 이야기를 나눌 수 있다. SNS의 이미지를 버리고 있는 그대로의 나를 드러낼 기회다. 그럴듯하게 포장할 필요 없이 편하게 생각을 이야기할 수 있는 공간이다. 인간은 시간과 공간을 배경으로 살아간다. 특정한 시간과 특정한 장소에 던져진 '세계-내-존재'다. 고정된 정체성을 가진 존재가 아니라 무정형적이고 유동적인 존재다. 인간은 세계 속에서 다른 존재들과 관계하며 자신을 형성한다. 인간은 무엇인가를 이용하고, 만들고, 탐색하고, 토론하고, 논다. 이것은 인간이 다른 존재들과 관계하는 방식이다. 결국 다른 존재들과 어떻게 관계 맺고 있느냐가 나를 결정한다. 내가 연결된 플랫폼이 나를 만든다.

내 삶의 플랫폼

이제 나만의 플랫폼을 가져볼 때다. 지식공동체도 좋고, 독서 모임도 좋고, 도서관도 좋다. 자신이 실천적으로 참여하고 협력을 통해 상생할 수 있으면 된다. 참여가 즐겁고 활동에 자극을 받는 모임이라면 더욱 좋겠다. 그러다 보면 뭔가 기여할 수 있는 순간이 올 것이다.

온라인 플랫폼도 필요하다. 카카오의 블로그 서비스인 브런치 (Brunch)를 활용하는 것도 좋다. 브런치에서는 자신이 쓴 글을 다른 사람과 공유하고 평가받으며 작가 수업에 동참할 수 있다. 블로그 활동도 도움이 된다. 일상의 경험이나 관심 있는 주제들을 묶어 소통하는 블로그는 오랫동안 인기를 끌어왔다. 중요한 것은 개방적 적극성과 꾸준함이다. 일시적으로 시작했다 그만두는 활동으로는 제대로 된 플랫폼의 이점을 얻을 수 없다.

유튜브는 누구나 쉽게 참여할 수 있는 플랫폼이다. 전문가에서 초등학생까지 쉽게 계정을 만들고 자신만의 영상을 업로드할 수 있다. 어떤 활동을 할 것인가는 내가 무엇을 할 수 있는지 살펴보면 쉽게 답이 나온다. 내가 가장 잘 알고 잘할 수 있는 콘텐츠를 만들면 된다. 수백만 명이 접속하는 인기 콘텐츠도 처음엔 사소한 것으로 시작되었다. 강아지의 일상을 올려 인기를 누리는 유튜버들은 사랑하는 반려동물의 모습을 간직하기 위해서 유튜브를 시작한 경우가 많다. 패션이나 먹방 채널도 마찬가지다. 시작은 내가 잘하는 사소한 것이었다. 답은 자신에게 있다.

함께 공부할 수 있는 사람들을 모아보자. 마음이 맞는 사람들이 있을 것이다. 함께 모여 책을 읽고 일상을 나누고 글을 쓰다 보면 새로운 일들이 생긴다. 플랫폼은 각자가 모여 함께 상생을 추구하는 즐거운 공간이자 가능성의 장이다. 상호 협력과 상생이라는 큰 철학만 공유할 수 있다면 각자의 삶을 비옥하게 함은 물론 그 플랫폼은 앎의 충만으로 넘치는 행복한 공간이 될 것이다.

|

새로운 독서,
디지털 리터러시가 필요하다

|

무용지식의 시대

오늘날의 업무 관련 지식은 너무 빨리 변하기 때문에 새로운 지
식을 더 많이 배워야 한다. 학습은 끊임없이 계속되는 연속 과정
이다. 우리는 그 모든 것을 충분히 빨리 배울 수 없다. 앞으로 우
리의 생각 중 어느 부분이 어리석다고 해서 부끄러워할 필요가
없다. 우리만 어리석은 지식을 가지고 있는 것이 아니기 때문이
다. 모든 지식에는 한정된 수명이 있게 마련이다. 어느 시점이 되
면 지식은 더는 지식이 아닌 것이 되어 무용지식이 될 수도 있다.
_앨빈 토플러,《부의 미래》

서울과 지역의 의료격차가 심각하다. 어제의 의료기술이 오늘은 무용한 것이 된다. 새로운 의료지식과 기술, 치료기기가 쏟아진다. 먼 지역에서 KTX를 타고 서울 소재 병원으로 다니는 이유는 무용한 의료지식의 피해자가 되고 싶지 않기 때문이다. 은행권에서 판매하는 펀드 상품의 수명은 불과 몇 달이다. 수익률이 높은 펀드를 홍보하고 가입을 권유하지만 급변하는 경제 상황은 펀드 매니저들의 손아귀에서 쉽게 벗어난다. 어제까지 효과적이던 기업의 홍보전략이 오늘은 전혀 효과가 없다. 뛰어난 홍보전략가라도 자신의 지식을 자랑할 수 없는 처지가 되었다.《좋은 기업을 넘어 위대한 기업으로》에서 '위대한 기업의 조건'을 이야기했던 경영 컨설턴트 짐 콜린스(Jim Collins)는 불과 10년도 지나지 않아《위대한 기업은 다 어디로 갔을까》를 묻는 책을 써야 했다. 지식의 급격한 붕괴, 이것이 지금 우리가 겪고 있는 세계의 현실이다.

결과적으로 지식 경제 전문가 중 소수만이 '변화의 가속화에 따라 무용지식의 축성 속도도 그만큼 빨라진다'라는 무용지식의 법칙에 대해 생각했다. 우리는 과거의 조상들이 느리게 변하는 사회에서 가졌던 부담보다 훨씬 더 큰 무용지식이라는 부담을 안고 가야 한다. 지금 현재 우리가 소중히 여기는 아이디어도 후세대에는 웃음거리가 될 수 있다.
_앨빈 토플러,《부의 미래》

노자는 '한계가 있는 삶으로 한계가 없는 앎을 추구하는 것은 위험하다'라는 말로 지식의 위험을 경고한다. 공부가 쏟아지는 지식을 따라갈 수 없는 시대가 된 지금, 노자의 말이 더욱 사무친다. 인공지능 시대에는 어떤 일이 벌어질까. 그동안 인간이 만들어온 대부분의 지식이 아무런 가치도 없는 무용지식의 시대가 될 것이다.

독서교육의 현재

한국에서는 원전을 읽으면 안 돼요. 요약본이나 발췌본을 읽고 빨리 줄거리를 파악해서 글자 수에 맞춰 짜깁기한 글을 독서록에 써서 생기부에 올리는 것이 독서의 목적이에요.

_이혜정 외,《IB를 말한다》

한국의 청소년들은 원전을 읽지 않는다. 요약본을 찾아내서 필요한 정보를 빨리 뽑아낼 뿐이다. 가능한 많은 책을 그렇게 생기부에 올리고 수행평가에 임한다. 중학생, 고등학생, 대학생의 모습이 이와 같다. 읽기 괴롭기만 한 원전을 왜 읽겠는가. 재미도 없고 시간도 없다.

학교와 부모는 독서를 권한다. 그들은 최소한 독서가 좋다는 것은 안다. 몇몇 어른들은 직접 읽어 모범을 보이기도 한다. 그러나 학교의 현실은 아이들에게 책에 투자하는 시간과 노력을 허용하지 않는다. 책을 읽는 대신 내신 성적을 올리는 것이 대학입시에 훨씬 유리하다. 책은 읽은 것처럼 꾸미면 된다.

이제 우리의 독서교육을 재점검해야 할 때다. 교육제도와 분위기 개선이 시급하다. 그와 함께 독서에 대한 우리의 기본적인 생각을 바꿔야 한다. 아이들에게 무용지식을 주입하며 미래의 인재가 될 것이라는 환상을 버려야 한다. 교육체계를 따라가기만 하면 된다는 무관심에서 벗어나야 한다. 아이들에게는 제대로 된 독서교육이 필요하다.

"조르바는 미친 사람이에요. 어떻게 토할 때까지 먹어요?"라고 말하는 아이는 《그리스인 조르바》를 직접 읽어본 아이다. 《달과 6펜스》를 읽고 "주인공 찰스 스트릭랜드는 이기적인 사람이에요. 어떻게 가족을 다 버리고 혼자 좋아하는 일을 하겠다고 집을 나갈 수가 있나요?"라고 외치는 아이는 자기 생각으로 독서를 해본 아이다. 인터넷 블로그에서 하나 같이 조르바를 칭송하고, 찰스 스트릭랜드에게 박수를 보내는 분위기를 무시하고 자기 생각을 말할 수 있다면 제대로 읽은 것이다. 이런 아이들은 책에 관해서 이야기할 준비가 되어 있다. 흔하지는 않지만 이런 아이들이 있다. 우리에게 희망이 있다는 증거다.

디지털 리터러시

4차 산업혁명의 분위기가 몰아치면서 독서

교육과 함께 디지털 리터러시의 문제가 대두되고 있다. 글을 읽고 이해할 수 있는 능력을 리터러시(literacy)라고 한다. 우리말로 문해력이다. 리터러시가 없거나 부족하면 글을 이해하는 힘이 약해지고 글을 써도 다른 사람과 소통이 어려운 이야기만 쏟아낼 수 있다.

디지털 리터러시는 디지털 기계를 통해 정보를 얻고 이해하며 사용할 수 있는 능력을 일컫는다. 이는 인터넷 정보를 찾아내고 평가하고 공유하며 새롭게 만들어내는 능력이다. 우리는 스마트폰과 인터넷 등 다양한 디지털 기계에 의존하고 있다. 그곳에서 얻은 정보로 세상을 이해하고 지식을 활용하며 수없이 많은 의사전달을 수행한다. 디지털 기기들은 우리의 두뇌 활동을 돕는 정도를 넘어 두뇌의 구조까지 바꿀 만큼 삶에 깊이 침투하고 있다. 머지않아 스마트폰이 새로운 두뇌로 기능하게 될지도 모른다.

혹자는 스마트폰과 인터넷 도구들을 잘 사용하고 있다고 말할지도 모르겠다. 과연 그럴까? 잘못된 정보를 그대로 받아들여 피해를 본 적은 없는가? 편향적인 기사들만 습득해서 생각이 고착되어 버린 사람을 만난 적은 없는가? 다양한 정보들을 습득하였으나 어떤 것이 중요한지 가려내지 못하는 사람들이 주변에 있지 않은가? 이런 사람들의 공통점은 디지털 기기들의 구성과 운영 원리에 대한 이해가 부족하다는 것이다.

디지털 리터러시가 부족하면 구글에서 검색한 것이 정확한지, 어떤 과정을 거쳐 나온 결과인지, 결과가 우리에게 미치는 영향은 어떤 것인지 등을 파악하는 데 어려움을 겪을 수 있다. 거짓 정보나 잘

못된 기술, 편향적이고 자극적인 이념에 노출, 특정인에 대한 비하와 공격 등의 문제에 직면하는 것이다. 디지털 리터러시가 없는 이들은 무용지식, 아니 해로운 지식에 물들기 쉽다.

인공지능 시대의 중요한 문제 중 하나가 디지털 리터러시의 불균형이다. 디지털 리터러시를 갖춘 사람과 그렇지 못한 사람은 삶의 질이 크게 달라질 것이다. 필요한 자료를 검색하고 찾아서 활용하는 단순한 능력만으로도 업무의 질을 개선할 수 있다. 그런데 이런 단순한 능력도 갖추지 못한 사람이 의외로 많다. 미래는 이런 격차가 훨씬 크게 벌어질 것이다. 디지털 기계의 운영 원리와 지식의 질을 판단하는 능력이 인공지능 시대에는 핵심 능력이 될 것이기 때문이다. 과거처럼 필요한 지식을 얻기 위해 대학에 입학하거나 도서관에서 필요한 도서들을 이리저리 찾아다니는 시대가 아니다. 이제는 대학에 입학하지 않고도 모바일을 통해 필요한 논문에 접근하고 필요한 내용을 공유하면서 토론하는 것은 물론 새로운 지식으로 가공하여 재공유할 수 있다.

이 문제는 하이퍼텍스트의 문제와도 관련이 있다.

> 책이 단선적이고 경계선이 분명하고 고정되어 있다면, 하이퍼텍스트는 연결 지향적이며 원리적으로는 딱히 경계선을 정할 수가 없다. 책은 배타적인 성격을 갖고 독립된 형식으로 존재한다. 하이퍼텍스트는 배타성을 거부하며 관계를 좇는다. 요컨대 책에는 시작이 있고 끝이 있다. 책은 완전하다. 하이퍼텍스트는 시작

과 끝이 분명하지 않다. 관련된 자료들을 사용자가 연결 짓기 시작하는 출발점이 있을 뿐이다. 하이퍼텍스트는 부단히 변신한다. 하이퍼텍스트는 완성이라는 것을 모른다. 책은 결과지만 하이퍼텍스트는 과정이다. 책은 오래도록 소유하는 것이지만 하이퍼텍스트는 순간순간 접속하는 것이 제격이다.

_제러미 리프킨,《소유의 종말》

하이퍼텍스트는 책처럼 고정되고 선형적인 텍스트가 아니라 가상의 공간에서 하이퍼링크와 하이퍼텍스트를 통해서 연결되는 텍스트를 의미한다. 책은 1페이지를 읽고 2페이지를 읽는 순이지만 하이퍼텍스트는 하나의 문장 혹은 문서에서 전혀 새로운 문장이나 문서로 옮겨갈 수 있다. 게다가 책은 종이라는 형식에 붙들려 있지만, 하이퍼텍스트는 물리적 환경에서 자유롭다. 검색은 하이퍼텍스트가 책과 어떻게 다른지를 보여주는 좋은 예다. 무질서하게 흩어진 정보들을 이해하고 연결하려면 책을 읽는 것과는 다른 능력이 필요하다. 이것이 디지털 리터러시와 하이퍼텍스트의 문제다. 최근에는 하이퍼이미지의 문제도 대두되고 있다.

정보와 지식을 다룰 수 있는 능력의 차이가 가져올 수 있는 결과는 생각보다 거대할 것이다. 이미 우리 사회는 규모의 경제에서 속도의 경제로 패러다임이 바뀌었다. 속도의 경제에서는 시장에 신제품을 먼저 내놓는 쪽이 훨씬 유리하다. 스마트폰을 먼저 내놓은 애플과 뒤늦게 시작한 노키아를 보라. 시장을 선점한 제품은 고객들에게 깊은 첫인상을 남길 뿐만 아니라 자신의 수명도 늘릴 수 있다. 디지털 정보와 지식을 재빨리 습득하고 활용할 수 있는 사람은 그렇지 못한 사람들에 비해 속도 면에서 훨씬 유리한 고지를 점령할 것이고, 두 계층 간의 격차는 새로운 지배 관계 이상의 것이 될 것이다.

디지털 리터러시를 갖추려면 어떻게 해야 할까? 일단 디지털 기기의 사용 경험이 풍부해야 한다. 인간은 경험으로 배운다. 최근의 디지털 기기들은 매뉴얼이 필요 없을 정도로 사용자 친화적이다. 감각적으로 사용법을 익힐 수 있으므로 쉽게 접근할 수 있다. 문제는 접근은 쉽지만 정보를 찾고 이용하는 과정에서 엄청난 차이가 발생한다는 것이다. 유튜브는 맥락이 없는 플랫폼이다. 여기에서 무엇을 보고 느낄지는 각자의 선택에 달려 있다. 매일 같은 앱만 사용하는 사람과 다양한 앱을 통해 여러 정보를 취득하고 종합하여 다루는 사람은 차이가 날 수밖에 없다.

디바이스 사용 경험만으로는 부족하다. 어쩌면 이것이 더 중요할 수도 있는데 디지털 기기가 자신을 조정하는 것이 아니라 자신이 필요한 정보와 지식을 선택할 수 있는 주도성을 확보해야 한다. 어디에 접속할 것인지, 어떤 정보와 지식을 취할 것인지를 스스로 결정하는 힘이 필요하다. 이럴 때 중요해지는 것이 자기 정체성이다. 나는 어떤 사람이고 무엇을 좋아하고 어떤 정보를 취할 것인지를 결정하는 것, 자기 정체성은 이런 역할을 수행하는 기준이 된다.

어디에 접속할 것인가

우리는 초연결사회로 나아가고 있다. 미래는 사람과 사람이 연결되는 것은 물론 사람과 기계, 기계와 기계 또한 연결되는 거대한 네트워크 사회가 될 것이다. 이런 징조는 사물인터넷(internet of things, IOT) 혹은 만물 인터넷(internet of everything, IOE)을 통해 이미 우리 생활을 점령하고 있다. 자동차를 타고 여행하면서 집안의 보일러를 작동시키고, 세탁기를 돌리며, 원격으로 문을 열어주는 기능들은 이미 상용화되었다. 지금은 사물인터넷을 통해 연결할 수 있는 사물이 1퍼센트에 불과하지만, 초연결사회는 100퍼센트 사물과 연결하는 것이 목표다. 4차 산업혁명의 핵심은 접속, 연결에 있다.

이런 초연결사회는 편의성을 높여 인간의 삶의 질에 긍정적으로 기능할 것이다. 그와 함께 그 편의를 누리지 못하는 사람들의 상대적 박탈감도 늘어날 것이 분명하다. 문제는 무엇에 접속할 것인가가 중요해졌다는 것이다. 정보의 소비자가 될 것인가, 지식의 생산자가 될 것인가는 디지털 리터러시 능력을 갖추고 있는가와 함께 내가 무엇과 연결되어 있느냐가 결정한다. '어디에 연결되느냐'는 그 사람의 정체성, 주도성과 관련이 깊고 무엇을 얻을 수 있느냐를 결정하는 핵심이기도 하다.

제러미 리프킨이 예언했듯이 '접속의 시대는 상거래와 정치 참여의 방식은 물론 의식의 가장 깊은 차원에서 우리가 스스로를 바라보는 관점의 변화'를 가져올 것이다. 우리가 어디에 접속해 있는가에 따라 얻을 수 있는 정보와 지식의 내용과 질이 결정될 것이고, 그것은 우리의 사유와 생활 방식에 영향을 미칠 것이다. 과거 어떤 사람과 만나느냐가 중요했다면 미래는 어디에 접속되었느냐가 중요하다.

이런 현상은 이미 드러나고 있다. 누구나 접속하는 포털사이트에서, 누구나 보는 기사를 보고, 누구나 사용하는 검색어를 쓴다면 그는 무용지식을 축적하고 있을 가능성이 크다. 디지털 리터러시를 가진 사람은 자기만의 지식을 얻는 일종의 루트를 여러 개 가지고 있다. 찾기 쉽지 않은 논문을 무료로 열람할 수 있는 사이트를 알거나, 지적 자극을 불러오는 블로그와 친구를 맺고 있거나, 좋아하는 책의 저자와 이메일을 주고받을 수 있는 경우가 그렇다.

접속의 문제는 독서와도 관련된다. 무엇을 읽을 것인가? 이 문제는 중요하다. 삶의 중요한 문제에 대해 깨달은 사람의 사유를 들여다보는 것은 영혼에 자극을 주고 삶의 길을 어떻게 펼쳐나가야 할지 감을 잡게 한다. 일회성의 잡다한 정보를 제공하는 책과 삶의 깊은 통찰을 다룬 고전은 하늘과 땅 차이의 결과를 낳는다. 내가 읽은 책이 무엇이냐가 내가 어떤 사람인지를 보여준다는 말은 이런 의미다.

접속의 양상은 양적인 정보와 지식을 축적하기만 하는 집단과 정보와 지식을 모아 새로운 결과로 창출하는 집단의 차이로 나타난다. 처음은 작은 루트의 차이지만 지식이 확장되고 새로운 네트워크로 연결되면서, 그 차이는 추월할 수 없는 것이 되어버린다. 책을 한 권 읽은 사람과 열 권 읽은 사람은 차이가 없지만 십 년 동안 읽은 사람의 경우는 문제가 다르다. 무엇을 읽고 배우고 느끼느냐에 따라 변하는 것이 사람이다. 그 사람이 가진 정보의 질적 차이가 유리한 고지를 점령하게 한다. 고지를 점령한 자와 그렇지 못한 자의 격차는 우리가 상상할 수 없는 초격차로 드러날 것이다.

지혜의 탄생

'천국이 있다면 그곳은 도서관일 것'이라는 보르헤스의 말은 사실일까? 우리에게는 아닐지 모른다. 하지만 어떤 이에게는 정말 그렇다. 그 어떤 이 중 한 명이 마르크스다.

마르크스는 도서관의 남자였다. 그의 도서관은 대영박물관, 그곳에서 아침 9시부터 저녁 7시까지 하루 열 시간 동안 같은 자리에 앉아 책을 읽었다. 그렇게 읽은 시간이 30년이 넘는다. 우리는 마르크스를 사회주의 혁명가로 기억한다. 그러나 그는 혁명가 이전에 신혼여행지에 40권이 넘는 책을 들고 간 독서가였다. 그에게 책은 세상의 진실을 발견하는 통로였고, 세상을 변화시킬 수 있는 힘이 담긴 마법 상자였다.

대영박물관에서 마르크스는 윌리엄 셰익스피어(William Shakespeare)를 읽었다. 셰익스피어는 발자크와 함께 그가 평생 좋아했던 작가 중 한 명이다. 문학을 사랑한 혁명가는 문학 외에도 경제학, 철학을 섭렵했다. 세상의 모든 책을 읽을 기세였다. 《공산당 선언》과 《자본》은 엄청난 독서의 산물이었다. 마르크스에게 도서관은 천국이었을 것이다.

독서의 힘은 어디에서 나오는가? 그것은 몰입에서 온다. 몰입은 지식을 비판적으로 이해하고 확장하며 새롭게 창조하는 원천이다. 몰입에 빠진 사람은 복잡한 지식 회로를 만들고 끊임없이 다른 지식과의 결합을 시도한다. 그 속에서 자신만의 사유를 시도하고 좌절하며 지혜에 도달한다. 정보와 지식은 지혜의 싹이다. 그것은 외부에서 오는데 바로 책과 인터넷이다. 반면 지혜는 내면에 있다. 우리의 영혼이다.

디지털 리터러시를 위해서도 독서는 중요하다. 디지털 리터러시는 단순히 디지털 기기의 원리를 알고 필요한 접속을 유지하는 것으로 확보할 수 없다. 여기에 정보와 지식을 보는 눈, 지혜가 필요하다. 창의력과 통찰력은 지식이 많다고 생기는 것이 아니다. 그것은 지식을 효과적으로 사용할 줄 아는 데서 온다. 좋은 지식과 접속해 있으면서도 지식을 알아보지 못하고 사용할 수 없다면 아무 소용없다. 지식을 다룰 수 있는 힘, 그것은 독서를 통해 얻을 수 있다. 디지털 리터러시는 정보를 얻고 재창조하는 능력만을 말하는 것이 아니다. 그것은 중요한 태도를 포함한다. 정보에 접근하는 도덕성, 타인의 지식을 공유하고 토론할 때 필요한 인성, 지식을 돌아보고 비판하는 자기성찰이 그것이다. 이런 태도는 책을 읽고 공유하며 토론하는 경험을 통해 만들어진다. 어떤 것이 불법 행위가 되는지, 어떤 말이 상대방의 마음에 상처를 입히는지 배울 수 있는 것이 독서 토론이다.

희열의 경험은 사람을 움직이는 엄청난 힘으로 이어진다. 훌륭한 독서가는 몰입을 통해 희열을 맛보는 사람이다. 그는 희열을 통해 자기 내면의 변화를 감지한다. 그 과정을 이해하면 마음을 움직이는 감동적인 말과 글이 어떤 것인지도 알 수 있다. 이런 몰입과 희열의 경험이 지혜와 함께 사람을 움직이는 힘을 낳는다.

천국의 학교

　　　　　　대한민국 공부에서 진리가 있다면 오직 하나, 교과서다. 모든 학생이 교과서를 목숨처럼 소중히 여기고 외운다. 외우는 곳은 학교와 독서실이다. 배우고 책을 읽어야 할 곳에서 외우기에 여념이 없다. 우리 교육의 현실을 여기서 알 수 있다. 교과서는 진리의 경전이고 암기는 최고의 공부법이다. 이런 교육에서 어떤 미래를 기대할 수 있을까?

　독서교육의 가장 큰 문제가 여기 있다. 비판력을 기를 수 없다는 것이다. 교과서를 읽고 정답을 찾아내는 방식으로 비판력을 얻을 수는 없다. 비판력은 질문하는 힘에서 온다. '이것이 맞을까?', '꼭 그래야만 하는 것일까?', '다른 방법은 없을까?' 이런 질문에서 비판은 시작된다. 비판의 힘은 생각의 확장으로 이어진다. 생각의 확장은 자기 생각의 탄생을 낳는다. 결국 자기만의 생각이 있는 사람이 되려면 질문할 기회가 허용되어야 하고 또한 장려되어야 한다.

　이때 교사의 역할이 중요하다. 책을 좋아하는 사람들은 대부분 누군가에게 영향을 받았다고 한다. 좋아 보이는 이가 있어서 말을 건네고 친해졌더니 책을 읽더라는 것이다. 그를 따라서 읽다 보니 자신도 독서가가 되었다는 이야기다. 아이들도 마찬가지다. 교사는 아이들에게 절대적인 영향력을 미칠 수 있다. 한마디 한마디가 아이들의 가슴을 두드린다. 청소년 시절 수업시간을 떠올려보면 알 수 있다. 수업을 잘하는 선생님보다 책 이야기, 인생 이야기를 들려주셨던 분들이 더 오래 기억에 남는다. 심지어 선생님이 좋아 추천한 책을 읽다가 독서가가 되고 학자가 된 사람들도 많다.

그러자면 교사의 자율성이 확보되어야 한다. 불필요한 행정 업무를 없애고 수업에 집중할 수 있도록 여유를 주어야 한다. 교사는 아이들의 눈을 보는 사람이다. 컴퓨터에 더 많은 시간을 보내는 것은 행정가지 교사가 아니다. 교과서 중심의 교육도 해체되어야 한다. 교과서가 다양해진다고 해서 부모들이 걱정하는 것만큼 공부의 효율이 사라지는 것은 아니다. 오히려 교과서 중심의 공부가 미래 인재에게 필요한 공부를 죽인다. 객관식 문제를 맞히는 쓸모없는 공부를 하면서 효율을 따진다는 것은 이치에 맞지 않는 일이다.

교사는 대한민국 최고의 인재들이 모인 집단이다. 타고난 재능으로 독서를 가르친다면 아이들에게 놀라운 경험을 제공할 수 있다. 자신이 감동한 책을 소개하고 함께 읽고 토론하는 분위기는 아이들에게 생각의 날개를 달아줄 것이다. 이런 자극은 자발적으로 책을 고르는 아이를 양산할 것이고 교실은 책 이야기로 넘쳐날 것이다. 학교 가기 싫어하는 아이들이 줄어들 것이고, 수업이 즐겁다는 아이가 늘어날 것이다. 수업은 엎드려 자는 시간이 아니라 생각하고 자극받고 하고 싶은 것을 발견하는 창의의 공간이 되어 아이들의 사유에 날개를 달아줄 것이다. 그럴 때 마르크스만이 아니라 우리 아이들에게도 학교와 도서관은 천국이 될 수 있다. 그 과정에서 디지털 리터러시를 위한 독서력은 자연스럽게 획득될 것이다.

|

창의성,
어떻게 키울 것인가

|

창의성이 필요한 이유

캘리포니아 옥스나드에 사무실을 여는 스페인 회사 애그로봇
(agrobot)은 딸기를 수확하는 상업용 로봇을 생산한다. 애그로봇
에서 직원을 모집한다는 반가운 소식이 있지만, 공학 학위가 있
어야 지원이 가능하다. 《LA 타임스》에서는 기획 기사로 캘리포
니아 산타 마리아 딸기 농장에서 힘겹게 일하는 멕시코계 이민자
들의 생활을 그렸는데, 그 기사에 소개되었던 31세 멕시코계 이
민자 엘비아 로페즈에게는 그 소식이 전혀 도움이 못 될 것이다.
_제리 카플란(Jerry Kaplan), 《인간은 필요 없다》

제리 카플란의 지적처럼 노동의 미래는 무척 불투명하고 대다수 인간에게 기회보다 위기가 될 가능성이 크다. 로봇이 딸기를 수확하면 노동자는 일자리를 잃는다. 로봇을 제작하는 회사는 돈을 벌겠지만 그곳에서 일하는 사람들에게 공학 학위는 필수가 되었다. 단순 노동의 영역이 사라짐은 물론 전문분야에서도 특수한 사람들만 살아남을 것이 분명하다.

미래사회의 특징은 역사상 그 어느 시기보다 불확실성이 크다는 것이다. 인공지능 시대라고는 하지만 그 시대가 어떻게 펼쳐질지 정확하게 예측할 수 있는 사람은 없다. 이런 불확실성의 시대를 살아가기 위해서 필요한 것이 창의성이다. 수많은 교육 전문가가 미래 인재의 조건으로 창의성을 꼽는 이유가 여기에 있다.

지식과 기술, 연결이 폭발적으로 증가하는 시대에는 예측할 수 없는 일들이 수없이 일어날 것이다. 이 문제의 대안을 우리는 가지고 있지 않다. 문제가 많을수록 문제를 해결할 수 있는 전문가들이 필요하다. 전문가들은 기존의 문제와 지식에서 아이디어를 얻고 그에 착안해서 문제를 풀 수 있는 창의적인 사람들이다.

우리는 점점 생각할 필요가 없는 시대로 접어들고 있다. 아마존에서 상품을 검색했다가 페이스북이나 인스타그램에 접속하면 검색한 상품과 관련된 광고를 만난다. 인공지능 알고리즘이 검색한 상품과 유사한 상품을 발견할 수 있도록 다양한 루트를 통해 정보를 제공하기 때문이다. 뿐만 아니라 인공지능은 나의 취향에 맞춰 좋아하는 연예인의 소식을 보여주고, 관심 분야의 주식 정보를 제공하며, 가까운 친구들이 어떤 활동을 했는지 알려준다. 조만간 내가 어떻게 생각해야 하는지도 알려줄 기세다. 인공지능은 인간이 생각할 필요가 없도록 하루를 설계하고, 욕망을 디자인하도록 진화하고 있다. 묻기도 전에 나에게 필요한 것을 찾아 눈앞에 가져다 놓을지도 모른다. 생각할 필요가 없는 시대, 그런 시대는 창의적으로 생각하는 인간이 줄어들 수밖에 없다. 창의적인 사람이 줄어들 것이기 때문에 창의성은 더욱 중요해진다.

창의성 길들이기

창의성이 중요하다는 것은 누구나 안다. 문제는 창의성을 어떻게 키울 수 있느냐 하는 것이다.

방법 1. 관찰하고 분석한다

더 높은 수준의 창의성에 도달하기 위해서 아이도 성인도 기술이나 기교를 완벽하게 마스터해야 하며 일반적으로 그 분야의 지식을 가지고 있어야 한다.
_로베르타 골린코프(Roberta Golinkoff)·캐시 허시-파섹(Kathy Hirsh-Pasek), 《최고의 교육》

창의성은 한 영역의 지식을 전제로 한다. 그 영역은 오래전부터 인간이 문명을 통해서 일구어놓은 성과를 담고 있다. 어느 영역에서 창의성을 발휘하려면 그 영역을 탐색하고 연구하여 꿰뚫고 있어야 한다. 이름하여 전문성이다. "음악은 우리에게 '그냥 듣는 것'과 '주의 깊게 듣는 것'을 구분하도록 한다"라는 이고르 스트라빈스키(Igor Stravinsky)의 말처럼 분야 전문가들은 오랜 관찰과 연구를 통해 분야의 핵심을 제대로 파악하고 있다.

> 모든 지식은 관찰에서 시작된다. 관찰은 수동적으로 보는 행위와 다르다. 예리한 관찰자들은 모든 종류의 감각 정보를 활용하며, 위대한 통찰은 '세속적인 것의 장엄함', 즉 모든 사물에 깃들어 있는 매우 놀랍고도 의미심장한 아름다움을 감지하는 능력에 달려 있다.
>
> _로버트 루트번스타인(Robert Root-Bernstein)·미셸 루트번스타인(Michele Root-Bernstein), 《생각의 탄생》

《생각의 탄생》의 저자들은 창의적 생각을 낳는 다양한 요소 중 하나로 관찰을 제시한다. 관찰은 사물의 구조를 발견하고 숨겨진 시스템을 찾아내는 중요한 원천이다. 훌륭한 연주가들의 손놀림을 잘 관찰하는 것만으로도 연주 기법을 알아낼 수 있고, 시계의 내부 구조를 살펴보는 것만으로도 명품 시계의 메커니즘을 알 수 있으며, 창의적인 발명가의 행동 방식을 분석하는 것만으로도 발명의 기법을 찾아낼 수 있다. 자기 분야의 전문가들은 세상을 관찰하고 흐름을 분석하여 문제의 핵심을 찾아내는 데 많은 시간을 보낸다. 이들이 오랫동안 자기 분야에 천착할 수 있는 이유는 강렬할 호기심을 가졌기 때문이다. 그런 점에서 호기심은 전문성을 키우고 창의성을 계발하는 중요한 자원이며, 아이들을 위한 교육에서 필수적으로 장려하고 보호해야 할 대상이다.

오랫동안 자기 분야에 천착한 결과, 얻는 것은 무엇일까? 그것은 그 분야가 움직이는 방식에 대한 이해다. 전문가들은 자기 일이 어떤 흐름으로 움직이는지 그 메커니즘을 정확히 안다. 메커니즘에 의해 문제는 예측되고 분석되고 해결된다. 그들은 대부분 전문가이면서 동시에 편집광이고 분석광이다. 정민 교수는 조선 시대 최고의 편집광이라고 할 수 있는 정약용 선생의 말을 인용한다.

그저 읽기만 하면 비록 하루에 천 번 백 번을 읽는다고 해도 안 읽은 것과 같다. 무릇 독서란 매번 한 글자라도 뜻이 분명치 않은 곳과 만나면 모름지기 널리 고증하고 자세히 살펴 그 근원을 얻어야 한다. 그리고 나서 차례차례 설명하여 글로 짓는 것을 날마다 일과로 삼아라. 이렇게 하면 한 종류의 책을 읽어도 곁으로 백 종류의 책을 함께 들여다보게 될 뿐 아니라, 본래 읽던 책의 의미도 분명하게 꿰뚫어 알 수가 있으니 이 점을 알아두지 않으면 안 된다.

_정민,《다산선생 지식경영법》

다산선생은 대충 넘어가지 말고 뿌리가 보일 때까지 끝을 볼 것을 강조한다. 이런 방법은 하나를 제대로 함으로써 다른 것도 유추하여 아는 힘을 준다. 하나를 정확히 알면 다른 것들도 알 수 있다는 일이관지(一以貫之)다. 그 과정에서 방증이 될만한 자료들을 수집하고 메모하는 것은 필수적이다. 그러다 보면 그 분야가 훤히 보이고 중요한 문제에 대해 알게 되면서 문제의식이 생긴다. 무엇을 연구해야 하는지 감이 잡히는 것이다.

그 과정에서 지식을 분류하고 꿰는 작업은 필수적이다. 공부는 갈래를 잡을 수 있을 때 정리된다. 복잡한 지식이 갈래가 잡히면서 단순해지고 선명해진다.

> 무릇 온갖 경전과 제자백가의 책에 나오는 사물의 이름이나 많은 목록은 모두 고운 구슬이라 할 수 있다. 꿰미로 이를 꿰지 않는다면 또한 얻는 족족 잃어버리고 말 것이다.
> _정민,《다산선생 지식경영법》

비슷한 것끼리 묶어서 다발을 만들 수 있어야 한다. 분류할 수 없는 지식은 쓸모없다. 그럴 수 있을 때 무질서 속에서 질서가 드러난다. 공부는 무질서 속에서 갈래를 잡고 질서를 만드는 작업이다. 갈래가 잡히면 그것으로 생각을 확장할 수 있다. 확장된 것은 깨달음이 되고 새로운 지식으로 재창조되거나 전혀 다른 것들과 연결되어 실제에 활용된다.

이 과정은 수동적 학습의 과정이 아니다. 적극적이고 능동적인 배움의 과정이다. 스스로 해석하고 나누며 갈래를 잡는 일은 능동적 창조의 일환이다. 지식을 분류해서 그 위에 자신을 세우려면 자기 눈으로 이해해야 한다. 공부는 안목이다. 창의성은 공부 과정에서 잉태한다.

방법 2. 모방하고 응용한다

> 학생들은 창조적 사고의 결과물, 이를테면 소설, 시, 실험, 이론, 그림, 무용, 노래 등을 분석하고, 그것들을 베끼고 모방해야 한다. 그럼으로써 그것들을 창조하는 감각적이고 종합적인 과정을 배울 수 있다.
>
> _로버트 루트번스타인 · 미셸 리트번슈타인,《생각의 탄생》

인간의 생각과 행동은 대부분 모방이다. 아이는 부모의 입 모양과 발음을 모방하면서 말을 배운다. 유치원 아이들은 선생님의 행동을 따라 하며 상황에 맞는 태도를 보인다. 선생님을 잘 모방하는 아이가 우수한 성적을 달성하기도 한다. 학교나 직장에서 성적이나 성과가 떨어지면 모범적인 인물을 모셔놓고 그의 비결을 듣고 배우며 따라 하기를 권한다. 자기계발 분야에서는 성공한 사람들을 따라 하는 것이 가장 쉬운 성공법이라고 말할 정도다. 우리가 인정하든 인정하지 않든 모방은 우리 삶에 뿌리 깊이 박혀 삶을 좌우한다.

창의성에서도 모방은 중요하다. 아이가 어떤 분야에 빠지는 계기는 특별한 경험에서 시작되는 경우가 많다. 특별한 경험은 '나도 저렇게 하고 싶어'라는 모방심리에 기초한다. 유명한 피아니스트의 연주를 보거나, 감성을 자극하는 노래를 듣거나, 놀라운 손놀림을 보여주는 마술쇼에 가거나, 마음을 사로잡는 소설의 문장에 사로잡히는 경험이 그것이다. 이렇게 시작된 '모방 여행'은 단순히 우상의 모습을 따라하는 것으로 끝나지 않는다. 따라하는 것은 기본이고 이를 응용하고 비틀고 다르게 연출하면서 더 나은 것으로 만들어간다. 자기에게 적합하지 않은 것은 버리고 필요한 것은 가져오되 수정하여 새롭게 하는 것이다. 창조는 이 과정의 산물이다.

그런 점에서 창조하려는 사람은 자기에게 영감을 주는 사람을 관찰하고 그들의 방법을 학습하여 모방할 수 있어야 한다. 이때 모방은 기존의 영역과 현장을 배우는 과정이며 이를 통해 창의적 개인으로 탈바꿈할 수 있다.

모방이 모방으로만 끝나는 경우도 있다. 모방은 기능적 고착을 가져올 수 있으므로 그것에서 탈피하지 못하면 정말 모방으로 끝나버린다. '망치를 잘 다루는 사람은 모든 것을 못으로 생각한다'는 매슬로의 말처럼 지식과 기술에 익숙해질수록 기능적 고착에 빠지기 쉽다. 모방과 창의성은 종이 한 장 차이다. 그 한 장은 다른 사람의 것을 그대로 따라 하느냐 자기만의 방식이 가미되었느냐다.

그의 작업 진행과 일 처리 방식은 명쾌하고 통쾌하다. 먼저 필요에 기초하여 목표를 세운다. 관련 자료를 취합한다. 명확하게 판단해서 효과적으로 분류한다. 분류한 자료를 통합된 체계 속에 재배열한다. 작업은 여럿이 역할을 분담하여 한 치의 착오도 없이 일사불란하게 진행되었다. 이런 헝클어진 자료도 그의 솜씨를 한번 거치면 일목요연해졌다. 아무리 복잡한 문제도 그의 머리를 돌아 나오면 명약관화해졌다.

_정민,《다산선생 지식경영법》

다산선생의 일 처리 과정은 선명하다. ①목표를 세운다. ②관련 지료를 확보한다. ③필요 없는 자료는 버리고 필요한 자료는 분류해서 재배열한다. ④재배열된 자료에서 해결의 실마리를 뽑아낸다. 다산선생은 이 방법을 한 분야를 공부하고 책을 쓰는 것은 물론 송사와 같은 실제 문제의 해결에도 활용했다. 어떻게 이런 방식을 찾아내서 구조화할 수 있었을까? 비결은 관찰과 모방이다. 많은 경서를 분석하고 선현들의 말을 따져본 결과 얻어낸 패턴이다. 경전 연구를 통해 삶의 문제에 접근하는 실마리, 꾸러미 하나를 발견한 것이다.

이 방법은 한 분야를 연구하는 사람들에게 강력히 권할 수 있다. 실제로 많은 사람이 이 방법으로 연구를 실행하고 있다. 논문이나 책을 쓸 때도 같은 방법을 사용한다. 기업에서 제품이나 마케팅 전략 등의 문제해결에도 얼마든지 활용할 수 있는 유용한 도구다. 다산선생은 이 도구로 500여 권의 책을 썼다.

방법 3. 연결하고 접속한다

한 분야에 집중하다 보면 문제를 낳을 수 있다. 그것에 매몰되거나 중독되는 것이다. 하나에 집중하다 보면 다른 것을 보지 못하고 그것에 갇히기 쉽다. 갇힌 사람은 창의적 능력을 상실한다.

최근 융합형 인재라는 말이 유행하는 배경도 이것과 관련이 있다. 창의성은 상자 안이 아니라 밖에서 볼 때 시작된다. 상자 밖에서 본다는 말은 다른 분야도 함께 볼 수 있다는 말이다. 창의성은 연결에서 온다. 서로 다른 것들을 연결하다 보면 새로운 것이 탄생한다. 창의적인 사람은 세상 모든 것이 연결되어 있다는 것을 알기에 다른 분야, 새로운 접속이 즐겁다.

학제간연구 대학교(Singularity University)는 피터 디아만디스(Peter Diamandis) 박사와 레이 커즈와일에 의해 2007년 설립되었다. 이 대학은 정형화된 커리큘럼에서 벗어나 바이오, 나노, 예술, 디자인, 복지 등 다양한 분야를 전공한 사람들을 모아 한 클래스로 수업을 진행한다. 수업은 10주간 한 개의 프로젝트를 설정해서 진행하는 방식을 따른다. 다양한 분야의 연구자들이 섞여 있을 때 창의적 발상이 가능하다는 것을 알기 때문에 취한 방식이다. 새로운 것은 융합에서 나온다. 융합은 창의성의 원천이다.

《생각의 탄생》의 저자들은 리처드 파인먼(Richard Feynman)의 말을 인용하며 한 분야를 넘어서 다양한 분야를 익히는 전인교육이 왜 중요한지를 설파한다. 파인먼은 과학뿐만 아니라 악기 연주, 그림,

마야 문자 해독 등 다양한 분야에 관심을 보인 전인(全人)이었다.

> 시인은 과학이 별의 아름다움과 거리가 멀다고 말을 한다. 별을
> 단지 가스 원자 덩어리로 본다는 것이다. 그러나 나 역시 밤의 사
> 막에서 별을 볼 수 있고, 또 느낄 수 있다. 나라고 해서 뭔가를
> 덜 보거나 더 보겠는가? 하늘의 광대함은 나의 상상력을 확장시
> 킨다. 회전목마 위에 앉아서 이 작은 눈으로 백만 년이나 된 별빛
> 을 본다. 별이 만들어내는 저 방대한 무늬, 나는 그 일부가 된다.
> 저 무늬는 무엇인가? 어떤 의미가 있는가? 왜 저렇게 보이는가?
> 별들에 대해 과학적 지식이 있다 한들 그것은 저 신비로움을 조
> 금도 손상시키지 않는다. 진리야말로 과거의 어떤 예술가들이 상
> 상한 그 어떤 것보다 훨씬 더 경이롭기 때문이다.
> _로버트 루트번스타인·미셸 리트번슈타인,《생각의 탄생》

창의성은 융합을 필요로 한다. 융합은 내가 어디에 접속되어 있느
냐와 관련이 깊다. 과학이 음악이 될 수 있고, 음악이 수학이 될 수
있고, 수학이 시가 될 수 있다는 것을 아는 사람은 창의적 인간이다.
그는 다양한 분야를 허용하고 그것에 관심을 가지며 그것에서 얻은
것을 자기 분야로 끌고 올 수 있는 사람이다.

기업은 제품에 예술적 요소를 가미하기 위해 총력을 기울인다. 예
술은 아름다움을 무기로 품격을 더하는 힘을 갖있다. 제품에 예술
의 향기를 담을 수 있다면 고가의 프리미엄은 물론 마니아까지 얻

을 수 있다. 이런 힘을 얻으려면 제품에 예술적 요소를 담아내야 한다. 그러자면 과학이나 공학에만 집착하는 사람이 아니라 음악과 미술, 디자인적 요소에 심취해본 사람이 필요하다.

예술이나 다른 분야에 대한 관심은 한 사람을 매력적으로 만들기도 한다. 봉고를 연주하는 리처드 파인먼,《카라마조프가의 형제들》을 읽는 아인슈타인, 선불교에 심취해 사색에 빠진 스티브 잡스, 책 읽는 CEO 빌 게이츠(Bill Gates), 농담을 던지는 체 게바라의 이미지는 분야의 전문가를 넘어선 '매력'으로 다가온다. 고상한 매력은 미래사회의 중요한 경쟁력이 된다.

방법 4. 현실의 가치를 추구한다

> 정존(靜存)은 조용히 따지고 살펴 그 깨달음을 마음에 간직하는 것이다. 동찰(動察)은 이를 실제에 적용하여 맞는지 맞지 않는지 살펴보는 것이다. 면밀히 따져 관점을 세운 후, 비로소 실제에 적용한다… 문제는 항상 구체적이고 실제적이어야 한다.
> _정민,《다산선생 지식경영법》

다산 선생은 실용성을 강조한다. 그에게 실용성은 현실이다. 백성들의 삶에 도움을 줄 수 있는 것이야말로 그의 작업 기준이다. 다산을 비롯한 실학 정신이 오늘날까지 생명력을 유지하는 이유가 이것 때문이다. 노론 벽파의 성리학이 날 선 비판의 대상이 되는 것은 현실에 쓸모없는 논쟁으로 소중한 시간과 에너지를 소모했기 때문이다.

창의성은 쓸모에 기여해야 한다. 현실적 가치가 없는 것은 아무 소용이 없다. '현장'은 냉혹하다. 창의적인 아이디어도 무익하면 버려질 수 있다. 《해리 포터》는 열두 군데 출판사에서 거절당한 후에 시장에 나올 수 있었고, 고흐의 작품은 그가 죽은 후에야 세상의 빛을 볼 수 있었다. 우리에게 알려지지 않고 사장된 수많은 《해리 포터》와 고흐가 있다는 말이다. 현장, 현실을 아는 것이 창의성의 마지막 관문이다.

> 창의성을 발휘하고자 하는 사람은 창의적인 체계 안에서 움직이면서 그 체계를 자기 것으로 만들어야 한다. 다른 말로 하자면, 영역의 규칙과 내용뿐 아니라 현장이 선택하고 선호하는 기준에 대해서 알아야 한다.
> _미하이 칙센트미하이, 《창의성의 즐거움》

미하이 칙센트미하이 교수는 30년간의 창의성 연구를 통해서 창의성은 영역, 현장, 개인이라는 세 가지 체계의 상호관계에서 온다고 설명한다. '영역'이란 수학, 물리학, 음악 같이 우리가 보통 문명이라고 부르는 공동체나 인류가 공유하는 상징적 지식을 말한다. '현장'은 영역으로 가는 길목에서 문지기 역할을 하는 사람들로 구성된 활동 공간이다. 현장에서는 새로운 아이디어나 창작물을 그 영역에 포함시킬 것인지 아닌지를 결정한다. '개인'은 자기 분야에서 통용되는 상징을 사용해서 새로운 생각이나 양식을 만들어내는 사람이다.

창의성이라고 하면 '개인'을 먼저 떠올리기 쉽다. 개인의 전문 역량이 창의성의 모든 것이라고 생각하는 것이다. 그에 비해 칙센트미하이 교수는 영역과 현장의 중요성을 함께 지적한다. 창의적인 사람은 자기 분야에서 필수적인 지식과 기술을 갖추고, 현장이 돌아가는 상황을 잘 이해하고 있어야 한다. 자신이 무엇을 연구하고 다루어야 하는지 문제의식이 분명하고 그 성과가 채택되는 상황을 잘 이해하고 있어야 한다. 창의성을 갖추고 있는 것도 중요하지만 자기 분야와 현장을 잘 아는 것 또한 필요하다.

제품을 출시하는 기업은 고객의 욕구와 시장의 상황을 꿰뚫어야 한다. 좋은 책을 쓰려는 저자는 독자의 요구와 사회가 필요로 하는 것이 무엇인지 감을 잡아야 한다. 현실성의 요구는 우리에게 위기일 수 있다. 우리는 강의식 교육에 익숙하다. 이런 수업 방식은 현실을 모르는 전문가를 양성할 가능성이 크다. 그렇게 공부는 잘하지만 현실에서는 쓸모없는 사람을 양성하고 있는지도 모른다.

방법 5. 창의성은 장소다

생각이 막히고 딜레마에 빠지면, 잠시 손을 놓고 내가 무엇을 해왔는지 생각할 틈을 갖게 된다. 이것이 장애가 우리에게 주는 이익이다. 창의적인 생각은 무엇인가에 집중하고 있다고 해서 떠오르지 않는다. 좋은 아이디어는 다소 소란스러운 곳, 집중하지 않아도 되는 곳, 생각이 여유를 부리는 곳에서 탄생한다. 흔히 3B라고 한다. 화장실(Bathroom), 침실(Bedroom), 버스(Bus) 같은 곳이다. 중국에서도 측상(廁上), 침상(枕上), 마상(馬上)의 세 곳을 강조하는 데 모두 같은 장소다. 아르키메데스가 유레카를 외친 곳은 목욕탕이었고, 폴 매카트니(Paul McCartney)가 '예스터데이'를 작곡한 곳은 침대였고, 조앤 롤링(Joan Rowling)이 해리 포터의 이야기를 떠올린 것은 기차 안이었다.

창의적 아이디어는 특이한 속성이 있다. 내가 떠올리고 싶어서 떠오른 것이 아니라 다른 생각을 할 때 떠오른다는 것이다. 사람은 무엇인가에 집중하고 있을 때 그 문제에 의욕이 넘쳐 다양한 생각을 할 수 없다. 오히려 생각을 멈추고 여유를 가질 때 그 틈을 비집고 아이디어가 튀어 나온다.

그런 점에서 다산선생에게 귀양은 창의적 활동을 할 기회였다.

> 한번 귀양 온 뒤로는 하늘이 긴 휴가를 주어 세월이 한가해졌다. 12년간 마음을 쏟아 연구하고 탐색하여 저술한 육경을 마음으로 풀이한 책이 200여 권이다. 정밀하게 연구하고 꼼꼼하게 갈고 닦아 감히 거칠고 잡스러운 주장은 하지 않았다.
> _정민,《다산선생 지식경영법》

유배문학이라는 독특한 장르가 탄생하게 된 배경은 '잉여'였다. 유배는 정치 일선에서 배제되는 사건이다. 한참 정계에서 활동하는 사대부들은 시간적 정신적 여유를 가지기 어려웠다. 정계에서 밀려난 유배지는 해야 할 일이 없는 잉여의 시간을 제공했다. 이로 인해 평소 못다한 공부와 창작에 열을 다할 수 있었으니 유배자들에게 유배는 기회가 되었다. 시조 문학의 일인자로 불리는 윤선도를 비롯해 추사 김정희, 서포 김만중, 송강 정철까지 유배문학은 높은 완성도와 고귀한 정신적 성취를 이룰 수 있었다.

창의적인 사람들이 산책을 즐기거나 샤워를 하거나 벤치에 앉아 사색에 빠지는 데는 이유가 있다. 그들은 창조를 위한 잉여의 시간을 즐긴다. 그들의 주머니에 메모지와 펜이 있는 것이 이를 말해준다.

지식은 현실을 만나
힘이 된다

공부와 현실

        학창시절 수업을 잘했고, 학생들에게 많은 영향력을 끼쳤던 선생님들의 공통점을 찾아보자. 어떤 공통점이 있을까? 잘 가르치는 선생님들의 특징이 있다. 그들은 수업의 내용과 현실을 연결한다. 현실적인 이야기로 수업을 시작할 수 있다. 그들은 수업 도중 공부와 관련된 사례들을 찾아 소개해준다. 훌륭한 교사는 학생들에게 오늘 공부한 내용이 우리의 생활과 무슨 관련이 있는지를 찾도록 도와준다. 그것이 학습의 동기부여와 지식의 힘을 증대시킨다는 것을 알고 있기 때문이다.

  반면 교습 기술이 부족한 선생님은 이렇게 말한다. "교과서 105쪽을 펴세요. 오늘은 나눗셈을 공부하겠습니다." 그러고는 열심히 지식을 설명한다. 우리는 이런 광경에 익숙하다.

　지식을 받아들이는 데 급급해지면 무슨 일이 일어날까? 일단 지식을 익히는 데 어려움이 생긴다. 선생님의 설명에 의존해서 지식을 이해해야 하고 외워야 하기 때문이다. 더 큰 문제는 지식을 머릿속에 담은 후에 일어난다. 아무리 많은 내용을 머릿속에 담아도 현실 속에서 활용되지 않기 때문에 쓰레기가 되어버리는 것이다.

　수빈이는 수학을 잘하는 초등학교 3학년 아이다. 이런 수빈이에게 엄마는 기대가 컸다. 어느 날 시장을 다녀온 엄마는 장바구니에서 사과를 꺼낸 후 수빈이에게 물었다.
　"수빈아, 여기 사과가 여섯 개 있어. 여섯 개의 사과를 엄마랑 아빠랑 수빈이랑 세 사람이 나누고 싶어. 그럼 한 사람에게 몇 개를 줄 수 있어?"
　그러자 잠시 생각하던 수빈이가 대답했다.
　"에이 몰라, 그건 아직 학교에서 안 배웠어."

　이것은 특수한 경우가 아니다. 실제로 우리 주변에서 쉽게 발견할 수 있는 일이다. 지식과 현실이 괴리되는 장면을 목격하는 일은 흔하다. '민주주의는 상대방의 입장에서 생각하고 대화와 타협을 통해 합의점을 찾아가는 것이다'라는 지식은 초등학교 6학년만 되어도 알 수 있다. 우리의 모습은 민주주의와는 거리가 멀다. 왜 이런 일이 생기는 것일까? 지식이 현실을 반영하지 못하기 때문일까? 아니면 우리의 실천력이 부족한 탓일까?

원인은 공부 방법에 있다. 우리의 공부는 지식이 실천과 괴리되어 있다. 지식은 지식이고, 현실은 현실이라는 식이다. 교과서를 읽고, 문제를 풀고, 좋은 성적을 올리는 데만 집중된 방식이다. 그러다 보니 수학과 과학은 물론이고 윤리와 사상도 책으로 배운다. 이런 상황에서는 윤리 교육을 아무리 강화해도 타자 소외와 억압의 문제를 풀 수는 없다. 교육이 현실과 연결될 수 있는 고리가 단절되었기 때문이다.

기업의 변화

기업들이 냄새를 맡기 시작했다. 사람의 머릿속에 든 지식과 그것을 현실에 적용하는 문제가 다른 문제임을 알게 된 것이다. 사실 이 문제는 오래전부터 수면으로 떠오르지 않았을 뿐 전문가들이 간파해온 것이다. 현실적 대안이 없어 문제 삼지 않고 묻혔을 뿐이다. 이제 사정이 달라졌다. 지식을 많이 가진 것이 의미가 없는 시대, 오히려 머릿속의 지식이 유연한 사고와 실천을 방해할 수 있음이 드러나는 시대가 왔기 때문이다.

기업은 세상의 변화에 민감한 조직이다. 기업은 변화를 감지하지 못하고 대응에 실패하면 망한다는 사실을 누구보다 잘 알고 있다. 공공기관이나 학교와는 성격이 다르다. 게다가 경제적 이익이라는 최고의 당근이 안테나를 높이 세우고 최고의 감각을 발휘하여 세상의 변화에 민감하게 반응하게 한다. 지식이 중요하지 않다는 것을 간파한 기업은 과감해진다. 가장 손쉬운 방법은 폐기다. 폐기 이후 대안이 없다면 폐기는 불가능하다. 그런데 폐기의 대안이 생겼다. 그 대안이 인문학과 융합이다.

기업이 자기소개서에서 보는 것은 스펙만이 아니다. 기업은 한 사람의 인생을 본다. 면접에서 '대학에서 읽었던 인문학 책을 소개해보라', '인생에서 가장 어려운 순간은 언제이며 그것을 어떤 방법으로 극복했던지 이야기해보라', '대학 시절 읽었던 인문학 책을 소개하고 그 책이 어떤 영향을 미쳤는지 설명하라'라는 질문이 유행하는 이유가 무엇일까? 그 사람에 대해서 알고 싶기 때문이다. 스펙을 보는 이유도 지원자가 현실적인 문제를 해결할 수 있는 경험을 갖추었는지 살피려는 의도가 숨어 있다. 이제 기업이 원하는 것은 그가 가진 지식이 아니라 사람 그 자체이다. 머릿속에 지식만 가득 담고 실천적인 문제해결 능력이 없는 사람은 필요 없다.

몽골과 로마 등 두 제국이 발전할 수 있었던 이유와 현대차가 세계화 및 지속적인 성장을 위해서 두 제국에서 배워야 할 점에 대해 쓰시오.

현대자동차의 역사 에세이 시험 문항이다. 몽골과 로마의 역사에 관한 지식을 묻는 문제다. 여기에 현대자동차에 적용할 수 있는 내용을 연결해야 한다. 단순한 역사 문제가 아니다. 역사적 지식만 필요한 것이 아니라 그것을 현대자동차, 우리 시대와 연결해서 이해하고 활용할 수 있어야 한다. 로마나 몽골의 역사를 아는 것은 무의미하다. 인터넷에서 쉽게 찾을 수 있는 지식을 그저 머리에 담고 있는 것은 큰 의미가 없다. 중요한 것은 활용이다. 로마와 몽골의 이야기에서 무엇을 배우고 현실에 어떻게 활용할 수 있는지를 아는 것이야말로 경쟁력이다. 현대자동차의 시험 문항은 지식이 아닌 지식의 활용에 대해 묻고 있다.

제대로 안다는 것

　　　　　　그렇다면 지식은 쓸모없는 것일까? 그렇지 않다. 지식 그 자체가 중요하다는 것이 아니라 지식의 활용이 중요하다는 말이다. 지식은 현실과 만나야 한다. 실천적 지식, 생활지향형 지식, 문제해결형 지식이 되어야 한다. 이것이 지식의 출구이고 미래 지식의 길이다.

공부의 성격과 방향도 바뀌어야 한다. 지식과 현실을 연결하는 실천적 공부가 되어야 한다. 실천적 공부의 시작은 기초를 단단히 하는 것이다. 내가 배운 지식이 무엇인지를 정확하게 아는 것이 시작이다. 이때 내가 배운 것을 확실하게 하는 방법은 그것을 누군가에게 설명해보는 것이다. 설명할 대상이 없다면 자신에게 설명해보라. 배운 것을 자신에게 설명할 수 없다면 제대로 이해한 것이 아니다. 자신을 설득시킬 수 없는 사람이 어떻게 다른 사람을 설득하겠는가.

'엔트로피'를 공부했으면 그것을 설명할 수 있어야 한다. 공부의 시작은 개념을 익히는 것이다. 지금까지 공부의 문제는 개념 이해로 끝난다는 것이었다. 일반적으로 엔트로피는 무질서가 증대되는 경향을 말한다. 독일의 과학자 루돌프 클라우지우스(Rudolf Clausius)는 엔트로피를 제창하면서 자연계의 변화 방향이 엔트로피가 증가하는 방향으로 일어난다고 주장했다. 물질계에서 엔트로피가 증가한다는 것은 무질서가 증대된다는 의미다.

이 정도로 이해했다면 엔트로피에 대한 지식을 가졌다고 할 수 있을까? 그렇지 않을 것이다. 이런 공부는 시험이 끝나면 금방 잊어버리기 쉽다. 기억한다고 해도 실생활에서 아무 소용이 없다. 제대로 이해하려면 자신을 대상으로 설명해보고 스스로를 설득시킬 수 있어야 한다.

일반적으로 자연현상의 변화는 물질계의 엔트로피가 증가하는 방향으로 진행한다. 대표적인 사례가 물을 끓이는 일이다. 커피를 마시려고 물을 끓였다. 물을 끓이느라 가스를 사용했다. 천연가스는 유한하다. 한번 사용된 가스는 다시 회복될 수 없다. 무엇인가를 유용한 것으로 만들려면 에너지를 소모해야 한다. 이렇게 에너지를 소모하다 보면 언젠가 지구상에 사용할 수 있는 에너지가 바닥나 극대점에 도달할 것이다. 인간은 에너지 소모를 통해 엔트로피를 증가시키는 주범이다.

엔트로피라는 개념을 공부하고 현실과 연결하면서 사례로 이해하면 지식은 현실적인 것이 된다. 앞서 살펴본 수학 문제와 현실 문제를 연결하지 못하는 아이의 문제도 여기에 있었다. 숫자 6이 사과 여섯 개와 관련이 있다는 사실을 이해하려면 생활 속 사례를 찾아보면 된다. 이제 아이는 뭔가를 나눠줄 때 수학을 활용할 것이고, 지식을 현실에 적용하거나 다른 지식으로 전환할 것이다. 단순한 예지만 이런 지식의 현실화야말로 공부의 핵심이다.

딥 러닝

지식이 현실을 만나는 과정에서 자주 언급되는 것이 있다. 바로 가르쳐보는 것이다. 가장 잘 배우는 방법은 가르치기다. 흔히들 교학상장(教學相長)이라는 말로 표현하는 이 과정은 가르치는 과정에서 어떻게 잘 배울 수 있는지를 설명한다. 가르침에도 방법이 필요하고 그 방법을 강구하는 과정에서 새로운 깨달음과 배움을 얻는다. 배움은 가르치는 과정을 통해 강화된다.

교사든 연구자든 학습을 통해서 얻은 지식은 이론적인 경우가 많다. 이론적인 지식이 실천적 지식으로 강화되려면 현실과 만나야 한다. 가르치기는 이론과 현실이 만날 좋은 기회다. 학생들의 입장에서 쉽게 이해할 수 있게 하려면 현실적인 내용을 가미할 수밖에 없고, 어떻게 하면 내가 아는 것을 잘 알 수 있게 할까를 고민해야 한다. 이 과정에서 지식이 현실과 만나 살아 있는 것이 된다.

이른바 딥 러닝(deep learning)은 실천과 연관된다. 배움이 현실에 활용되고 현실을 통해 새로운 배움을 얻는다. 지식과 현실이 상호 작용하여 지식을 살아 있는 것으로 탄탄하게 만든다. 이렇게 현실적 문제해결에 사용되는 지식을 가진 사람이 전문가다. 우리 교육의 문제로 늘 지적되는 것이 지식과 현실의 괴리다. 이 괴리를 극복하지 못하면 미래의 교육은 희망이 없다. 현장에서 쓸 수 있는 지식이, 현실적 문제를 해결해주는 지식, 삶의 문제를 올바르게 살피는 지식이 필요하다.

목적독서

책을 읽는 이유는 사람마다 다르지만 크게 두 가지 유형으로 나눌 수 있다. 첫 번째는 취미나 재미로 책을 읽는 것이고 두 번째는 특정한 목적을 달성하기 위한 목적독서다. 취미독서는 읽는 재미에 집중하기 때문에 독서가 휴식이나 여가 같은 느낌을 준다. 또한 정해진 목적이 없으므로 자유롭고 편해서 책에 재미를 붙이는 데 도움을 준다. 읽는 책의 내용도 자신이 좋아하는 것인 경우가 많다. 소설이나 판타지, 에세이 등이 주류를 이룬다.

목적도서를 하면 상황이 달라진다. 자신이 원하는 것이 있고 그것을 얻기 위한 독서 활동이기 때문에 책의 종류도 그것에 맞게 전문적인 경우가 많다. 회사의 직무와 연관된 것, 자기계발을 위한 것, 특정 분야의 전문지식을 얻기 위한 도서들이다. 독서에 목적이 있으므로 시간 활용이나 읽는 방법 면에서 효율을 중시한다. 시간을 아껴 필요한 내용을 찾고 줄을 치고 포스트잇을 붙이는 등 배우고 익히려는 강한 마음이 드러난다. 취미독서와 목적독서의 가장 큰 차이는 활용에 있다. 취미독서는 읽고 즐기면 그만이지만 목적독서는 배우고 익혀 활용하는 것이 목적이다. 높은 수준의 주의집중을 필요로 하고 활용에 적극적이라는 점에서 집중독서는 적극적으로 추천하는 방법이다.

많은 전문가가 목적독서에 익숙하다. 그들은 자신이 원하는 분야의 지식을 얻기 위해 특정 기간을 정해두고 특정 텍스트를 집중적으로 읽어나간다. 목적이 뚜렷하기 때문에 무엇을 어떻게 읽어야 하는지가 확실하다. 그 결과 이해력과 집약도가 강해지고 높은 수준의 지식 습득이 가능하다. 컨설턴트, 작가, 교수 등 해당 분야의 전문가들은 목적독서의 달인이다.

목적독서의 유용성은 현실의 문제해결력으로 이어진다. 한 분야에 정통하려면 특정한 시간과 노력을 쏟아부어야 한다. 목적독서는 그 시간과 노력을 단축시킨다. 지식의 밀도를 높여주기 때문이다. 다른 책을 수십 권 읽는 것보다 한 분야의 책을 열 권 읽는 것이 훨씬 낫다. 그 분야의 상황을 이해하고 핵심을 찾아내는 것은 물론 무엇이 부족하고 어떤 부분을 더 연구해야 하는지도 알게 된다. 현실과 동떨어진 이론적 지식을 얻기 위해 수년을 노력하는 것보다 현실의 문제를 반영하는 목적독서에 일 년을 쏟아붓는 것이 훨씬 생산적이다.

바퀴벌레 지식인

바퀴벌레는 3억 5000만 년의 역사를 자랑하는 지구의 지배자다. 공룡은 빙하기 등의 환경변화에 적응하지 못하고 멸종했지만 바퀴벌레는 살아남았다. 이토록 오랫동안 지구를 지켜온 그 비결이 무엇일까?

바퀴벌레 생존의 비결은 현실적응력이다. 바퀴벌레의 유일한 목표는 생존이다. 생존이라는 크고 유일한 원칙만을 가지고 자신을 변형시켜 얇고 좁은 틈에서도 살 수 있는 가벼운 몸을 만들었다. 아무것도 먹지 않고 3주, 물만 마시고도 90일을 버틸 수 있다. 바퀴벌레는 사람의 각질부터 동물의 사체까지 거의 모든 것을 먹어치우며 영양분을 섭취한다. 속도는 얼마나 빠른지 1초에 1미터 50센티를 이동하는데 치타보다 세 배 빠른 속도다. 바퀴벌레가 어디서든 살아남을 수 있었던 이유는 생존을 위해 모든 것을 바꿀 수 있는 변화에 대한 적응력이었다.

이런 생존력에도 바퀴벌레는 먹이사슬의 최하지점에 위치한다. 거미, 쥐, 고양이, 새 등 세상은 온통 바퀴벌레의 천적으로 가득하다. 그럼에도 바퀴벌레가 개체를 유지하고 살아남을 수 있는 것은 체내에 세균 저항 물질을 분비해서 잡균에 강할 뿐만 아니라 한 번의 생식으로 평생 알을 낳을 수 있는 강력한 번식력을 자랑하기 때문이다. 바퀴벌레는 죽으면서도 알집을 낳는데 알집이 두꺼워 살충제도 소용이 없다.

끈질긴 생명력을 지닌 지식인들이 있다. 이들은 생존을 위한 적응이라는 큰 원칙만 가지고 무엇이든 배우고 익힐 준비가 되어 있다. 바퀴벌레가 몸의 일부쯤은 얼마든지 포기할 수 있는 것처럼 그들은 자신의 지식이나 과거의 유물들을 과감하게 버린다. 바퀴벌레는 먹지 못하는 것이 없을 정도인데 이들 또한 남들이 버린 것을 중요하게 여기며 지식을 가리지 않는 잡식성을 자랑한다. 한마디로 그들은 무정체성을 가졌다.

그들은 밝은 곳을 싫어하고 어두운 곳에 머문다. 그들은 고정된 채널로 지식을 얻지 않는다. 읽을 것 배울 것이 있으면 어떤 방식으로든 취한다. 경로를 따지지 않고 섭렵하기에 온갖 루트에 접속되어 있고 신화부터 과학까지 다루지 않는 것이 없는 그야말로 지식의 포식자들이다. 아는 사람들이 많고 연결성이 높아 자신의 지식을 다양하게 퍼뜨린다. 바퀴벌레가 후손을 남기는 것처럼 그가 남기는 것은 자신의 지식과 연결된 정보들이다.

물론 그들의 약점도 있다. 자기만의 정체성이 특정되어 있지 않다는 점, 스포트라이트를 받는 강력한 한방이 없다는 점이다. 유명 대학에서 학위를 받지도 못했고 티브이에 나오는 유명 저자가 강사들처럼 큰돈을 벌지도 못한다. 하지만 이들은 중심적 지식인들처럼 자신의 고유한 것을 흡수당해도 쉽게 몰락하지 않는다. 공격할 곳도 마땅히 보이지 않는다. 고유성이 없다는 것이 장점인 셈이다. 이들은 언제나 접속된 유비쿼터스라는 배경에서 생존에 유리한 위치를 점하면서 자리를 지켜낼 것이다. 현실에서 살아남을 수 있는 특화된 적응력을 자랑하기 때문이다. 그들의 힘은 어디에서 오는가? 현실 감각, 현실에 초점이 맞춰진 지식에서 온다.

이론 중심의 공부에서 탈피할 때가 왔다. 지식은 현실의 문제를 해결할 힘을 가져야 한다. 현실이 빠진 지식은 죽은 지식이다. 자기 목적을 갖고 필요한 공부를 스스로 할 수 있는 전문가가 필요한 시대다.

공부는
사건이다

소유형 공부

우리는 생존형 공부에 익숙하다. 좋은 점수를 얻기 위해서, 합격하기 위해서, 자격증을 얻기 위해서, 승진을 위해서 공부한다. 이런 공부를 해본 사람들은 안다. 정말 재미가 없고 진짜 하기 싫다는 것을. 이것은 공부하는 사람의 태도로 드러난다. 아이들은 학원을 가지 않기 위해 거짓말을 한다. 수능을 앞둔 수험생들은 불행해질 미래에 대한 두려움을 무기로 스스로를 겁박하며 밤을 새운다. 이번에도 자격증 시험에 떨어지면 죽어야 한다고 스스로를 옥죄이며 독서실로 향한다.

지금 우리의 공부가 딱 이 모습이다. 그러나 이런 모습도 곧 사라질 것이다. 머릿속에 지식을 집어넣는 공부가 의미 없는 날이 오고 있기 때문이다.

에리히 프롬(Erich Fromm)은 《소유냐 존재냐》에서 소유적 학습과 존재적 학습을 구분한다. 소유적 실존 양식에 길든 학생은 수업을 꼼꼼히 듣고, 시험에 나올 만한 내용을 최대한 많이 노트에 기록한다. 그 필기를 토대로 시험에 대비해 공부한다. 이러한 공부방식은 시험 합격에 효율적일 수 있으나 개인의 사고체계를 확장하는 데는 큰 도움을 주지는 못한다.

프롬이 말하는 소유적 공부는 우리의 학교 공부와 닮아 있다. 안타깝지만 그것이 대한민국의 교육 현실이다. 이런 공부는 사실상 시험을 치는 용도 외에는 거의 사용될 일이 없다. 심지어 공부한 것에 갇혀 생각이 협소해지고 고착되어 고루한 사람이 된다. 새로운 사유를 통해 생각을 신선하게 만드는 대신 과거의 것을 지키는 데 집착한다. 이런 모습은 자신과 다른 생각이나 사상과 마주칠까 불안해하는 마음으로 이어진다.

불안한 사람들의 특징이 있다. 공격적이라는 점이다. 자신이 가진 것을 잃을까, 알고 있는 것이 틀릴까 전전긍긍한다. 점점 신경이 날카로워지고 자기 생각으로 다른 사람을 판단하며 거칠게 대한다. 불안한 사람들은 자신의 생각이나 세계와 다른 것을 받아들일 수 없는 사람들이다.

소유형 공부에 익숙해지면 맞음과 틀림에 집착한다. 시험과 평가가 그렇게 만들기 때문이다. 옳고 그름이라는 이분법적 사고에 익숙해지면 내 지식이 맞고, 내 생각이 옳다는 획일적 사고에 빠진다. 그렇게 개방성과 창의성은 사라지고 흑백논리에 사로잡힌 괴물이 된다.

윤편 이야기

《장자》에 수록된 일화다. 어느 날 제(齊)나라의 환공(桓公)이 대청에 앉아 책을 읽고 있었다. 대청 아래에서 수레바퀴를 깎던 윤편(輪扁)이 그 모습을 보고 주군에게 물었다.

"왕께서 읽고 계신 책은 무엇에 관한 책입니까?"
"성인(聖人)들의 말씀이다."
"그렇다면 그 성인들은 지금 살아 계십니까?"
"돌아가셨느니라."
"그렇다면 왕께서 읽고 계신 책은 옛 성인들의 찌꺼기입니다."
이 말에 환공이 크게 화를 내며 말했다.
"수레바퀴나 깎는 놈이 나를 책망하듯 말을 하다니, 그렇게 말한 것에 합당한 이유를 말하지 못한다면 죽음을 면치 못하리라."
왕의 분노에도 윤편은 태연하게 대답했다.
"제가 수레바퀴를 만드는 일에 비유하여 말씀드리겠습니다. 수레바퀴를 만들 때 덜 깎으면 축이 들어가지 않고, 너무 많이 깎으면 헐거워져 쓸 수가 없게 됩니다. 더도 덜도 아닌 정확한 감으로 깎아야 온전한 수레바퀴를 만들 수 있습니다. 정확한 감은 제가 손으로 수십 년간 익히고 터득하여 얻은 것이라 말로 표현할 수 없는 것입니다. 제가 자식에게 수레바퀴 깎는 기술을 전수하지 못하여 70이 넘은 나이까지 수레를 깎는 것은 이런 이유 때문입니다. 옛 성인의 말씀도 이와 같아서 깨달은 이치를 책에 다 담아내지 못했을 것이라 여겨 왕께서 읽고 계신 책들이 성인들의 찌꺼기라고 한 것입니다."

_《장자》

《노자》나《장자》에서는 특정한 결론이나 정해진 사상을 발견하기 어렵다. 윤편 이야기만 해도 그래서 어쩌자는 것인지 판단하기 쉽지 않다. 그러다 보니 이런 이야기들은 소용없는 것처럼 여겨진다. 읽고 배워도 뚜렷하게 남겨지는 무엇이 없기 때문이다. 우리는 정확한 답을 찾는 것에 익숙해져 있다. 이런 소유적 공부 방식으로는 다가오는 시대에 대비할 수 없다. 옛 성인들의 찌꺼기를 주워 담는 공부는 인공지능이 우리보다 훨씬 뛰어나다.

존재형 공부

우리가 공부에 대해 크게 오해하는 것이 있다. 밑줄을 긋고 열심히 필기하고, 선생님 말씀을 잘 듣고, 시험을 잘 쳐서 높은 성적을 내면 지식이 많아져 창의적인 사람이 될 것이라는 생각이다. 우리는 지식이 쌓이면 창의성도 생긴다고 믿는다. 하지만 진실은 그 반대다. 창의성은 지식의 축적에서 오지 않는다. 그것은 충격에서 온다.

전문화된 분야에서조차 창의성은 지식의 양과는 관련이 없다. 창의적 생각이 떠오르면 그것을 확인하기 위해 새로운 공부를 찾아가는 것이지, 공부 자체가 창의성을 불러오지는 않는다. 창의적인 사람에게는 사유가 지식에 앞선다. 창의적인 사람들은 자신의 사유를 확장하기 위해 지식에 접근할 뿐 지식의 축적 자체는 무의미하다는 것을 안다.

우리는 성실성과 창의성을 혼동한다. 성실성은 20세기의 덕목일 뿐 21세기는 전혀 새로운 덕목을 요구한다. 단순한 암기를 넘어 새로운 연결을 위한 지적 자극이 그것이다. 지적 자극은 창의성을 촉발하는 마중물과도 같다.

교사의 말을 잘 듣고 필기하는 학생은 성실한 학생이다. 교사의 이야기를 들으면서 생각하고 자극받고 감흥을 느끼고 의문과 확신이 반복되는 학생은 창의적 학생이다. 창의적 공부는 소유적이지 않고 열려 있다. 멋진 문장에 감동하면서도 그것에 머물지 않고 의심하고 나아간다. 그에게는 듣고 생각하는 자체가 생기 있는 모험이고 경이의 순간이다. 중요한 것은 교사의 말이나 책 속의 지식이 아니라 판단이요, 깨달음이요, 의문의 해소다.

사건, 우연, 배치

성실한 학습자들이 가진 문제는 사건을 만날 수 없다는 것이다. 사건은 일상에서 갑자기 치솟아 오르는 무엇이다. 사건을 만날 수 없는 사람은 그 치솟아 오름을 경험할 수 없다. 사건을 허용할 장(場)을 확보하지 못하기 때문이다.

힘겨운 삶을 헤쳐온 평범한 직장인이 있다. 스트레스로 점철된 일상이었지만 주변의 도움으로 그럭저럭 견뎌왔다. 그러다 우연히 찾아온 삶의 회의가 일상을 뒤흔들었다. '이렇게 살아도 되는 걸까?' '살아남기 위해 돈을 벌면서 나머지 인생을 살고 싶지는 않아.' 이런 생각이 덮쳐왔다. 새로운 삶의 가능성에 대해 고민을 하고, 사람을 만나봐도 선명한 답을 찾을 수 없었다.

여느 날처럼 출근길을 재촉하는 아침, 문득 집 앞에 도서관이 눈에 보였다. 평소에는 보이지도 않던 혹은 무시했던 곳이었다. 책은 그에게 새로운 세상을 알려주었고 도서관은 그가 상상할 수 없던 놀라운 곳이었다. 그렇게 책과 함께하는 새로운 삶이 시작되었다. 그에게 도서관은 사건이었다.

어떤 책을 읽고 다른 생각을 하게 되었다, 어떤 사람을 만나서 인생이 이렇게 바뀌었다, 어떤 일을 겪은 후 새로운 삶을 살기 시작했다는 식의 이야기는 흔하다. 그들에게 책과 사람과 일은 사건이다. 이전의 삶과 다른 길을 걷게 하는 새로운 계기다. 가끔은 이런 궁금증이 든다. 왜 그들에게만 사건이 일어나고 나에게는 일어나지 않는 것일까?

우리가 겪는 모든 것을 사건이라고 할 수는 없다. 이전의 삶에 충격을 주는 것, 중요한 의미로 다가오는 것이 사건이다. 사건은 순간적이다. 그러나 그것이 가져오는 변화는 크고 중요하다. 사건이 삶을 바꾸기 때문이다.

우리는 살면서 많은 경험을 한다. 그러다 사건을 만난다. 왜 이런 사건이 나에게 일어났을까? 그 사건의 과정을 추적해보면 모든 것들이 사건을 위해서 준비되어 있었다는 것을 알 수 있다. 그 모든 것은 우연이었다.

사건은 인간적이다. 인간이 느끼는 의미의 깊이가 사건이기 때문이다. 수많은 경험 중에서 왜 유독 이것이 사건인가? 그것이 나에게 깊은 의미로 새겨졌기 때문이다. 우연히 만난 사람, 어쩌다 걸려든 음악, 무심코 읽은 책, 이것들이 깊은 의미가 되어 흔적을 남긴다. 스쳐지나가는 사람은 사건이 아니다. 감흥이 없는 음악은 사건이 아니다. 가슴에 새길 수 없는 문장은 사건이 아니다. 사건은 우연적이다.

사건은 관계다. 사물 그 자체가 사건일 수는 없다. 우주가 존재하는 것, 사람이 있다는 것은 사건이 아니다. 인간이 우주의 존재를 감지하고, 곁에 있는 사람을 의미 있는 존재로 느낄 때 비로소 사건이 된다. 존재가 아니라 그것에 의문을 품는 것이 사건이다. 세상에는 수많은 책이 있고, 다양한 학문이 있다. 그중 나에게 울림을 주는 것은 소수다. 책과 공부가 모두 사건일 수는 없으며 나에게 영향을 끼치고 의미로 다가올 때 사건이 된다.

우리 삶은 일종의 장(場)이다. 다양한 경험들이 넘쳐나는 플랫폼이다. 어떤 것은 사건이 되고 어떤 것은 영향력 없이 사라진다. 멋진 사건을 만나려면 삶이라는 장을 열어두어야 한다. 민감함은 사건의 조건이다. 소유적 공부, 갇힌 공부로는 장을 활성화할 수 없다. 헤비메탈을 좋아하면서도 클래식과 힙합에 개방적이어야 한다. 음악을 사랑하는 사람으로 열려 있을 때 헤비메탈은 클래식과 만나고 재즈와도 만난다. 삶의 영토화와 코드화가 심화될수록 장은 고착되고 새로운 사건이 일어날 가능성은 사라진다.

장은 배치다. 일상은 배치로 이루어진다. 집-지하철-일-점심시간-일-지하철-집이라는 식이다. 사건은 배치에 변화를 가져온다. 기존의 배치를 뒤흔들고 일상을 새롭게 배치한다. 집-지하철/독서-일-점심시간-일-지하철/독서-도서관으로 변한다. 사건을 통해 일상의 배치가 바뀌면서 새로운 장이 활성화되고, 우리는 이전과는 다른 일상을 경험한다. 이런 변화는 지속해서 이루어지기 때문에 시간이 지나면서 사람과 그 주변에 큰 변화를 가져온다.

《해리 포터》를 읽고 판타지의 세계에 뛰어들었다면 그것은 사건이다. 우주의 신비를 담은 다큐멘터리를 보고 천문학자의 꿈을 키우며 수학 공부를 결심하는 것은 사건이다. 우연히 간 도서관 강연회에서 시인의 강의를 듣던 소녀가 시집을 들게 되는 것은 사건이다. 그날 후 이들은 변했고 다른 길을 걷게 된다. 존재형 공부, 실존형 공부, 21세기형 공부는 이래야 한다. 공부는 개인의 실존에 새로운 지평을 여는 사건이다.

사건을 맞이하는 태도는 유비쿼터스적이다. 획일적인 배치가 없다. 오늘은 이렇게, 내일은 저렇게, 어떤 사람이나 어떤 일과도 접속할 가능성을 열어둔다. 물론 기본적인 삶의 구조는 가지고 있다. 이것은 물리적인 의미라기보다 정신적이거나 태도에 가깝다. 일상의 배치가 없으면 혼란스럽다. 배치는 존재하되 언제든 바뀔 수 있는 개방성과 변화의 잠재성이 열린 장의 특징이다.

존재론적 공부에는 삶의 우발성, 우연성을 허용하는 힘이 있다. 경계인들이 회색분자처럼, 양비론자처럼, 심지어 생각이 없는 사람처럼 보이는 것도 새로운 인식의 가능성에 문을 열어두기 때문이다. 정해진 공부, 짜인 공부에 대한 집착은 우발성과 잠재성이 작용할 공간을 영토화시키고 우연성의 문을 닫게 만든다. 공부가 이론화되고 교조화되지 않도록 열린 장을 유지하려는 노력이 필요하다. 유비쿼터스는 이런 의미다.

사건과 공부

사건이 일으키는 결과는 변화다. 기존의 생각을 바꿀 수 있는 계기, 일종의 충격이다. 충격은 한 번으로 끝나지 않고 연이은 활동을 가져온다. 눈에 보이는 것이 다라고 생각하던 사람이 양자역학을 만났을 때, 회의주의 철학을 만났을 때 느끼는 충격은 이후의 삶을 바꾼다. 관심도 없던 과학책을 뒤적이고, 관련 영상을 찾아보고, 생각에 빠진다. 의문을 품고 사유형 인간으로 변해간다.

이런 변화는 열린 태도를 형성한다. 사유형 인간은 대화를 나눌 때 자기 생각을 고수하려 애쓰지 않는다. 자기 생각이 없기 때문이 아니다. 다른 사람의 생각을 듣고 이야기를 나누다보면 뭔가 재미있는 것을 발견할 수 있다는 것을 알기 때문이다. 이것은 일종의 자신감이다. 다가오는 충격과 사건에 자기를 맡기고 새로운 생각이 잉태되기를 기다리는 용기다. 이런 태도는 그 자체로 성취이고 가능성이다. 그의 가능성은 지식의 축적에서 온 것이 아니다. 오히려 받아들이고 연결하고 버리고 탄생시키는 열린 태도에서 온다.

철학자 알랭 바디우(Alain Badiou)는 '사건'이라는 주체에 천착했다. 그에게 사건은 이전의 지식이나 질서로 감지하지 못한 것을 발견하고 사유하게 하여 새로운 진리가 탄생하게 만드는 계기다. 그는 우리가 알고 있는 진리라는 개념에 대해 다시 생각해 볼 것을 권한다. 그는 고정불변하는 세상의 원리를 진리라고 부르는 것에 반대하며, 기존 질서에 의해 포착되지 못한 낯설고 새로운 것을 진리라고 부른다.

우리가 알 수 있는 지식은 단편적인 것들의 축적에 불과하다. 진정한 진리는 단편적일 수 없고 전체적이며 무한한 어떤 것이다. 그런 점에서 우리가 알고 있는 것들은 진리의 단편들이고 새롭게 등장하는 것 또한 진리의 일부다. 진리는 상황에 따라 달라질 수 있다. 우리가 얻을 수 있는 것은 완전한 진리가 아니라 부분적 진리다. 부분적 진리들은 시대에 따라 장소에 따라 사람에 따라 변한다. 우리 시대, 나에게 솟아오르는 진리가 있는 법이다.

진리에 대한 열린 사유는 기존의 지식을 해체시키고 새로운 지식에의 가능성으로 안내한다. 공부는 그래야 한다. 열린 사유는 충격을 받고 흔들리며 의문을 품고 골몰하여 다른 사유들과 부딪힌다. 열린 상태를 유지하며 경청하고 접속하여 희열에 이른다. 이 과정은 소유나 집착이 아니라 넓어지고 깊어지는 과정이다. 요한복음의 말씀처럼 진리는 우리를 자유롭게 해야 한다. 이런 공부야말로 사건이다.

학교를 넘어
자기 주도 공부로

첫 번째 실수

우리는 직업교육과 관련해 두 가지 큰 실수를 범하고 있다. 첫 번째 실수는 학생들에게 가르칠 내용을 거의 학교가 나서서 결정한다는 점이다. 공인된 교육기관들은 경제 동향에 대응하는 실력이 그다지 신통치 못하다. 커리큘럼을 개발하는 행정관들이 현장에 나가서 경제에서 중요하게 작용할 신기술을 조사하고 적용하는 관례가 마련되어 있지 않으므로, 변동하는 추세를 그때그때 반영하기 어렵다.

_제리 카플란, 《인간은 필요 없다》

앨빈 토플러는 《부의 미래》에서 사회 변화를 따라잡는 조직들의 속도에 관해 이야기한다. 그에 따르면, 기업이 시속 100마일의 속도로 혁신을 추구하는 반면 정부와 관료조직은 시속 30마일의 거북이 걸음으로 움직인다. 더 심각한 것은 학교와 교육이다. 토플러가 포착한 학교의 속도는 시속 10마일이었다. 현실은 100마일로 변하는데 학교는 10마일로 쫓아가고 있으니 학교 교육이 현실의 요구를 반영하지 못하는 것은 당연하다. 이런 속도의 차이는 결국 사회 전체의 발전을 저해하는 요소로 작용한다. 제리 카플란의 지적처럼 행정관료들은 현장의 변화를 살피는 데 민감하지 않고, 그럴 수 있다고 해도 현실을 교육에 반영하는 데는 오랜 시간이 걸리기 때문에 학교는 언제나 변화 후의 세상을 가르칠 수 있을 뿐이다.

학교는 관료조직이다. 교육감부터 일선 담당자까지 계선으로 구축된 위계조직이다. 관료조직은 파킨슨의 법칙(Parkinson's Law)이 적용된다. 해군에서 근무하던 파킨슨은 제1차 세계대전 당시에 함정과 장병 수는 감소했지만, 행정 인력은 78퍼센트 증가했다는 사실을 발견했다. 이를 근거로 그는 현실적 업무량과는 상관없이 공무원 수는 증가한다는 주장을 펼쳤다. 사회 변화로 새로운 업무가 생기면 자신의 업무량을 늘리는 대신 업무량을 낮추기 위해 새로운 공무원을 뽑는 경향이 있고, 이로 인해 통제와 업무 보고 등 조직 내부의 일이 늘어나면서 형식적인 업무량이 증가한다. 결국 업무량과는 상관없이 공무원 수만 계속 늘어난다.

파킨슨의 법칙이 의미하는 것은 행정조직의 자기보호 본능이다.

행정조직은 살아남기 위해, 안락함을 추구하기 위해 인원과 규모를 늘리는 데 익숙하다. 현실을 반영한다, 교육을 개선한다는 명목으로 사람만 늘어날 뿐 실제 현실을 반영하는 개혁은 제대로 이루어지지 않는다.

나아가 성적과 시험제도를 통해 학생들과 부모들에게 위협을 가한다. 성적과 시험은 기성세대가 자신들의 사회를 유지하기 위해 만든 일종의 도구다. 성적이 좋지 못한 사람은 사회에서 낙오될 수 있다는 공포를 주입하여 학생들을 통제한다. 미셸 푸코(Michel Foucault)의 지적처럼 '지식은 권력'이고, 학교는 권력 작용이다. 지식을 많이 알아야 훌륭한 일을 할 수 있다는 가르침은 학교라는 권력이 작동하는 근거를 제공한다. 권력은 '복종하는 신체'를 길러낸다. 지식과 교양을 갖춘 인재양성이라는 명목으로 교실에 아이들을 몰아넣고, 선생님과 칠판을 주시하게 하며, 읽고 쓰기의 반복을 통해 목적달성에 필요한 능력을 만든다. 교실의 배치는 학생들을 통제하고 목적달성에 유리하도록 합리적으로 계산된 장치들이다.

우리가 학교에 의존할 수밖에 없는 이유는 학교 외에 다른 대안을 가지기 어려운 상황이고, 대안을 가졌다고 해도 너무 위험하게 보이기 때문이다. 홈 스쿨이나 대안학교, 검정고시 등의 대안은 아직 성숙하지 않았고 학교보다 안전하지 못하다고 느낀다. 몇몇 뜻있는 교사들이 교과서에 나오지 않는 이야기를 하고, 창의성을 드러내도록 독특한 활동을 허용하고, 공부보다 중요한 것이 있다고 역설해보지만 일부에서 일어나는 소요일 뿐 근본적인 학교의 변화를 이끌어내지는 못하고 있다. 학교 시스템이 그것을 허용하지 않을 뿐 아니라 학부모조차 아이들을 미래를 망칠까 새로운 교육을 꺼리기 때문이다. 키팅 선생님이 학교를 떠날 수밖에 없는 〈죽은 시인의 사회〉는 여전히 우리의 현실이다. 그만큼 학교의 시스템은 강력하다.

두 번째 실수

두 번째 실수는 먼저 학교에서 배우고 졸업한 뒤에 직업을 찾아야 한다는 암묵적인 믿음이다. 그런 생각은 직업이나 관련 기술들이 한 세대에 걸쳐 천천히 바뀌는 상황에는 맞지만, 오늘날처럼 빠르게 변하는 노동시장에는 적합하지 않다. 배움과 일의 두 단계가 번갈아 배치되거나, 적어도 새로운 기술을 습득할 기회가 어디든지 있어서 사람들이 기회를 쉽게 찾을 수 있어야 한다.
_제리 카플란, 《인간은 필요 없다》

우리는 배움과 일을 구분하는 데 익숙하다. 업무를 해내려면 뭔가를 배워야 한다고 믿는다. 학교에서 배운 지식을 직장에서 활용하는 것이 자연스러운 과정이다. 하지만 우리는 알고 있다. 학교에서 배운 대부분은 현실에 쓸모없다는 것을.

최근 대안 교육으로 급격히 부상하고 있는 학교가 있다. 바로 미네르바 스쿨이다. 2014년 첫 수업을 시작한 미네르바 스쿨은 강의

실도 도서관도 없는 유령 학교다. 대신 4년 동안 전 세계의 도시에서 공부한다. 1학년은 샌프란시스코에서, 2학년은 서울과 인도의 하이데라바드에서, 3학년은 베를린, 부에노스아이레스에서, 4학년 런던과 타이베이에서 수업한다. 수업방식도 특이하다. 학생들은 강의를 듣기 위해 모일 필요가 없다. 정해진 시간에 온라인에 접속해서 강의를 들으면 된다. 수업은 하나의 주제를 놓고 토론식으로 진행된다. 인원도 20명 이내다. 수업이 끝난 후에는 학교와 연결된 기업인 애플, 아마존 등에서 프로젝트를 수행한다.

미네르바 스쿨의 힘은 배움과 활용이 동시에 이루어진다는 것이다. 집어넣기만 하는 교육이 아니라 꺼내는 교육이다. 학생들은 4년 동안 비영리단체나 기업에서 프로젝트를 진행하며 현장 경험을 쌓는다. 동시에 토론 수업을 통해 비판적 사고력과 창의성, 의사소통 능력을 기른다. 이런 공부와 일의 결합은 쓸모없는 공부를 하느라 사용되는 시간과 에너지를 절약해준다. 게다가 현실과 연관된 공부를 통해 공부 자체에 재미를 느끼게 한다. 업무에 직접 활용되는 지식을 배우기 때문에 지식 활용도가 높다. 이런 교육 덕분에 졸업생들은 세계 뛰어난 기업에서 활약하고 그렇게 이름이 알려지면서 입학희망자들이 급격히 늘고 있다. 2016년 입학정원 306명을 뽑는데 1만 6,000여 명이 지원했다. 하버드 대학교보다 들어가기 어렵다는 이야기가 나올 정도다. 현재는 매년 10만 명 이상이 입학 지원을 할 정도로 인기다. 한국 학생들도 제법 있다. 졸업생들은 전 세계의 뛰어난 기업에서 활약하고 있다.

미네르바 스쿨 설립자 겸 CEO 벤 넬슨(Ben Nelson)은 미래형 인재를 '예상할 수 없는 복잡성에 적용할 수 있는 사람'이라 말한다. 미래사회에 복잡성이 증대되리라는 것은 누구나 예상할 수 있다. 문제는 사회가 복잡할수록 문제 또한 복잡할 것이고, 이것을 해결하려면 예상할 수 없는 문제에 적용할 수 있어야 한다는 것이다. 그러자면 새로운 교육이 필요하다. 그가 '배운 지식을 새로운 환경에 적절히 적용하는 지혜를 가르치는 것이 미네르바 스쿨의 목표'라고 말하는 이유가 이것 때문이다. 세상은 과거와 비교할 수 없이 빠르게 변하고 있는데 교육 시스템은 그 변화를 따라가지 못하고 있다는 문제의식의 결과, 미네르바 스쿨을 설립하게 되었다는 것이다.

린치핀의 시대

세스 고딘(Seth Godin)은 《린치핀》에서 '사회가 우리를 구속하고 안주하게 만드는 주범'이라고 설파한다. 우리 사회는 우리를 평범함이라는 우리에 가두고 그곳에서 벗어나지 못하도록 훈육한다. 덕분에 우리는 안정된 시스템이 주는 안정성과 달콤함에 젖어 현실에 안주한다. 세스 고딘이 지적하는 우리가 평범하고 안정된 삶에 젖어 사는 이유는 크게 두 가지다.

첫째, 학교와 시스템에 의한 세뇌다. 우리는 학교에서 살아가는 데 필요한 방법과 지식과 원칙을 배운다. 그 결과 내가 해야 할 일이 정해져 있고 그것에 충실한 것이 훌륭한 삶이라고 생각한다. 맡은바

직분에 충실하고, 정해진 규칙을 지키며 사회적 질서에 따르는 것이 잘사는 법이라는 것이다.

둘째, 모든 사람의 머릿속에는 겁에 질린 화난 목소리가 끊임없이 소리치는데, 이 소리는 도마뱀의 뇌가 저항하는 목소리다. '평범해지라, 그래서 안전해지라'라는 목소리가 그것이다. 평범함은 튀지 않는다. 덕분에 사람들의 이목으로부터 자유롭고 공격으로부터 보호받는다. 모난 돌이 정 맞는 것처럼 우리 사회는 대중에 묻혀 평범하게 지내는 것이 안전하고 행복한 삶이라는 착각에 빠져 있다.

안타깝게도 우리 사회가 알려준 이런 규칙들은 200년 전에 만들어진 것이고 꽤 오랫동안 작동해왔지만 더는 존재하지 않는다. 그것은 우리 머릿속에서만 있을 뿐 현실에서는 이미 사라져버렸다. 이제 새로운 규칙을 배우고 창조적인 생각과 예술가적인 감각을 익혀야 한다. 사회가 혼란스러운 것은 변화를 직시하고 받아들인 사람이 부족하기 때문이다. 의사, 공무원, 교사직의 높은 선호가 이것을 반영한다. 평범함을 추구하고 현실에 안주하는 사람은 결국 생존에 어려움을 겪는다. 그들이 생각했던 안전지대는 이미 사라져버렸기 때문이다. 벤치에서 조금만 생각해보면 안다. 안전을 추구하는 경향이 삶의 안전성을 해치는 결과를 가져온다는 것을.

세스 고딘은 '린치핀'이 되어야 한다고 강조한다. 그가 말하는 린치핀은 한마디로 대체 불가능한 사람을 말한다. 린치핀은 독창적인 아이디어로 사업을 하는 사업가, 조직의 성과를 끌어올리는 마케팅 전문가, 자기 사상으로 무장한 사상가, 꼭 필요한 일이라면 사람들에게 미움받는 일이라도 기꺼이 감수하는 체인지 메이커 등이다. 이들은 과거에 연연하지 않고 새로운 방법과 기술, 관계를 찾아내며 미래를 개척한다. 이들에 의해 새로운 시대가 올 것이라고 세스 고딘은 강조한다.

학교나 정부 시스템에 따라 움직이는 시대가 끝나고 있다. 지금은 너무 빠르게 변하기 때문에 '빅 브러더'가 통제하는 시스템으로는 변화의 속도를 따라갈 수 없다. 이런 시대에서는 중심부가 힘을 발휘하기 어렵다. 중심부가 변화를 감지하고 대안을 내놓는 동안 세상은 다시 변해버린다. 새로운 시대는 현장 중심일 수밖에 없으므로 접점에 있는 사람이 가장 유리할 것이다.

이제 자신을 드러내는 데 익숙해져야 한다. 평범해지는 것이 안전하다고 믿고 따랐던 시대는 갔다. 자기를 드러내는 것이 위험하다는 생각은 과거의 유물이다. 남들과 다른 나만의 유니크니스는 나를 꼭 필요한 사람으로 만들어준다. 묻히는 것보다는 튀는 것이 낫다. 차이는 드러날 수밖에 없고, 드러나야만 차이가 느껴진다. 남들과 다를 때 남들이 나를 인지한다.

우리는 '자본가들이 생산수단을 독점한다'라는 마르크스의 생각이 수정되는 시대를 맞이하고 있다. 우리는 이미 생산수단을 소유하고 있다. 노트북과 와이파이가 그것이다. 우리 시대의 중요한 작업은 대부분 노트북으로 이루어진다. 그것이 세상으로 퍼져나가는데 필요한 것은 접속이다. 우리는 남다른 것을 만들 수 있고 그것을 세상에 뿌릴 수 있다. 그런 점에서 우리는 이미 자본가다. 학교 교육을 이수하고, 학위를 받고, 직장에 취직해서 월급을 받는 방식은 과거의 것이다. 세상에는 노트북 하나로 안정을 추구하는 사람들보다 높은 수익을 올리며 자유롭게 살아가는 사람들이 넘쳐난다. 그런 사람들이 눈에 보이지 않는다면 당신이 그런 세상에 살고 있지 않기 때문이거나 그런 세상에 관심이 없을 정도로 세뇌당한 것이다.

대한민국의 교육제도

우리의 교육은 개성과 창의성을 가진 아이를 평범하고 안전을 추구하는 몰개성적인 인간으로 만드는 데 탁월하다. 그러면서도 창의력과 비판력, 협력까지 요구한다. 교육방식은 반창의적인데 결과는 창의적이길 바란다. 이런 바람은 이루어지기 어렵다. 한때 우리나라의 교육열은 오바마 대통령이 성공적인 교육의 예시로 들 정도로 성장의 중요한 자산이었다. 그러나 이제 교육열과 기존의 시스템으로는 할 수 있는 것이 사라졌다. 오히려 지나친 교육열과 시스템이 새로운 교육의 장애가 되고 있다. 20세기가 요구하는 역량과 21세기가 요구하는 것은 전혀 다르다. 우리가 교육을 고민할 때 가장 먼저 생각해야 할 것이 이것이다. 우리는 우리가 경험한 20세기의 방법으로 21세기를 고민하고 있다.

우리 교육이 안고 있는 문제는 다양하다. 고교 내신의 상대평가 문제, 수능의 객관식 폐지와 절대평가, 교과서 자유발행과 선택, 교사의 수업권 강화와 방식의 다양화, 주관식과 논술의 도입 등이 그것이다. 이 문제들은 우리 교육의 주요 문제인데도 수십 년간 논의만 있을 뿐 문제해결을 위한 뚜렷한 합의에 이르지 못하고 있다. 수능에서 주관식이나 논술을 도입하자는 이야기가 나올 때마다 평가의 객관성, 교육제도의 혼란 등에 발목이 잡혀 구시대적인 객관식으로 회귀하고 있다. 영국 대입시험인 에이레벨(A-Level), 프랑스 고등학교 졸업 자격시험인 바칼로레아, 독일 대입시험인 아비투어(Abitur)에서 논술을 주된 평가방법으로 선택하고 있는데도 유독 우리만 머뭇거린다. 그들은 일방적인 전달 대신 생각하고 표현하는 논술을 선택했고, 넣는 공부에서 꺼내는 공부로 수업방식도 바꾸었다. 이런 경향은 객관식, 주입식 교육이 소용없다는 결론에 도달했기 때문이다. 우리가 그렇게 강조하는 평가의 공정성은 쓸모없는 객관식 시험을 위한 것일 뿐 실제 공부에는 아무런 도움이 되지 않는 방식이라는 것이 세계적으로 드러났다. 한국에서 치열한 경쟁을 뚫고 우수한 성적을 거두어도 세계 시장에서는 경쟁력이 없다는 것이다.

주입식, 객관식 교육의 문제점은 창의성이라는 미래 역량과도 정면으로 대치된다. 우리는 흔히 '출제자의 의도를 파악'할 것을 강조한다. 문제를 잘 보면 출제자의 의도를 알 수 있고 그러면 어려운 문제도 풀 수 있기 때문이다. 그러다 보니 출제자의 시각으로 문제를 보고 공부한다. 출제자의 시각은 나의 것이 아니다. 새로운 생각, 창의성과는 거리가 멀다. 영국, 프랑스, 독일 등 선진국에서 이루어지는 논술형 시험은 출제자의 의도를 중요시하지 않는다. 그들은 '자기 생각'을 중요시한다. 자기 생각을 꺼내고 펼치려면 공부하는 과정이 중요하다. 주입식 암기가 아니라 자신만의 다른 생각을 하도록 요구받고 훈련받는다. 결국 자기 생각을 자유롭게 펼치도록 훈련받은 아이들은 창의적으로 생각하고 활동하는 사람이 될 것이다. 남과 다른 자기 생각이 높은 평가를 받는 교육환경에서 자란 학생과 출제자의 의도에 맞게 답을 찾아야 하는 환경에서 자란 학생의 역량에 어떤 차이가 있을지는 쉽게 짐작할 수 있다.

변화의 방향

학교의 변화 방향은 어느 정도 선명하게 보인다. 가장 기본적인 목표는 주입식 넣는 교육이 아니라 토론식 꺼내는 교육이 되어야 한다. 공부는 지식과 현실의 만남이고, 생각과 행동의 합일이어야 한다. 그러자면 전달에서 토론으로, 객관식에서 논술로, 티칭에서 코칭으로, 외우기에서 말하기와 글쓰기로 가야 한다. 이 과정에서 교사의 자율성과 수업권의 철저한 보장이 필요하다. 행정 업무를 하느라 수업 준비를 못 하는 시스템을 개선해야 한다. 교사는 수업 준비에 모든 것을 걸어야 한다. 교사가 존재하는 이유는 학생들에게 최선의 교육을 제공하기 위해서다. 행정 업무는 최소한에 그쳐야 한다. 필요하다면 수업교사와 행정교사를 나누어서라도 수업권을 강화해야 한다. 그래야 학생들에게 좋은 수업을 제공할 수 있다.

학교가 개선되지 않으면 결국 피해를 보는 것은 학생들이다. 변화

없는 교육환경과 현실을 반영하지 못하는 학교 때문에 피해가 반복된다면 학생들은 떠날 수밖에 없다. 지금도 이런 모습들은 나타나고 있다. 그런 점에서 학교 너머의 공부에 적극적일 필요가 있다. 어차피 서울대 졸업생들도 절반이 실업자다. 대학에 가기 위해 학교 공부에 청소년 시기를 거는 것이 부질없어 보이는 이유를 통계가 말해주고 있다. 그런데도 대학을 고집하는 것은 혹시나 하는 마음 때문이지만 그 혹시나 하는 마음이 현실을 바꾸지는 못한다.

어떻게 보면 이것은 기회다. 학교 교육에 관심이 없고 교과서 공부에 적응하기 어려운 사람들에게 이런 기회는 또다시 없을 것이다. 마음껏 여행하고 현실에서 배우며 좋아하는 책을 읽고 유쾌한 경험에서 배울 기회는 얼마든지 있다. 그러자면 사회, 학교, 인터넷에 포섭되어 버린 우리 마음부터 되살려야 한다. 졸업장을 받지 못하면 사람대접 못 받는다, 안정된 삶을 살려면 학교 공부를 잘 따라가야 한다, 취직하기 힘들지만 스펙을 잘 쌓으면 바늘구멍에 들어갈 수 있다는 사회의 목소리를 무시할 수 있어야 한다. 대학원에서 석사나 박사 학위를 받는 것보다 혼자 책을 읽고 공부를 하는 것이 나을 수 있다. 하기 싫은 공부를 학위를 받기 위해 억지로 해서 얻을 수 있는 것은 학위뿐이다. 그 학위가 마음의 위로는 주겠지만 큰 쓸모가 없다는 것을 이내 알게 될 것이다. 혼자 책을 읽고 공부하며 사람을 만나 이야기하고 접속을 통해 지식과 경험을 쌓아가는 것이 훨씬 나은 선택이다. 지금 세상이 필요로 하는 것은 학위가 아니다. 문제를 해결할 수 있는 전문가다.

강사의 상황만 봐도 학위를 가지고 강의하는 사람들은 소수다. 대학교수를 제외하면 강의 수입으로는 생활조차 어려워 겹벌이해야 한다. 박사 학위가 있어도 강사 자리를 얻기 힘들다. 사회단체나 독서 모임, 도서관이나 지방자치단체의 연수원 같은 곳에서 이루어지는 강의는 학위가 중요하지 않다. 그곳에서 중요시하는 것은 오직 실력이다. 강의만 잘하면 그것으로 충분하고, 박사 학위 여부를 묻지 않는다. 강의를 잘하면 다음 강의 요청이 오고, 다른 곳에서 섭외가 들어온다. 이렇게 현실은 실력 위주로 움직인다. 그런데도 우리의 교육은 현실적 능력을 키우지 않고 머릿속에 지식을 넣고 학위를 얻는 공부에만 매몰되어 있다.

학교 공부를 잘하는 특별한 소수다. 그렇지 않은 나머지는 들러리에 불과하다. 대다수의 들러리는 학교에서 일찍 벗어나는 것이 자기를 위한 선택이 될 것이다.

튀는 사람들

'남들과 다르다'라는 이유만으로 꼭 필요한 사람이 되는 것이 아니다. 하지만 꼭 필요한 사람이 되려면 남들과 달라져야 한다. 그것이 유일한 방법이다. 남들과 다를 것이 없다면, 수많은 사람 중한 명에 지나지 않는다. 자신의 가치에 걸맞은 것을 얻고 싶다면 무조건 튀어야 한다. 감정 노동을 해야 한다. 꼭 필요한 사람처럼 보여야 한다. 조직이든 사람이든 깊이 관심을 가질 수밖에 없는 상호작용을 만들어내 자신을 알려야 한다.

_세스 고딘,《린치핀》

세스 고딘은 남들과 달라야 하고 튀어야 한다고 주장한다. 그러자면 사회 시스템, 일반적인 기대, 현 상태에 도전하는 결과를 만들어야 한다. 선생, 상사, 친구들이 싫어하는 것을 만드는 사람, 새로운 것을 만드는 사람들은 예술가, 린치핀이다. 그들은 혼자 일하지 않는다. 함께 해야 잘할 수 있다는 것을 알기 때문이다. 그들이 중요시하는 것은 네트워크를 통한 상호작용이다. 그들은 상대방을 자극하고, 자극받으며 창의적 활동을 추구한다.

사람은 누구나 자기 생각, 남다른 면을 가지고 있다. 이런 측면은 자신만의 독특함에 기초한다. 똑같은 사람은 없는데 교육과 사회는 다른 사람과 똑같아지라고 가르치고 강요한다. 창의력을 강조하면서도 평범함에 가둔다. 학교에서 창의적으로 행동하면 어떻게 될까? 당장 선생님에게 지적을 받거나 교무실로 불려갈 것이다. 직장에서 창의적으로 행동하면 이상한 사람이라고 낙인찍혀 소외되기 십상이다. 그러다 보니 독특한 개인들이 자신을 평가절하하며 스스로 창의성이 없다고 생각한다. 자신의 눈으로 세상을 보고, 세상이 필요한 것이 무엇인지 생각해보고, 없는 가치를 만들어낼 힘을 놓쳐버린다.

자기 길을 가는 사람은 외롭다. 서로 비슷하기에 친구가 될 수 있다. 서로 기댈 수 있고 이야기할 수 있으며 모험을 감행할 수 있다.

네트워크로 뭉쳐 일을 벌이는 것은 그들의 특권이다. 그들은 기회를 만들 준비가 되어 있다. 이제 학교 공부를 넘어 자기 공부로 가야 한다. 우리는 이미 알고 있다. 필요한 것은 행동뿐임을.

4 부

벤치 노마드를 위하여

유니크니스가
경쟁력이다

시뮬라크르

플라톤은 서양철학사에서 독보적인 자리를 차지한다. 그의 이데아론 때문이다. 그는 변하지 않는 고정불변한 진리를 이데아라고 칭하고 사유의 중심으로 삼았다. 이데아계란 변치 않는 진리를 담고 있는 세계다. 학문은 진리를 찾는 것이 목적이고, 학문을 통해 얻은 진리가 있다면 마땅히 따라야 한다. 소크라테스가 진리를 찾기 위해 철학을 펼치고, 훌륭한 삶을 위해 독배를 거부하지 않은 것은 진리에 대한 신념이 있었기에 가능했다. 목숨을 초개같이 버리면서도 바른말을 멈추지 않았던 충신들은 자신들이 올바른 일을 한다는 믿음이 있었다. 그들에게는 진리에 대한 갈망과

숭고한 실천 의지가 삶의 원동력이었다.

'서양철학은 플라톤의 각주'라고 할 만큼 그의 영향력은 절대적이었다. 플라톤 이후 서양철학은 고정불변하는 지식을 찾아 수천 년의 모험을 감행했고, 그 결과 놀라운 문명을 이끌어냈다. 과학과 기술의 발전은 우주와 삶의 진리를 찾으려는 끊임없는 시도의 결과물이었다. 그런 점에서 현대문명은 플라톤에게 큰 빚을 지고 있다.

고정불변한 것이 진리라면 흐르고 변하는 것은 현상이다. 우리가 사는 현실은 현상의 세계다. 현실의 모든 것은 변한다. 플라톤에게 있어 현실 세계는 허구의 세계이고 극복되어야 할 모순으로 가득 찬 곳이었다. 그에게 현실은 이데아가 복사되어 나타난 모방계였다.

플라톤적 사유에 영향을 받은 서양은 고정불변한 진리를 기준으로 세상을 이해하려고 시도했다. 만물의 정점에 창조주를 두고, 그 아래에 창조주를 닮은 인간을, 다시 그 아래에 동물과 식물, 피라미드의 밑바닥에 돌멩이 같은 무생물을 위치시켰다. 꼭대기에 가까울수록 신과 닮은 요소가 많고, 바닥에 가까울수록 신적인 것 혹은 진리와는 거리가 멀다.

이런 사유는 세상에 어떤 기준을 제시하는 것으로 이어진다. 아름다움의 기준이 있고, 그 기준에 가까운 것이 진정한 아름다움이라는 생각이 그것이다. 황금비율을 따르는 것이 아름답고, 미스코리아가 미의 기준이 된다는 식이다. 가장 선한 것이 있고 그 선함을 따라 사는 것이 훌륭한 삶이라고 규정짓는 것 또한 이데아적 사유와 관련이 깊다. 조선 시대의 충신들은 신하의 도리라는 이데아에 충실했고, 효자와 열녀들은 유교적 신념을 충실히 따른 사람들이었다.

반면 이런 기준으로부터 멀어진 것들이 있으니 그것을 시뮬라크르(Simulacre)라고 부른다. 시뮬라크르는 신적인 요소를 나누어 갖지 못한, 진리의 개념을 품고 있지 못한, 사회가 요구하는 기준에서 벗어난 것들이다. 돈이 되지 않는 지식, 사회에 적응하지 못한 아웃사이더, 자본주의 질서에서 이탈한 사상은 사뮬라크르에 가깝다. 공부 못하는 아이, 돈 버는 것에 관심이 없는 사람, 좋아하는 것에 사로잡혀 골몰하는 이들이 시뮬라크르다. 우리 사회가 이런 사람들을 대하는 태도를 보면 얼마나 이데아 중심적인 세계에 살고 있는지 알 수 있다.

이데아의 문제

중심부는 이데아적이다. 무엇이 옳고, 훌륭하고, 아름답고, 경제적인지를 잘 알고 그것에 충실한 것이 중심부다. 서울은 대한민국의 중심부다. 강남은 서울의 중심부다. 서울대학교는 교육의 중심부다. 삼성은 기업의 중심부다. 특목고는 고등학교의 중심부다. 대치동은 사교육의 중심부다. 국회의원은 권력의 중심부다. 프랜차이즈는 요식업의 중심부다.

중심부는 각 분야의 기준을 제시하고 사람들은 그것을 따른다. 그것을 따를 때 권력과 돈, 지식과 인맥을 분유할 수 있다. 중심부로 사람과 이목과 돈이 몰리는 것은 이런 이유 때문이다.

중심부는 두 가지 문제를 안고 있다. 하나는 중심부의 지식이 창의성이 없다는 것이고, 다른 하나는 그의 힘이 오래가지 못한다는 것이다. 중심부의 지식이 창의성과 거리가 멀다는 것은 대학 교재만 봐도 알 수 있다. 전자공학, 물리학, 정치학, 경영학 등 어느 분야의 교재를 살펴봐도 창의성이라고는 찾아볼 수 없다. 현실 문제를 풀어내는 문제해결력도 상실했다. 수업의 권위를 위해 이용되어야만 하는 무엇일 뿐이다. 이런 교재로 공부를 하니 재미와 창의성이 살아날 리 없다.

두 번째 문제는 중심부의 권력이 오래 지속되지 못한다는 것이다. 특히 지식이 그렇다. 인공지능 시대가 오면 이전의 지식이 급속도로 고철화되어 쓸모없게 될 것이다. 대학교에서 배우는 지식이 아무런 활용 가치가 없어지는 시대가 오고 있다. 특이점이 오면 중심부의 권력이 단번에 붕괴하고 새로운 중심이 등장할 것이다. 교육 관계자들은 이런 문제를 내다보고 고민해야 한다.

시뮬라크르의 시대

완벽함에는 어떤 압제가 있다. 심지어 어떤 싫증이 느껴진다. 과학적 공식과 같은 도그마의 힘으로 자신을 내세우는 것이 있다…. 진정한 미(美)는 아슬아슬하게 추(醜)를 희롱한다. 자기 자신에게 모험을 건다. 비율의 수학적 규칙에 편안하게 안주하지 않고 모험에 나서서, 추로 미끄러질 수도 있는 바로 그 세밀한 곳에서 매력을 발산한다.

_알랭 드 보통,《나는 왜 너를 사랑하는가》

알랭 드 보통의 말처럼 완벽함에는 압제가 있고 싫증을 느끼기 쉽다. 아름다움은 완벽한 것이 아니다. 아름다움을 느끼는 것이 인간이기 때문이다. 인간은 완벽하지 않고 각자 다른 기준을 가지고 있다. 아름다움은 또한 완벽함이 아닌 미와 추 사이의 어떤 매력으로 드러난다. 수천 년 동안 인간의 역사는 특정한 기준을 세우고 아름다움을 말해왔다. 그 기준이 허물어지고 있다. 기준을 무시할 만큼 개인의 힘이 강해졌다.

바야흐로 시뮬라크르의 시대다. 고객의 욕구가 수시로 바뀌고, 시장의 흐름을 판단하기 어려운 시대일수록 엉뚱한 곳에서 놀라운 일이 벌어진다. 자신만의 독특함으로 사람들의 시선을 끌고, 남다른 생각으로 놀라운 아이디어를 만들어내는 이들은 모두 시뮬라크르들이다. 주류와 중심에서 벗어난 독특하고 변방적인 성격을 지닌 이들은 기존의 것에 물들지 않고 자신만의 생각으로 세상을 산다. 스티브 잡스와 빌 게이츠가 그랬고, 마크 저커버그(Mark Zuckerberg)가 그랬고, 수백만 명의 구독자를 자랑하는 유튜버들이 그렇다.

허름한 동네식당에 들어갔더니 손님으로 꽉 차 있다. 주인장께 비결을 물으니 오랫동안 음식을 만든 경험이라고 했다. 프랜차이즈가 유행하는 시대에 동네식당이 성공할 수 있는 비결은 오랫동안 음식을 제공하면서 얻은 자기만의 독특한 경험에 있다. 주류는 쉽게 지친다. 쉽게 모방되고 전파되기 때문이다. 평균 이상의 질을 제공하지만 독특함은 없다. 시뮬라크르는 남들과는 다른 독특함과 유일함을 무기로 한다. 동네식당은 시뮬라크르다.

시뮬라크르는 고유한 것, 독특한 것, 남들과 다른 것, 심지어 남들이 무시하거나 버린 것들과 관련이 있다. 돈이 되지 않거나 도움이 되지 않는 것들은 쉽게 버려진다. 버려진 것은 중심부와 성격이 다를 뿐 무가치한 것이 아니다. 오히려 중심이 놓쳐버린 소중한 가치들이 고스란히 담겨 있다. 유니크니스로 무장한 시뮬라크르들이 변방을 넘어 중심을 장악하는 경우를 우리는 수없이 목격하지 않았던가.

다가올 세계에서는 시뮬라크르나 변방적 지식이 주류적 혹은 중심부를 차지하던 패턴에 변화가 일어날 것이다. 그 변화는 다양성이 될 것이다. 하나의 시뮬라크르가 중심을 장악하는 것이 아니라 다양한 시뮬라크르들이 혼재하는 양상이 될 것이다. 변화의 속도가 빠를수록 중심부는 힘을 유지하기 어려워진다. 이럴 때 취할 수 있는 전략은 주변부에 머물며 중심을 회피하는 것이다. 중심을 향유하는 자는 금방 몰락한다. 대중이 하나를 오래 향유하지 않을 것이기 때문이다. 그만큼 경쟁이 치열하다는 뜻이기도 하다. 이런 상황에서는 중심에 머물기보다 벤치에서 자신의 유니크니스를 키우고 강화하는 것이 바람직한 선택이다.

출판계를 보면 알 수 있다. 자신만의 독특한 콘텐츠로 이름을 얻은 저자는 출판사들의 러브콜을 받지만 독자들은 금세 새로운 콘텐츠를 요구한다. 새로운 콘셉트의 책이 등장해서 베스트셀러가 되면 비슷한 제목과 내용이 쏟아지고 시장은 유사한 것들로 넘쳐난다. 이 렇게 시뮬라크르는 독특함을 드러내 중심부에 이르지만 독특함은 일반화되고 개성은 사라져버린다. 이런 위험을 방지하려면 중심적 지위에 도취되지 말고 주변부의 정신을 지켜낼 수 있어야 한다. 흐름에 영합하지 말고 자신의 유니크니스를 지키면서 새로운 영역들과 결합하면서 다양성을 확보해야 한다. 이것이 시뮬라크르가 접속의 시대에 살아남는 방식이고, 변방적 지식으로 오랫동안 신선함과 창의성을 즐기는 길이다.

자신만의 유니크니스를 지켜낸 저자들은 비슷한 책들을 쏟아내 독자를 피곤하게 만들지 않는다. 다양한 시도와 만남을 통해 새로운 영역에 도전하고 유니크니스를 지키면서도 창조적 결과를 가져온다. 실제로 이런 방식으로 작업하는 저자들이 제법 많다. 미래에는 이런 시뮬라크르, 변방이 다수 존재할 것이다.

교육제도에도 시뮬라크르의 흐름은 반영되고 있다. 대표적인 것이 수시 제도다. 수능시험을 통해 대학에 입학하는 정시와는 달리 수시는 학생들의 다양한 재능과 가능성에 초점이 맞추어져 있다. 지식이 많고 시험을 잘 치는 아이만이 인재가 아니라는 사실을 교육이 받아들인 것이다. 여행을 좋아하는 아이, 만들기를 좋아하는 아이 등 학생들의 다양한 재능을 발굴하고 인정하겠다는 것이 수시 제도의 취지다. 이것은 시뮬라크르의 가능성을 격려하고 제도화하겠다는 시도로 읽힌다. 문제는 중심적 권력이 수시를 장악하려고 시도하고 있다는 것이다. 기득권은 수시를 악용해 자신에게 유리하도록 자료 조작을 시도한다. 덕분에 수시 무용론이 번지면서 정시가 강화되는 분위기다. 이것은 일시적인 형상일 뿐 수시 제도의 취지는 여전히 유효하며 오히려 장려되어야 한다. 물론 제도적 보완은 필요하다. 다가올 미래는 객관식 문제를 잘 풀거나 지식을 많이 가진 사람이 주도할 수 있는 곳이 아니기 때문이다.

탈영토화와 탈주

프랑스의 철학자 들뢰즈는 《천 개의 고원》에서 노마드(nomade)의 논리를 전개한다. 노마드란 유목민을 의미한다. 현대인들이 정착민이라는 점에서 유목민적 사유는 우리에게 익숙하지 않다. 하지만 인류는 정착한 시기보다 유목한 시기가 훨씬 길었고 유목적 방식은 지금도 유효하고도 중요한 역할을 맡고 있다.

유목민들은 일정한 지역에 정착하는 것이 아니라 끊임없이 이동한다. 그들의 정착은 거주가 아니라 머무름이고, 영원한 것이 아니라 일시적이다. 하나에 집착하고 그곳에서 뿌리 내려 정체성을 확보하지 않고 이동함으로써 고정된 방식에 저항한다. 안정된 하나를 확보하기보다 불확실하지만 다양한 것을 추구한다. 그런 점에서 그들의 방식은 차이를 만들어내는 반복의 연속이다. 유목민은 반복적인 삶을 살지만 새로운 차이를 만들어낸다. 반면 정착민들은 동일한 것에 포획되어 하나의 정체성에 붙들린다. 정체성은 가졌으나 차이를 허용하지 않고 획일화되어 굳어버렸다.

니체의 말처럼 "체계를 세우려는 자들에게는 성실성이 결여되어 있다". 정착은 체계를 세우는 일이다. 기존의 학문은 체계를 통해 유지된다. 그러나 체계를 세우는 즉시 그 속에 담을 수 없는 수많은 가능성과 또 다른 지식은 사라진다. '이것이 진리다'라고 말하는 순간 나머지 것들은 진리성을 박탈당한다. 이것은 성실한 자의 태도가 아니다. 진리는 체계로 포착될 수 있는 것이 아니며 시대에 따라 상황에 따라 달라질 수 있는 것이다. 체계야말로 진리의 적이다.

노마드의 방식은 탈주로 표현된다. 고착되고 익숙해진 것에서 이탈하여 새로운 차이를 시도하는 것이 탈주다. 인간은 안정을 추구하는 경향이 있다. 하나에 정착하고 안전하게 자신을 지키려 한다. 이런 방식은 더는 유효하지 않을 것이다. 한곳에 머무는 것이 안전을 보장해주지 않기 때문이다. 지식은 금방 쓸모없는 것이 되고, 급변하는 사회적 관계는 어제의 동지를 오늘의 적으로 만든다. 사회의 대부분이 이동하는 상황에서 혼자 정착하는 것은 위험천만하다.

정착은 인류에게 엄청난 발전을 안겨주었다. 대규모 공동체가 출현했고, 잉여생산물을 바탕으로 강력한 지배자가 등장했으며 학문과 예술의 성장을 이끌었다. 그 결과 인간 사회는 복잡해졌고 일하는 데 필요한 지식은 기하급수적으로 늘어났다. 체제는 평생교육을 장려했고 엘리트들에게 힘을 실어주었으며 학문으로 경쟁을 유도했다.

인간의 역사는 뒤로 돌아갈 수 없다. 시간의 화살은 과거에서 미래로 흐르고 인간은 앞으로 나아가려 한다. 한곳에 머무는 것은 성장이 아닌 정체를 의미한다. 떠남은 새로운 창조를 위한 조건이다. 과거의 지식에 머무르는 것은 성을 쌓는 방식이고 곧 몰락을 가져올 것이다. 유목민은 떠난다. 살기 위해서. 문명은 떠나는 사람들을 필요로 한다. 그래야 문명이 유지될 수 있다.

정착민의 방식은 영토화로 표현된다. 정착민은 제도를 만들고 정치를 통해 사회를 움직이면서 법과 규칙을 생산하여 유지한다. 지식은 중요한 사회 유지 수단이다. 성리학이 조선 사회를 지탱했듯이 현재를 떠받드는 지식은 필수적이다. 구성원들이 공유하는 지식이 없다면 사회는 유지될 수 없다. 이런 영토화에서 벗어나려는 움직임이 있다. 정치, 경제, 법, 지식 등 영토화된 영역에서 탈주하는 흐름이다. 탈영토화 혹은 탈코드화로 불리는 이런 흐름은 기존의 질서에서 벗어나 다양한 접속을 통해 새로운 영토를 만들어낸다. 탈영토화는 변화의 물결이며 새로운 영토화의 시작이다.

인간 사회는 영토화와 탈영토화가 반복되는 과정이다. 세상은 탈주와 접속의 반복을 통해 차이로 존재한다. 들뢰즈의 노마드는 급속한 변화에 직면한 우리에게 공부의 새로운 길을 제시한다. 기존의 지식에서 탈주하라는 것, 새로운 접속을 통해 차이를 만들어내라는 것이 그것이다. 노마드적 삶은 무정형적이다. 그것은 자유롭게 떠돌면서 횡단할 것을 권유하며, 기존의 영토에 집착하지 말고 저항할 것을 요구한다. 한마디로 열린 지식의 상태를 추구하는 것이다.

시뮬라크르의 힘

탈주와 시뮬라크르는 만날 수밖에 없다. 탈주가 기존의 권력과 중심에서의 이탈이기 때문이다. 시뮬라크르는 변방의 독특함을 무기로 한다. 기존의 질서에 물들지 않았고 자기만의 유니크니스를 지녔기에 신선하다. 취업을 위해 공부하는 대신 좋아하는 책을 읽은 사람은 시뮬라크르의 유니크니스를 가졌다. 기타학원에 다니며 유명 연주자들의 주법을 배우고 익히는 대신 혼자 음악을 들으며 피크를 튕겨본 연주자는 독특한 자기 주법을 가졌다. 교과서가 알려주는 답을 외우는 대신 자신의 벤치를 발견하고 사색으로 답을 얻어낸 아이는 생각하는 힘을 가졌다.

주변에서 이런 경우를 종종 본다. 주류에 편승하지 않고 자기 선택을 통해 유니크니스를 완성한 사람들이다. 그들에게 어떻게 그럴 수 있었냐고 묻는다면 이런 대답이 나올 것이다. "재미있잖아요." 시뮬라크르는 재미있다. 탈주는 낭만적 도취다. 교과서를 외우고 시험 문제 풀기를 즐기는 사람은 없다. 교과서를 읽고 외우기를 반복하는 사람은 학점에 연연하는 학생뿐이다. 반면 판타지 소설이나 찰스 디킨스의 책으로 밤을 새우고, 김수영의 시를 읽으며 종이를 꺼내 생각을 끄적이는 이들은 얼마든지 있다. 그들이 완성한 유니크니스야말로 시뮬라크르의 힘이며 노마드의 경쟁력이다.

욕망의 긍정

> 오늘날 필요한 것은 더 많은 것에 대한 욕망이 아니라 보다 다른
> 것에 대한 욕망이다.
>
> _루돌프 바로(Rudolf Bahro), 독일 녹생당 창립자

시뮬라크르의 유니크니스를 지키려면 자기 욕망을 긍정할 수 있어야 한다. 남들이 뭐라든 자기 길을 가야 한다. 세상은 타자의 욕망이 지배하는 곳이다. 이것을 하면 돈이 되고, 저것을 하면 성공한다는 목소리는 타자의 욕망이다. 기존 사회의 질서 속에서 길든 욕망에 따라 살면 유니크니스를 가질 수 없다. 독특함은 지키고 키우고 가꿔가는 것이다.

권력과 체제는 욕망의 통제를 시도한다. 탈주하려는 욕망은 위험할 수 있다. 전공 책 대신 시집을 꺼내든 학생의 선택은 위험한 것으로 간주된다. '그런 건 취업한 뒤에 봐도 늦지 않다'라며 회유를 시도한다. '평생 가난하게 살 수 있다'라며 협박도 서슴지 않는다. 탈주는 쉽게 제압되고 독특함은 일반화로 포획된다.

다행히 인간은 획일화된 반복을 견딜 수 없다. 같은 업무를 반복하는 회사, 같은 내용을 계속하는 수업은 피하고 싶다. 이유도 모르고 남을 따라 하는 것은 나답지 않다고 여긴다. 그런 점에서 탈주와 노마드는 우리가 꿈꾸는 것이기도 하다.

우리는 모두 시뮬라크르다. 각자 독특하고 다르다. 자기만의 개성

에 어울리는 공부를 하자. 다른 사람이 하는 공부를 따라가는 것은 의미가 없다. 그런 세상은 경쟁만 치열하고, 죽은 지식으로 가득 찬 지옥이 될 것이다. 끌리는 공부, 재미있는 공부, 하고 싶은 공부를 해야 한다. 외롭더라도 자신의 길을 가라. 그것이 시뮬라크르의 방식이다.

학습 민첩성을
확보하자

진리는 없다

서양철학은 진리를 찾기 위한 머나먼 여정이었다. 고대 그리스의 철학자 파르메니데스(Parmenides)는 '눈에 보이는 것은 모두 허상'이라고 했다. 우리가 감각으로 관찰할 수 있는 세계는 변하는 세계다. 변하는 세계는 유동적이기 때문에 고정된 진리를 담고 있지 않다. 진리란 고정불변하는 것이고 변화를 만들어내는 근본과 관계 있다. 변하는 현상에 속지 말고 그 현상을 만들어내는 본질에 집중해야 한다.

파르메니데스의 사유는 소크라테스와 플라톤으로 이어진다. 소크라테스는 진리를 찾기 위해 질문을 던지며 사유를 자극했고, 그의 제자 플라톤은 이데아라는 개념으로 진리를 정립했다. 플라톤에 따르면, 우리가 사는 현실은 항상 변하는 세계이기 때문에 진리를 담고 있지 않다. 진리는 현실이 아니라 이데아라는 별도의 세계에 따로 존재한다. 이데아계에 진리가 있고 그것이 복사된 세계가 현실 세계. 현실을 살아가는 우리는 세상을 탐구하여 이데아의 참모습을 깨달아야 한다. 이때 세상의 진리를 탐구하는 학문이 철학이다.

플라톤의 사유는 이후 철학자들에게 큰 영향을 미쳤다. 그의 사유는 서양철학의 주류로 작동한다. 철학자들은 고정불변하는 세상의 원리인 진리를 발견하기 위해 끊임없이 의심하는 회의를 무기로 사유를 펼쳤다. 중세와 근대를 지나 현대에 이르는 긴 여정을 통해 철학이 도달한 결론은 무엇일까? 불변하는 진리는 없다는 것이다. 탄생한 것은 빠르게 흘러가고 금방 사라진다. '있음'을 사유하는 순간 '없음'이 들이닥친다. 이것이 진리라고 깨닫는 순간 그것을 의심할 수밖에 없는 또 다른 증거가 드러난다. 진리로 여겨지던 뉴턴의 고전물리학은 양자물리학과 상대성이론에 의해 왕좌의 자리를 내놓아야 했다. 우리가 살아가는 세계에 고정된 것은 없다. 이 세계를 움직이는 거대한 원리가 있다면 세상의 모든 것은 변한다는 것, 하나의 원리로 설명될 수 없다는 것이다.

현대철학자들 중에 고정된 진리를 주장하는 사람은 드물다. 이제 세상은 다원성과 차이를 이해하고 받아들이고 있는 듯하다. 그런데 우리 자신은 어떨까? 우리의 공부는 어떨까? 고정된 정답이 있다고 믿고, 내가 맞다는 생각을 당연하게 받아들이고 있지 않은가? 나는 이런 사람이라는 자기만의 정체성이 강해 새로운 일과 변화의 가능성을 부정하고 있지는 않은가?

B급 영화와 정체성

정체성이란 내가 누구인지를 알려주는 정보들의 총합을 말한다. 어디 출신이고, 이름이 무엇이며, 어떤 직업에 종사하는지 등이 내가 누군지를 말해주는 요소들이다. 사람은 정체성을 가져야 그 사회에서 자리를 잡을 수 있다. 사회적 동물인 인간은 자기 자리나 역할이 없을 때 의심받거나 배척당하기 쉽다. 유교가 큰 힘을 발휘하던 시절 '근본'을 따졌던 이유가 여기에 있다. 사람은 어떻게 해서든 정체성을 가지려고 노력하고 기왕이면 괜찮은 것으로 정체성을 포장하려 한다.

내가 누군지를 안다는 것, 정체성을 인식한다는 것은 안정적 삶의 기반이다. 안정감은 세상에 나아가 사람을 만나고 일을 꾸밀 수 있는 긍정적 힘으로 작용한다. 인간이 정체성을 찾으려 하는 이유가 이것 때문이다. 정체성 탐구는 자기다운 것, 개성을 발견하고 가꾸는 데 도움을 준다. 내가 잘하는 것, 좋아하는 것, 하고 싶은 것을 알면 다른 사람의 눈치를 적게 보고 사회가 주는 압력을 견디며 자기만의 유니크니스를 찾을 수 있다. 취업이 잘 되는 전공을 선택하는 대신 좋아하는 공부를 할 수 있는 사람이 되는 것이다. 싸이가 세계적인 스타가 될 수 있었던 것은 유명 뮤지션을 따라하지 않았기 때문이다. 싸이의 성공 비결은 모방이 아니라 유니크니스였다.

막대한 자금을 투입하지도 않고 연기력이 뛰어난 유명 배우들이 출연하지도 않는데도 볼만한 영화들이 있다. 이른바 B급 영화다. B급 영화에는 두 종류가 있다. 하나는 A급을 따라 하다 실패하여 어쩔 수 없이 B급이 된 경우고, 다른 하나는 자기답게 만들다 보니 B급이 된 경우다. 두 경우의 차이는 무엇일까? 자기만의 유니크니스가 있는가다. 모방과 추종이 아니라 자기의 유니크니스로 만들어진 B급 영화가 진정한 B급이다.

유니크니스를 가진 B급 영화는 솔직하다. 화려하게 치장하지 않고 세상과 삶의 모습을 보여준다. A급 영화보다 주제의 선정과 스폰서들의 간섭에서 상대적으로 자유롭고, 감독의 의도에 따라 다양한 내용과 날카로운 비판을 담을 수 있다. A급이 만든 가짜 세계를 풍자하고 까발리고 조롱하기도 한다. 부담이 없고 친근하며 진실하다. B급 영화의 힘은 여기서 나온다. 관객에게 잘 보이려 하지 않고 돈을 벌기 위해 시류와 타협하지 않는다. 한마디로 자기 스타일로 만든 영화다.

쿠엔틴 타란티노(Quentin Tarantino)는 전형적인 B급 성향을 가진 감독이다. 멋지고 화려한 영화 대신 단순하면서도 감각적인 스타일로 자신만의 유니크니스를 드러내는 것이 그의 방식이다. 덕분에 〈저수지의 개들〉, 〈펄프픽션〉, 〈황혼에서 새벽까지〉, 〈킬 빌〉 등이 성공을 거두었고 두터운 팬층을 확보한 영화감독이 되었다.

어렸을 때부터 영화를 좋아한 그는 주말이면 극장을 찾아가 안

본 영화가 없을 때까지 모든 영화를 섭렵했다. 더는 볼 영화가 없자 본 영화를 또 봤다. 그는 학교생활에도 잘 적응하지 못해 스스로 '우물 안 개구리'라고 말할 정도로 영화만 보고 자랐다. 다른 아이들과 함께 어울리는 활동에 흥미가 없었다. 영화 외에 그나마 좋아한 것이라고는 만화책 정도였다.

지금의 그를 만든 것은 좋아하는 것에 빠져 있던 어린 시절이었다. 이런 시간은 자기만의 정체성을 형성하는 중요한 계기로 작용한다. 오랫동안 무엇인가를 하다 보면 그것에 대해 알게 되고 잘할 수 있게 된다. 그렇게 자신의 관심과 재능을 인지하면 무엇을 하고 싶고 해야 하는지를 깨닫는다. 자신만의 개성과 정체성, 유니크니스는 이렇게 만들어진다.

정체성의 함정

자기 정체성을 확립하는 일은 중요하다. 하지만 정체성을 지나치게 강조하는 것은 문제를 낳기도 한다. 자기가 잘하는 것, 좋아하는 것, 자기 분야에만 집중하는 '닫힌 사람'이 될 수 있기 때문이다. 닫힌 사람은 자기 것이 소중하고 중요하다는 인식이 강해 차이에 소홀하기 쉽다. 소위 전문가라는 사람들이 이런 실수를 자주 한다. 새로운 가능성을 열 수 있는 접속의 기회, 가능성의 문을 닫아버리는 것이다.

경희대학교 국제대학의 이만열 교수는 《한국인만 모르는 다른 대한민국》에서 한국인의 위대함을 확신하면서도 위대함의 조건을 이야기한다.

어쩌면 국가 발전 과정에서 한국인이 자신을 인식하는 방식에 왜곡이 일어났을지도 모른다. 오랫동안 한국인은 자동차나 텔레비전 부품을 잘 만들기 위한 절차와 기술에만 몰두했다. 즉, 특정한 상품을 중시하다 보니 국제사회에서 한국의 위상과 역할에 대한 고려와 관심은 부족했다.

한국인의 기술력은 기능올림픽을 석권할 정도로 세상에 비견할만한 민족이 없는 수준이다. 한국인은 남다른 성실성과 '빨리빨리'를 강조하는 문화로 생산성까지 높은 덕에 한국은 짧은 시간에 산업화에 성공한 대표적인 나라로 인식되고 있다. 이제 스마트폰을 비롯한 전자제품과 자동차, 선박 등 이동수단까지 한국은 세계적인 수준의 기술을 보유한 나라가 되었다. 하지만 한국의 전문가들은 자신의 영역에만 집중할 뿐 다른 분야나 주제에 대해서는 관심이 별로 없다. 자기 일만 잘하면 된다는 생각이 새로운 역할을 받아들여야 하는 상황에서 걸림돌이 되는 것이다. 이만열 교수의 지적처럼 "한국인 전문가는 외부인과의 긴밀한 관계를 발전시키거나 외부인이 세상을 어떻게 보는지에 대한 상상력이 부족"하다. 오랫동안 단일민족임을 강조하며 똘똘 뭉쳐 국난을 극복해온 전통이 외부와의 교류를 어렵게 만들고 있다. 한국인이라는 정체성으로 민족이 뭉칠 수는 있지만 그것으로 다양성과 통합의 시대인 21세기를 주도할 수는 없을 것이다.

지평을 넓혀라

세계는 우리에게 지평(地平)으로 주어진다.

_에드문트 후설(Edmund Husserl)

한 사람이 세계를 바라볼 때 갖는 시야의 한계를 지평이라 부른다. '나'라는 정체성이 뚜렷한 사람일수록 자신의 입장에서 세계를 보고 그 지평의 한계는 뚜렷해진다. 내가 강해질수록 나의 지평이 좁아지고 고착되기 때문이다. 나의 지평에서 너는 타자다. 경상도의 지평에서 충청도와 전라도는 타자다. 한국인의 지평에서 일본인과 중국인은 타자다. 기독교인의 지평에서 유대인과 이슬람은 타자다. 타자에 대한 도를 넘는 비판과 폭력은 '자기'라는 정체성의 강화에서 시작된다.

정체성은 사람을 죽일 수도 있다. 그것도 닥치는 대로 죽일 수 있다. 한 집단에 대한 강한, 그리고 배타적인 소속감은 다른 집단과의 거리감과 분리됨의 느낌을 주는 경우가 많다. 집단 내의 연대성은 다른 집단과의 불화를 부채질할 수 있다.

_아마르티아 센(Amartya Sen), 《정체성과 폭력》

아마르티아 센은 노벨경제학상을 받은 석학이다. 인도에서 태어나 힌두교와 이슬람의 대립과 갈등의 한가운데를 살았던 그는 정체성이 폭력과 얼마나 긴밀히 연결되어 있는지 몸으로 체험했다. 특정 지역 주민들이 우호적인 관계를 맺고 연대를 통해 서로를 돕는 일은 매우 훌륭한 일이지만, 그런 정체성이 그 지역으로 이주해온 외부 사람들에게 돌을 던지게 할 수도 있다. 정체성에 대한 집착이 타자에 대한 배제와 폭력으로 나타나는 것이다.

우리 사회는 특정 정체성을 조장하고 정치적으로 악용한다. 지역감정, 색깔론이 그것이다. '이번에는 우리 경상도가 정권을 잡아야 한다', '전라도 사람끼리 똘똘 뭉쳐야 한다', '좌파에게 나라를 갖다 바쳐서는 안 된다'라는 식의 표현이 정치적 공론장에 여전히 등장하고 있다. 이런 표현이 활개를 친다는 것은 여전히 그것에 동조하는 사람들이 존재한다는 뜻이다. 서로 벽을 허물고 교류와 상생을 모색해야 하는 상황에서 특정 집단의 이익을 위한 정체성의 강조는 전체를 위험에 빠뜨린다.

이런 정체성 호도에 휘둘리지 않으려면 나와 우리의 정체성에 대한 새로운 사유가 필요하다. 공동체에 대한 소속감을 자원으로 활용하려는 세력들에게 역풍을 경험하게 하려면 그만큼 깨어 있는 사람들이 많아야 한다. 정체성이 가져오는 생각의 감옥에서 벗어난 사람이 새로운 접속과 횡단을 통한 창의적 지식인이 될 것이다. 그러자면 벤치로 물러나 생각하는 시간을 가져야 한다.

멀티 정체성의 시대

> 불가피하게 다원적인 정체성이 주어진 상황에서, 우리는 우리가
> 맺고 있는 다양한 교제 관계와 소속 관계 중 어떤 특정 맥락에서
> 는 어느 것이 상대적으로 더 중요한지 결정해야 한다.
> _아마르티아 센,《정체성과 폭력》

현대사회의 개인은 하나의 집단에만 소속되지 않는다. 동창회, 향
우회, 회사, 동우회, 독서 모임 등 다양한 집단에 소속되어 활동한다.
정체성은 획일적이지 않다. 특히 정규직과 평생직장이라는 개념이
희미해진 시대에서는 여러 직장과 다양한 사람들을 만날 수밖에 없
기에 정체성을 규정짓기가 어렵다. 이런 상황에서 하나의 정체성을
고집하고 집착한다면 구태의연한 모습으로 비칠 수 있고 다양한 사
회적 관계변화에 적응하기 어려울 것이다.

필드에서 뛰는 선수는 하나의 포지션만 가진 것이 아니다. 급변하
는 경기 상황을 승리로 이끌기 위해서 선수는 여러 포지션을 소화
할 수 있어야 한다. 선수는 벤치에서 물러나 상황을 판단하고 경기
의 흐름을 읽으며 스스로 코치나 감독이 되어 경기를 봐야 한다. 동
료를 격려하며 동기를 부여하는 응원단의 역할까지 맡아야 할 수도
있다. 세상에는 멀티플레이어가 필요하다. 그러자면 자신의 정체성
을 하나에 묶어두어서는 안 된다. 선수가 코치가 되고, 해설자가 되
고, 스포츠 기자가 되는 경우는 얼마든지 있다. 중요한 것은 어떤 상

황에서든 벤치 인사이트를 갖는 것이다. 그럴 때 자신의 역할을 제대로 끝낼 수 있다.

멀티 정체성의 시대를 어떻게 봐야 할까? 하나의 고정된 정체성이 존재하리라는 것은 허구에 가깝다. 우연히 태어난 세상에 적응하기 위해 노력하는 과정에서 붙잡은 것들이 정체성을 형성했을 뿐이다. 국가의 경계가 허물어지고 조직의 장벽이 사라진 환경에서는 딱히 붙잡을 만한 것도 없다. 그런데도 과거의 정체성에 집착하는 것은 변화에 대한 두려움과 붙잡고 있는 것이 여전히 유효할 수 있다는 환상 때문이다.

특정 정체성의 중요성은 사회적 맥락에 따라 다를 것이다. 예를 들어, 저녁 식사 모임에 갈 때는 채식주의자로서의 정체성이 언어학자로서의 정체성보다 더욱 중요할 것이다. 반대로 언어학자로서의 정체성은 언어학 연구에 대한 강연을 할 경우 특히 중요할 것이다.
_아마르티아 센,《정체성과 폭력》

'저 사람은 이런 사람이다'라고 규정하는 것이 가능할까? 가능하다고 해도 그 순간일 뿐 영원히 규정하는 것은 불가능할 것이다. 어제의 나와 오늘의 나가 다르고, 집에서의 나와 직장에서의 나 또한 다르다. 나의 정체성을 고정하지 말고, 다른 사람 또한 특정한 모습으로 고착시키지 않는 것이 새로운 관계를 형성하고 변하는 상황에 대처하는 지혜로운 자세다.

멀티 정체성의 허용은 학습 민첩성으로 이어질 수 있다. 생물학에서 가장 중요시하는 것은 적응력이다. 다윈의 말처럼 "가장 강한 종이 살아남는 것이 아니라 변화에 가장 잘 적응하는 종이 살아남는다". 지식 생태계에서는 가장 많이 아는 자가 살아남는 것이 아니라 가장 잘 적응할 수 있는 지식을 가진 자가 살아남을 것이다. 변하는 시대에는 어떤 지식이 필요한지, 어떻게 배워야 하는지 아는 사람이 훨씬 유리하다. 인공지능 시대는 하나의 직업을 가지고 살아갈 수 있는 시대가 아니다. 빅데이터 사이언티스트는 미래에 주목받는 직업으로 떠오르고 있지만, 이 영역은 인공지능에 의해 쉽게 대체될 수 있다. 그때 중요한 것은 누가 빠르게 새로운 일로 옮겨갈 수 있느냐가 될 것이다.

직업의식을 갖는 것은 좋은 일이다. 그러나 직업을 너무 신뢰해서 새로운 길로 접어들 가능성을 가로막는다면 문제가 될 수 있다. 지금의 의대생들은 모두 의사가 되려 한다. 그러나 미래사회는 의사가 많이 필요하지 않을 것이다. 의사라는 직업에 매몰되는 것은 위험할 수 있다. 의학 지식과 기술을 배워 미래에 필요한 일을 하자는 열린 자세가 필요하다. 외과 의사가 안마의자를 연구하고, 피부과 전문의가 레이저 기기를 제작하고, 정밀 의료에 필요한 빅데이터를 분석하며, 헬스 사업에 뛰어드는 경우도 있다. 모두 의학 지식과 기술을 기반에 두고 직업을 확장한 모습이다. 이런 유연한 접근이 가능한 이유는 스스로 의사라는 직업에 매몰되지 않았기 때문이다. 변화가 극심하고 미래를 예측하기 어려울수록 유연성과 민첩성이 중요하다.

한국은 다른 나라에 비해 4차 산업혁명이라는 말에 유달리 민감하다. 왜 그럴까? 한국인들이 감각에 이끌리고 속도를 중요시하기 때문이다. '빨리빨리'가 그것을 말해준다. 우리는 어떻게든 빨리 끝내려고 한다. 일도 빨리하고, 밥도 빨리 먹고, 사람도 빨리 만난다. 뭐든 빨라야 직성이 풀린다. 전 세계 최고를 자랑하는 인터넷 보급률과 속도를 보면 알 수 있다. 이것이 한국의 경쟁력이다. 접속의 시대에 한국의 미래에 희망이 있다면 이런 모습이다. 한국의 기업의 경쟁력도 여기에 있다. 빠른 손놀림과 근면을 자랑하는 한국의 기술자들과 경제의 흐름을 읽고 쫓아가는 빠른 판단력은 한국 기업이 성장할 수 있는 발판이었다. 인공지능이 지배하는 미래사회에서도 속도는 더욱 중요해질 것이다. 빠른 기업이 느린 기업을 장악할 것이 뻔하다. 빠른 개인은 직업이나 환경 변화에 능동적으로 대처할 것이고 순조롭게 적응할 것이다. 결국 중요한 것은 학습 민첩성과 변화 적응력이다.

내면의 헐크와 화해하기

사르트르는 인간을 '무(無)'라고 부른다. '나는 이런 존재다', '이것이 인간이다'라고 규정할 수 없기 때문이다. 인간은 순간에 머물러 있지 않고 역사적 상황에 따라 끊임없이 변화한다. 오늘의 모습과 내일의 모습이 달라진다. 인간이 정체성에 혼란을 겪는 것은 이것 때문이다. 내가 누구인지 정확하게 아는 사람은 없다. 안다고 해도 금방 다른 삶을 희구하는 것이 인간이다.

영화 〈어벤져스〉의 헐크는 사회적 인간이 분노를 경험하면서 탄생하는 이성의 타자다. '나를 화나게 하지 마시오'라는 말이 그가 어떤 존재인지를 알려준다. 헐크는 문명의 이면이자 단일한 정체성에 대한 집착이 만든 괴물이다. 현대 문명은 우리를 하나의 정체성으로 내몰고 있다. 공부 잘하는 학생, 생산성을 갖춘 직장인, 돈 버는 능력이 탁월한 전문가가 그것이다. 단일한 정체성의 집착은 공부가 체질에 맞지 않는 아이에게 공부를 강요한다. 또한 배려심이 많고 커뮤니케이션 자체를 즐기는 사람에게 실적이 강조되는 업무를 맡긴다. 배우고 연구하는 일에서 행복을 느끼는 사람에게 돈을 버는 직업을 가지길 권한다. 이런 획일화된 기준은 내 안의 다양한 나를 거부하게 만들고 내면에 잠든 헐크를 깨운다. 주변에 일어나는 많은 사회적 문제는 획일화된 기준에서 소외된 사람들의 외침과 관련되어 있다. 인공지능 시대는 우리 안의 헐크를 깨울 가능성이 크다. 점점 빠른 변화에 적응하지 못하고 외곽으로 내몰리는 사람들이 많아질 것이다. 내면의 스트레스가 증폭되고 사회적 분노로 많은 문제가 드러날 것이다.

문제를 해결하는 방법은 하나뿐이다. 획일화된 기준을 해체하는 것, 하나의 정체성이라는 환상에서 벗어나는 것이다. 자기의 다양한 정체성을 인정하고 하나의 직업에 속박되지 않으면서 자신이 가진 지식과 기술을 바탕으로 새로운 삶의 가능성을 열어두는 것이야말로 문제를 해결하는 기반이다. 그럴 수 있을 때 민첩성을 확보할 수 있고 변화 적응력도 높아진다. 모순적이지만 헐크를 잠재우는 방법은 우리 안의 헐크를 인정하는 것이다.

지식의 죽음과
절학무우

엔트로피

　　'우주의 에너지 총량은 일정하다.' 열역학 제1의 법칙이다. 흔히 에너지 보존의 법칙이라고 부른다. 우리가 사는 우주는 에너지로 이루어진 세상이다. 에너지는 일, 열, 화학반응, 빛, 전기 등 다양한 형태로 존재한다. 에너지들은 상호 변환이 가능하다. 열은 빛을 내고 일을 하는 데 사용된다. 열역학 제1의 법칙에 따르면, 에너지는 그 형태를 바꾸거나 다른 곳으로 전달될 수 있지만 생성되거나 소멸하지 않는다. 총량이 항상 일정하게 유지된다.

　전기를 얻기 위해 우리는 석탄이나 석유 등의 연료를 이용한다. 석탄이나 석유 속에 저장된 화학에너지가 연소 과정에서 열에너지로 전환될 수 있다. 열은 전기를 만들거나 기차를 움직이거나 난방을 하는 용도로 이용된다. 문제는 그 과정에서 손실이 발생한다는 것이다. 석탄 속의 에너지가 모두 전기 에너지로 활용되는 것은 아니다. 석탄의 화학에너지가 열에너지로 바뀌면서 일부는 소모되어 방출된다. 이렇게 소모된 에너지는 다시 활용될 수 없다. 그렇다고 사라진 것은 아니다. 이것을 열역학 제2의 법칙이라 부른다.

열은 뜨거운 곳에서 차가운 곳으로 흐른다. 그 반대의 경우는 불가능하다. 자연에는 수많은 에너지가 있으며 에너지를 열로 이용할 경우 소모된 열에너지는 다시 회복될 수 없다. 자연은 순환하는 것처럼 보이지만 사실은 돌이킬 수 없는 쏘아놓은 화살과 같다. 이것을 엔트로피가 증가한다고 말한다. 우주의 순환은 회복할 수 없는 에너지 손실을 주고 이것은 무질서의 증대를 의미한다.

지식 엔트로피

인간은 삶을 영위하기 위해 에너지를 활용한다. 추운 겨울을 지내려면 열을 만들어야 하고, 지하철을 움직이려면 전기가 필요하다. 무질서한 자연 상태에서 태어난 인간은 수십만 년 동안 질서를 창조해왔다. 그 과정은 에너지를 활용하는 과정이기도 하다. 그러나 문명이 질서라는 우리의 생각과는 달리 문명화의 과정은 엔트로피, 무질서를 증가시킨다. 우리 사회가 그것을 증거하고 있다. 문명은 여느 때보다 성장했지만 수많은 사회 문제가 감당할 수 없을 정도로 쏟아지고 있다. 컴퓨터가 놀라운 발전을 이끌었다지만 그것이 쏟아내는 엔트로피의 증가를 우리는 감당하지 못하고 있다. 그렇다면 인공지능도 마찬가지가 아닐까?

인공지능 시대는 지식 엔트로피가 급격히 증대하는 시대가 될 것이다. 우리는 매일 수많은 지식을 습득하고 보급하는 데 많은 시간을 보낸다. 학교에서 교과서를 읽고, 직장에서 보고서를 찾고, 지하철에서 스마트폰으로 기사를 읽는다. 문제는 예전과 비교할 수 없을 정도로 많은 정보와 지식이 양산되고 있다는 것이다. 이들 중 우리가 정말 알아야 할 것은 빙산의 일각에 불과하다. 이런 무익한 지식을 얻느라 에너지를 소모하는 모습을 어떻게 이해해야 할까.

우리가 배워야 할 것들의 양은 너무도 많이 증대했다. 1980대 이전만 해도 대한민국에서 대학을 졸업하면 인재로 인정받았다. 지금은 박사 학위가 스펙이 될 수 있는지 의심스러울 지경이다. 우리 사회는 지식의 양이 늘어나면서 복잡해지고, 그것들로 인해 더 많은 에너지를 써야 하는 악순환에 내몰리고 있다. 공부하면 할수록 공부할 것이 늘어나는 상황은 우리가 지식 엔트로피 속에 살고 있음을 정확히 말해준다.

아무리 똑똑한 사람도 혼자 중요한 일을 해내는 것이 힘든 시대다. 지식이 양이 늘어나면서 한 분야에서 알아야 할 것들이 너무 많아지고 어려워졌기 때문이다. 천문학 분야에서 두각을 나타내려면 별자리만 알아서는 안 된다. 수학자도 힘겨워하는 복잡한 수학을 공부해야 하고, 뉴턴에서 스티븐 호킹(Stephen Hawking)까지 물리학을 독파해야 하며, 우주와 세계에 대한 인식의 폭을 확대하기 위해 철학 이론도 알아야 한다. 천문학이 좋아 천문학과에 입학한 학생들은 천문학의 맛도 보지 못하고 곤란한 학문에 지쳐서 낙마한다. 우리 시대의 전문가들은 점점 우물 안 개구리가 될 수밖에 없다. 지식이 늘어날수록 무지도 증가한다.

인공지능 시대에는 그동안 우리가 배운 것들이 거대한 쓰레기 더미로 변해버린다. 산업혁명 시대의 말[馬]이 그랬다. 증기기관이 발명되고 기차와 자동차가 등장하자 그동안 짐을 옮기고 사람을 운송해왔던 말은 할 수 있는 역할이 없었다. 지금 우리가 사용하는 지식, 자격증, 박사 학위 등도 말의 처지가 될 것이다. 지식의 죽음이 눈앞에 와있다.

이런 현상은 지금도 두드러지게 나타나고 있다. 우리 사회는 학력이 높다는 것만으로는 일자리를 얻기 어렵다. 쏟아지는 각종 자격증도 마찬가지다. 좁은 문을 통과하는 방편으로 자격증을 얻기 위해 노력하지만 별 소용이 없다. 이미 자격증은 포화상태이고 새롭게 만들어지는 분야의 자격증 또한 엔트로피의 증가를 반영할 뿐 실효를 거두기 어려운 상황이다. 고지식 사회가 될수록 무익한 지식은 늘어나고, 유용한 지식은 찾기 어려워진다. 이제 지식인은 대중이 되었다.

두려움의 시대

더글러스 애덤스(Douglas Adams)의 《은하

수를 여행하는 히치하이커를 위한 안내서》에는 삶과 우주의 모든 것에 대한 궁극적인 질문의 해답이 등장한다. 이 해답은 우주에서 둘째가는 컴퓨터인 '깊은 생각(Deep Thought)'이 750만 년 동안 작동한 후 얻은 결과였다. 깊은 생각이 만든 결과는 무엇이었을까? 그 대답은 숫자 '42'였다.

재미있는 것은 이 답을 이해하는 사람이 아무도 없다는 점이다. 그도 그럴 것이 해답 이전에 문제 자체가 애매하다. 삶과 우주의 모든 것에 대한 궁극적인 질문이 무엇인지 내용이 없다. 질문이 모호한데 답이 나오니 이상하다.

인공지능 시대에 이런 답이 쏟아지면 어떻게 될까? 따라야 할까? 인공지능을 의심하고 스스로 답을 찾아야 할까? 인간이 인공지능이 내놓은 답보다 뛰어난 답을 찾아낼 능력이 있을까? 이런 갈림길에서 인간은 무엇을 할 수 있을까?

쓰레기 지식이 넘치는 사회에서는 새로운 지식인이 등장할 수밖에 없다. 지식인은 어떤 정보가 유효하고 어떤 지식이 필요한지를 가려내는 눈을 가진 사람이다. 점점 배우고 익혀야 할 것이 많아지는 사회에서 무엇을 버리고 어떻게 익힐지는 중요하다. 모든 것을 배울 수 없기 때문이다. 그래서 배움에 대한 배움이 필요하다. 무엇을 어떻게 배우고 어떻게 활용할 수 있는지 아는 것은 인공지능 시대의 핵심 능력이다.

우리는 인공지능 시대에 대한 기대와 두려움을 함께 가지고 있다. 생산성의 향상으로 풍요와 편리를 향유할 것이라는 기대, 지식 격차가 심해지고 빈부의 차이가 극명하게 드러날 것이라는 두려움이 그 것이다. 이런 두려움은 인공지능에 의해 인간이 지배당할 것이라는 터미네이터적인 암울함이 깔려 있다. 두 가지 전망 모두 가능성일 뿐 현실은 아니다. 결국 우리가 어떤 방향을 선택하느냐에 따라 가 능성은 현실이 될 것이다.

두 경우 모두 인간의 역할이 중요하다. 인공지능으로 인해 생산성 이 높아지고 풍요의 시대가 된다면 그것이 어떻게 가능한지 알아야 한다. 그때 유토피아적 전망은 현실성을 얻을 것이다. 막연하게 낙 원을 기대하는 것은 두려운 사회를 만날 가능성을 열어두는 것이다. 지식 격차로 인한 빈부 차이가 극심해진 사회나 인공지능이 지배하 는 세상이라는 디스토피아를 피하기 위해서도 인간의 지혜는 중요 하다. 지금까지 인간은 원하는 미래를 만들어오지 못했다. 문명은 우리가 의도한 것이 아니었다. 문명을 발전과 성장이라는 이름으로 치장해왔을 뿐 실제는 통제할 수 없는 욕망의 결과일 뿐이었다. 발 전과 문명이 바람직한 결과를 가져오지 못할지도 모른다는 사실을 우리는 안다. 공멸할 수 있다는 두려움은 개인적 이기심을 내려놓고 전체를 생각할 수 있는 힘을 준다. 현명한 선택이 가능할 수도 있다 는 말이다.

이제 선택을 해야 한다. 과거처럼 지식의 양을 측정하고 많이 아는 학생을 양산하기 위해 열을 올릴 것인지, 양에 대한 환상을 버리고 생각을 장려하고 대화를 통해 다양한 사유를 횡단할 수 있는 열린 지식인을 육성할 것인지, 선택은 우리에게 달려 있다. 그 선택을 하는 데 공멸의 두려움이 큰 도움을 줄 것이다.

절학무우

　　　　　노자는 '끝이 있는 삶으로 끝이 없는 앎을 추구하는 것은 위험하다'라고 일침을 놓는다. 알면 알수록 모르는 것이 늘어나는데 왜 앎을 추구해야 하는가? 지식이 증대할수록 쓰레기 지식을 양산하게 되는데 왜 지식을 축적해야 하는가? 이런 회의는 공부하는 사람이면 누구나 경험하는 불안이다. 여기에 문명의 복잡성이 행복과는 무관할 수도 있다는 통찰과 그 발전을 인간이 통제할 수 없을 것이라는 섬뜩함까지 더해져 노자의 일갈이 더욱 사무친다.

'절학무우(絶學無憂)'. 이것이 지식 엔트로피 문제에 대한 노자의 해답이었다. 배움을 끊으면 근심이 사라진다. 배우려는 마음이 지식을 낳고 지식은 이론과 사상을 구축한다. 이론과 사상은 새로운 배움으로 안내하고 우리는 그렇게 끊임없이 공부에 몰두한다. 지식은 복잡해지고 사상은 난해해져 어떤 것이 옳고 그른지 혼란스럽기만 하다. 지구상에 일어나는 문제 중 상당수가 지식과 사상 때문에 발생한다. 나의 지식이, 우리 사상이, 우리 종교가 옳다는 믿음으로 충돌한다. 지식은 길을 제시하고 그 길을 먼저 가기 위해 달음박질하다 시기, 질투, 협잡, 갈등이 난무하게 된다. 노자는 기준을 세우지 말라고 한다. 기준을 세우면 그것을 향해 달려갈 것이고 충돌과 갈등을 피할 수 없다는 것이다.

안타깝게도 노자의 절학무우는 현실성이 없어 보인다. 끝없는 욕망을 향해 달려가는 인간에게 학문을 끊는 일은 불가능하다. 문명의 속도는 인간이 통제할 수 있는 상황을 넘어섰다. 남들이 폭주하는 상황에서 혼자 내려놓는 것은 허용될 수 없다. 낙오와 패배라는 두려움을 감당할 만큼 인간은 강하지 못하다. 조기교육 열풍과 사교육의 번성은 낙오의 두려움을 견딜 수 없는 인간의 자기 방어기제다. 이런 시대에 노자의 목소리는 공허한 메아리로 남을 것인가?

그럼 어떻게 해야 할까? 잡다한 공부를 멈춰야 한다. 지식 엔트로피를 낮춰야 한다. 이것저것 난삽한 것들을 주워 담는 공부를 멈추고 큰 맥락을 찾는 공부를 해야 한다. 국어, 영어, 수학, 사회, 과학, 역사 등으로 학문을 나누고 세부사항을 외우는 방식에서 벗어나야 한다. 인간과 세상에 대한 큰 그림을 그리고 방향을 잡는 것이 먼저다. 괜찮은 미래를 위해서 큰 그림은 필수적이다.

공학은 엄청난 규모의 엔트로피를 양산한다. 지식을 대규모로 응용하여 현실에 유용한 것들을 만들어낸다. 우리 주변에 산재한 공학적 제품들(스마트폰에서 노트북까지)을 보면 알 수 있다. 제품 자체가 엔트로피를 높이고 그것들이 재창조하는 정보와 지식의 결과물이 세상을 복잡하게 만들고 있다. 그에 비해 인문학은 저엔트로피 학문이다. 기껏해야 나무를 소비하고 인쇄물로 드러나는 정도다. 인문학은 생각을 자극하고 사유의 확장을 장려한다. 공학이 달리자고 외칠 때 인문학은 멈추고 돌아보라고 말한다. 인문학은 공학적 엔트로피를 낮춘다.

인문학은 방향이다

세계는 있는 그대로 존재하지 않는다. 우리가 바라보는 대로 존재한다. 우리가 세상을 선하게 본다면 선할 것이고 악하게 본다면 악할 것이다. 우리가 주변 사람을 보는 것도 마찬가지다. 삶이 좋아지려면 다른 사람의 관점을 이해하고 그들과 함께할 준비가 되어야 한다. 그 준비를 위해 인문학을 공부해야 한다. 모든 학문이 인문학으로 통하는 이유가 여기에 있다.

인문학은 우리가 세계를 어떻게 바라봐야 하는지, 어떻게 바라볼 수 있는지를 탐구한다. 우리 마음속에 좋은 관점을 길러주고 훌륭한 태도를 익히게 한다. 문제가 닥쳤을 때 문제를 바라보는 우리의 관점과 태도는 삶에 결정적인 영향을 미친다. 과학은 방법을 구체화하고 기술을 제공하지만, 인문학은 방향을 결정한다. 단순한 사물을 인식할 때 어떤 맥락 속에서 이해할 것인가의 문제는 인문학이 감당해야 할 몫이다.

인문학은 초등학교 때부터 시작하는 것이 좋다. 세상과 사람에 대한 인식이 일찍 갖추어진다면 학문에 임하는 태도가 달라질 것이다. 인문학을 통해 자신의 가치관을 확립할 수 있다면 어떤 것을 배우고 어떤 일을 할지에 대한 갈등과 방황이 지금처럼 심하지 않을 것이다. 청소년들이 직업 선택에 어려움을 겪고 꿈이 선명하지 않은 것은 직업이 너무 많기 때문이 아니라 자기 가치관이 없기 때문이다. 진로는 직업을 결정하는 것이 아니다. 그것은 나아가고자 하는 방향이고 흐름이다. 자신이 어떤 삶을 살고 싶은지 마음의 갈래가 잡히면 진로는 자연스럽게 해결된다. 다른 사람들이 삶의 의미를 찾는 것을 돕고 싶다는 방향을 가진 청소년이라면 선생님이 되든 심리상담사가 되든 작가가 되든 크게 중요하지 않을 것이다. 방향이 있기에 그것과 맞는 일이라면 어떤 것이든 할 수 있다. 글을 쓰는 작가가 방송에 출연하고, 강의하고, 여러 단체에 참가하여 다양한 활동을 하는 것은 당연한 일이다. 여러 개의 일이 하나의 방향에 따라 이루어질 뿐이다. 중요한 것은 직업이 아니라 가치관과 방향이다.

통섭

과학은 맹목적이다. 앞으로만 달려간다. 가설을 세우고, 실험으로 증명하고, 새로운 법칙으로 정착시키고, 또 다른 가설을 세우는 것이 과학이다. 과학은 미네르바의 눈이 없다. 과학이라는 질주마에 고삐를 채우는 것은 인문학의 몫이다. 우리 문명이 어디로 향할지, 과학으로 무엇을 해야 할지, 인공지능에 어떤 정보를 제공할지를 결정하는 것이 인문학의 역할이다.

과학은 인문학에 새로운 눈을 안겨준다. 우주와 사물에 대한 과학적 지식은 세계를 바라보는 관점에 타격을 가한다. 양자역학이 물질과 파동, 있음과 없음에 대한 관점을 바꾼 것처럼, 진화생물학이 인간의 본성에 대한 철학적 인식에 변화를 가져온 것처럼, 기초과학의 발달은 인문학에 새로운 자극을 가하고 시대가 요구하는 지혜를 찾도록 돕는다.

과학과 인문학의 융합을 위해서 학문은 열려 있어야 한다. 인문정신을 지키면서 과학의 성과를 포용하고, 인문정신을 수용하면서 과학은 나아가야 한다. 지식 엔트로피를 넘어서 절학무우의 정신이 꽃을 피우려면 융합과 통섭이 필수적이다.

스스로를
추방하라

주변부와 중심부

　　　　　1980년대 학생은 경제를 이끄는 산업역군이나 부가가치를 높이는 전문가가 아니었다. 그럼에도 불구하고 세상의 중심에 섰다. 순수하고 뜨거운 가슴으로 민주화라는 시대의 사명에 몸을 던졌다. 흔히 그들을 386세대(이제는 586세대)라 부른다.

　학생운동은 90년대 중반까지 대한민국 사회변혁을 이끌었다. 그들이 중심일 수 있었던 것은 대학이라는 주변부에서 기른 날카로운 시선과 불의에 항거하는 양심을 가졌기 때문이다. 정치, 경제, 사회 어느 분야에도 속해 있지 않은 주변부 학생의 목소리에 대한민국이 움직였다.

이제 그들이 세상에 진출했고 사회의 중심에 있다. 그들의 순수한 열정과 뜨거운 가슴이라면 대한민국은 유토피아가 되었어야 했다. 그러나 현실은 그렇지 못하다. 주변에서 중심으로 이동했으나 그들은 중심의 혜택을 향유하느라 바빴고 자본과 권력에 포섭되어 뜨거운 가슴이 식고 말았다. 스스로를 중심에서 추방하지 못한 결과다.

미국의 경영학자 짐 콜린스는 《위대한 기업은 다 어디로 갔을까》를 통해 자신이 발굴했던 위대한 기업들이 몰락하는 과정을 분석했다. 그에 따르면, 몰락은 5단계로 진행된다. 1단계는 성공으로 자만심이 생기는 단계다. 2단계에서는 원칙 없이 더 많은 욕심을 낸다. 3단계에서는 위험과 위기의 가능성을 부정한다. 여기가 몰락의 최정점이다. 4단계에서는 구원을 찾아 헤매고, 마지막 5단계에서는 유명무실해지거나 생명이 끝난다.

승리와 성공은 몰락의 전주곡이다. 성공에 도취한 이들은 쓴소리를 듣는 대신 환호에 귀 기울인다. 지금까지 그들을 이끌었던 규율과 신념이 조금씩 붕괴하면서 올바른 의사결정을 내리지 못한다. 자만심은 탐욕을 부른다. 핵심 분야에서 벗어나 문어발식 확장을 시도한다. 그곳은 성공을 만들기에는 낯설고 경쟁자들 또한 강력한 곳이다. 내부에서 경고등이 켜지고 외적으로 위험신호가 감지되지만 여전히 성과가 존재하기에 무시해버린다. 위기를 일시적인 현상으로 치부할 만큼 성취에 의한 도취는 심각하다.

모토로라가 그랬고 노키아가 그랬다. 성공이 몰락으로 이어지는 경우는 수없이 많다. 성공에 도취해 펄떡이는 명력을 잃고 중심부의 향연을 즐기는 동안 세상은 급변한다. 파도를 응시하지 않고 날씨를 살피지 않는 배는 미래가 없다. 세이렌에게 영혼을 빼앗긴 이들을 기다리는 것은 파멸뿐이다.

조선의 개창을 반대하고 낙향한 사림(士林)은 15세기 이후 본격적으로 중앙정계에 진출을 시도했다. 사림은 권력의 중심인 훈구 세력을 비판하고 새로운 사회의 청사진을 제시하며 시대에 생기를 불어넣었다. 그 과정에서 훈구파의 탄압으로 조광조 같은 인물이 낙마하고 사화를 경험하는 등 여러 좌절을 맛보지만 끈질긴 생명력으로 사대부 사회를 장악하여 조선의 핵심으로 등장했다. 사림이 조선을 장악할 수 있었던 것은 기성 권력을 비판적 시선으로 바라보며 백성을 위하는 시대정신으로 무장한 덕분이었다. 그들의 비판은 송곳처럼 날카로웠고 정책은 갈채를 받았다.

중심을 장악하자 다른 얼굴이 드러나기 시작했다. 현실적 문제를 등한시하고 주자(朱子)를 신격화하여 성리학을 교조화시켰다. 현실과 무관한 의례나 관념적 논쟁에 집착하여 시대의 문제에 대응할 힘을 상실했다. 사림은 붕당으로 인한 당쟁, 새로운 문물 거부, 특정 가문의 세도정치로 몰락의 길을 걷는다. 산림(山林)에서 학문을 닦던 주변인 사림이 중심부에 이르러 자정 기능을 상실한 결과였다.

혁명은 계속되어야 한다

스티브 잡스는 애플을 세계 최고의 기업으

로 올려놓았다. 암 투병 중에도 아이패드를 내놓으며 혁신을 멈추지 않았다. 아버지의 차고에서 시작한 애플이 성공 가도를 달릴 수 있었던 것은 성공적인 기업이 된 후에도 과거와의 결별을 멈추지 않았기 때문이다. 애플의 혁신은 새로운 것을 추구하는 스티브 잡스의 스타일에 근원을 두고 있다. 기존의 성공에 안주하지 않고 성찰과 각성, 결별과 시작을 시도하는 삶은 신화가 되었다. 이 과정을 혁신에 중독된 한 경영자의 맹목적 자기실현이라는 차가운 눈으로 보는 사람도 있다.

온라인 게임 업체 넥슨은 1994년에 창업하여 대성공을 거두었다. 넥슨은 '바람의 나라', '메이플스토리', '던전 앤 파이터', '카트라이더' 등 히트작들을 쏟아냈다. 넥슨의 처음은 초라했다. 컴퓨터공학을 전공한 친구들이 모여 어설픈 게임을 만든 것이 그 시작이었다. 당시 게임 산업은 소니와 닌텐도가 장악하고 있었다. 그러다 인터넷이 상용화되고 컴퓨터 게임이 일반화되면서 상황이 급변했다. 전용 게임기에 의존하지 않고 컴퓨터에서 쉽게 즐길 수 있는 가벼운 게임들의 시대가 왔기 때문이다. 친구들이 모여 시작한 변방의 작은 업체가 닌텐도라는 거대 공룡을 이기는 기현상이 일어났다. 성공의 환호도 잠시, 이제 넥슨도 거대공룡이 되어 중심부에 있다. 변방의 힘이 언제까지 유효하지는 않으리라는 것을 그들도 알 것이다.

애플과 넥슨은 여전히 건재하다. 익숙함과 결별하고 새로운 시작에 전념하는 사람과 기업은 여전히 존재한다. 혁명은 계속되어야 한다는 것을 그들은 안다.

인간, 낡은 모델의 폐기

인간은 자기반성을 통해 세상을 구원한 적이 없다. 냉정한 자기반성을 통해 과거와 결별했다고 해도 그것은 자기 자신을 위한 것일 뿐 세상을 위한 것이 아니었다. 중요한 순간마다 인간은 결별과 시작을 생존의 도구로 이용했고, 그것은 꽤 성공적이었다. 지금까지 살아남은 것이 이를 증명한다.

영화 〈어벤져스〉는 타노스의 철학을 통해 다른 생명과 환경을 위협하는 인간의 이기적 행태를 고발했고, 〈겨울왕국 2〉는 문명의 이기에 사로잡혀 자연의 중요성을 잃어버린 자기중심적 사고에 경고를 보냈다. 영화를 본 사람들은 환경을 보존하고 생명을 존중해야 한다는 생각을 갖지만, 일상으로 돌아온 그들은 이전과 다름없이 이기적인 개인으로 행동할 뿐이다. 마블과 디즈니는 도구적 이성의 정점일지도 모른다. 그들은 매력적인 이야기에 도덕적 메시지를 담아 돈을 벌고 있다. 〈어벤져스〉와 〈겨울왕국〉이 지구와 인간을 구원할 수 없다는 것을 우리는 안다. 마블과 디즈니의 휴머니즘은 자본주의의 다른 얼굴이다.

2019년 제작된 영화 〈아이 엠 마더〉는 인류 멸종 후 인류 재건 시설에서 인공지능 로봇이 인간을 배양하여 키우는 이야기로 시작한다. 로봇은 아이를 건강하게 성장시키고 지식과 윤리를 가르치며 훌륭한 엄마의 역할을 해낸다. 어느 날 시설로 상처 입은 여성이 들어오고 아이는 그녀를 숨겨준다. 그러면서 차츰 드러나는 진실. 그것은 인간이 스스로 파멸의 길을 걷는 모습에 실망한 인공지능이 인간을 멸종시킨 후 새로운 종으로 업그레이드를 시도했다는 것이었다. 인류가 멸종한 세상에서 인공지능은 지구를 완전히 통제하고 있었고, 인간은 인공지능의 양육과 교육을 통해 새로운 종으로서의 가능성을 시험당하고 있었다. 낡은 모델을 폐기하고 새로운 모델을 탄생시키는 작업의 주체는 인공지능이며 인간은 객체에 불과했다.

할리우드만큼 인간을 잘 이해하고 있는 곳도 없다. 그들이 만든 영화에서 인간은 늘 타자를 소외시키고 자기를 종말로 이끈다. 물론 자기반성을 통해 다른 선택을 할 것이라는 작은 희망의 여지는 남겨둔다. 이 책 또한 그 맥락에서 자유롭지 않다.

"나는 죽음이야말로 삶의 가장 훌륭한 발명품이라고 생각한다. 죽음은 쓸모없어진 낡은 모델을 깨끗하게 제거해준다." 스티브 잡스의 말은 인간의 운명을 예언하는 것처럼 들린다. 그가 말하는 '쓸모없어진 낡은 모델'은 오래되고 구태의연해진 사고와 과거의 향수에 젖은 기성세대를 뜻한다. 특이점을 목전에 둔 상황에서 그의 말은 다르게 이해된다. 쓸모없어진 낡은 모델이 인간 종족 전체일 수 있으며 그 죽음이 다가왔다는 뜻으로. 인간의 죽음 이후에 새롭게 탄생할 모델은 인공지능이 될 것이다. 인간은 낡은 모델에 불과하다. 한마디로 쓸모가 없다. 인간보다 더 쓸모가 있는 것이 나타났기 때문이다. 인간이 인공지능에게 주도권을 빼앗길 것이라는 암울한 예언이 힘을 얻는 것은 이런 이유 때문이다.

성찰과 미래의 지성인

막스 호르크하이머(Max Horkheimer)와 테오도어 아도르노(Theodor Adorno), 에리히 프롬 등 프랑크푸르트학파로 알려진 이들은 자기 확장에 여념이 없는 인간의 이성을 비판하는 목소리에 힘을 실었다. 그들은 인간이 이성을 통해 문명을 발전시킨 것이 아니라 자기 이익을 위해 타자를 이용해왔을 뿐이라는 점을 강조했다. 또한 제2차 세계대전을 통해서 드러난 인간의 모습을 야만으로 규정했고 인간의 역사는 진보가 아니라 퇴보라고 선언했다. 인간의 밑바닥을 본 그들은 분명 20세기의 지성인들이었다.

이런 자각은 노예해방이 보편적 선의지의 발로가 아니라 자본주의적 발전을 위한 노동력 확보의 일환이었다는 것을 보여준다. 또한 기업의 복지 확대가 더 높은 생산성 혹은 일하기 좋은 직장이라는 이미지 획득을 위한 하나의 정책이라는 것도 드러낸다. 인간은 자기 확장을 위한 노력을 멈추지 않을 것이고, 이 노력은 지구와 자신을 위협하는 요소가 될 것이다.

인간은 살아왔고 앞으로도 살아갈 것이다. 미래가 종말로 치닫는다고 해도 앞으로 나아갈 수밖에 없는 것이 인간의 운명이다. 문제는 '어떻게'가 될 것이다. 그리고 운이 좋으면 종말을 조금은 미룰 수 있을지 모른다. 그 역할은 공부하는 이들에게 맡겨져 있고 지식인들은 그 짐을 짊어져야 한다.

에드워드 사이드(Edward Said)의 목소리는 공부가 무엇이며 어떠해야 하는지에 대한 경종으로 들린다. 그는 《권력과 지성인》에서 지성인을 "자신이 누리는 특권에 의문을 제기하고 자기모순을 마주하는 이들"이라고 말한다. 박제된 공식과 진부한 생각들, 권력이나 관습을 거부하는 사람이 지성인이다. 사회적 변화에 민감하며 자신이 누리는 기득권적 요소를 언제든 거부할 수 있는 이들이다. 그래서 지성인은 자기추방적이다. 그들에게 '추방과 같은 쫓겨남은 통상적인 삶의 여정으로부터 해방되는 것'에 다름 아니다.

586세대, 성공한 기업들, 사림은 자기추방에 실패했다. 그들은 사회비판을 통해 새로운 패러다임을 이끌었으나 중심부로 들어선 이후 자신의 특권에 의문을 제기하지 못했고 풍요를 향유하는 데 익숙해지고 말았다. 니체의 표현을 빌자면 "괴물과 싸우는 동안 괴물이 되어"버렸다.

인간의 역사 전체가 괴물의 역사이기도 하다. 오래전 인간은 자연을 경이의 대상으로 보았다. 철학이 성장하고 과학이 발달하면서 인간은 자연을 이용의 대상으로 생각했고, 행복을 위한 향유의 수단으로 삼았다. 살아남기 위해 자연과 싸우던 인간이 스스로 괴물이 된 것이다. 이런 모습에 실망한 인간들이 자성과 반성의 목소리를 높여보지만 그들의 소리는 미미했고 두드러지지 않았다. 자연이 인간을 만들어 위기에 처했듯이 인간 또한 자신이 만든 인공지능으로 인해 삶을 위협받고 있다.

자기 추방적 지성인

지식인과 지성인은 다르다. 지식인이 지식을 소유하는 자라면 지성인은 그 지식을 어떻게 다루어야 하는지를 사유하는 자다. 그런 면에서 지식인은 지성인이 되어야 한다.

우리 시대 지성인에게 필요한 것은 자기 추방이다. 기존의 이론으로부터, 누리던 특권으로부터, 게으른 본능으로부터, 익숙한 일상으로부터의 추방이다. 그것이 가능할 때 살아 꿈틀거리는 지성이 탄생하고, 그동안 인간이 사유만 해왔지 실행하지 못한 새로운 출발이 가능하다. 에드워드 사이드는 두 가지 함정을 경계한다. 하나는 이윤이고, 다른 하나는 전문성이다. 미셸 푸코의 지적처럼 지식은 권력이다. 권력에 포획된 지식은 괴물이기 쉽다. 지식이 괴물이지 않기 위해서는 자본에 흔들리지 말아야 한다. 돈의 매력에 빠진 지성은 추하다. 여기에 자신이 전문가라는 믿음은 자만을 낳는다. 트로이의 목마가 의미하는 것처럼 위대한 기업과 국가가 몰락하는 지점에는 늘 자만이 있었다. 지성인은 자신을 벤치에 앉히고 자본의 유혹을 뿌리치며 전문성의 장벽을 허물 수 있는 사람이다.

추방적 지성인은 관습적인 논리에 반응하지 않고, 모험적 용기의 대담성에, 변화를 재현하는 것에, 가만히 서 있는 것이 아니라 움직이는 것에 반응한다.
_에드워드 사이드,《권력과 지성인》

소유는 지성의 죽음이다. 가지지 말고, 품지 않고, 흘려보내고 떠나야 한다. 과거에도 그랬지만 우리의 미래는 여전히 자기성찰과 공부에 달려 있다.

┃
앎은
살아 있다
┃

노인을 위한 나라는 없다

코맥 매카시(Cormac McCarthy)의 소설을 원작으로 만들어진 영화 〈노인을 위한 나라는 없다〉에는 세 사람의 주인공이 등장한다. 사냥꾼 르웰린 모스, 사이코패스 살인마 안톤 쉬거, 은퇴를 앞둔 보안관 에드 톰 벨이 그들이다. 영화는 갱들의 싸움에서 돈 가방을 발견한 모스를 쫓는 안톤 쉬거, 그를 쫓는 보안관 사이에서 일어나는 일들을 다루고 있다.

영화의 제목 그대로 노인을 위한 나라는 없다. 퇴직을 앞둔 보안관 에드 톰 벨의 모습이 그것을 잘 보여준다. 세상은 하루가 다르게 바뀌고 예전의 생각이나 가치관으로 이해할 수 없는 곳이다. 이런 세상에서 노인들은 옛날이야기로 과거를 추억하며 현실에 쓴소리나 할 뿐이다. 노인은 인생의 지식과 경험을 축적한 지혜를 가진 사람들이다. 그러나 세상은 노인의 지식과 경험이 필요하지 않다. 현실 속의 노인들은 퇴물 취급받는다.

세상은 우연이 지배하는 곳이다. 우연을 대표하는 캐릭터가 사이코패스 살인마 안톤 쉬거다. 그는 동전을 던져 살인 여부를 결정한다. 안톤 쉬거의 캐릭터는 우연에 따라 모든 것이 결정된다는 영화의 주제를 그대로 보여준다. 그와는 어떠한 대화도 통하지 않는다. 논리와 이성을 초월한 예측불허이기에 노인들에게는 일종의 재앙에 가깝다.

우리 세계가 그렇게 변해가고 있다. 문명이 인간의 계획에 의해 발전한다는 생각은 순진하다. 세상은 인간의 계획과는 무관하게 우연에 의해 흘러왔다. 세계대전은 의식적으로 일어난 전쟁이 아니었고, 대공황 또한 인간의 의도가 아니었다. 미국과 중국이 싸우는 것은 예측할 수 없는 변수에 의한 것이고, 인공지능 시대도 인간이 설계한 것이 아니었다. 내일조차 어떻게 변할지 예측할 수 없는 것이 현실이다.

실존주의자들의 명제처럼 세상은 '부조리하다'. 선한 의도로 한 일이 악한 결과로 돌아오고, 우연한 만남이 놀라운 발전을 가져오며, 이유를 알 수 없는 사건들이 우리를 덮친다. 영화는 이해할 수 없는 부조리한 세상을 안톤 쉬거를 통해서 보여준다. 여기에 노인으로 이해되는 보안관은 안톤 쉬거의 뒤를 쫓을 뿐 무능력하게 넋두리만 늘어놓는다. 노인의 지식과 경험으로 예측할 수 있는 세상은 없다. 그래서 노인을 위한 나라는 없다.

노인은 나이 많은 사람이 아니다. 생각이 고착된 사람이다. 과거의 경험과 배운 지식으로 세상을 이해하고 재단하는 사람이다. '내 생각이 옳다'. '이 생각이 맞다'라는 확신을 가진 사람이다. 변하는 세상에 대응할 힘을 잃고 옛것을 추억하며 오늘을 불편한 눈으로 바라보며 혀를 찰 뿐 변화를 이해하고 모험을 감행할 힘을 상실한 사람이다. 좀비(Zombie)다. 하나의 생각에 사로잡혀 다른 생각을 할 수 없는 이들이다.

앎의 시작

인간은 오랫동안 진리를 찾아 여행해왔다. 학문은 진리를 찾는 과정이다. 그렇게 얻은 것이 지식이고 지식은 곧 진리로 안착되었다. 그러나 과연 진리가 있을까? 해가 동쪽에서 뜬다는 것은 진리일까? 사람은 죽는다는 말은 진리일까? 해가 서쪽에서 뜨거나 죽지 않는 사람이 있을 수도 있지 않을까?

우리의 공부는 선행자들이 발견한 것들을 바탕으로 한다. 우리는 선조들이 만든 지식을 기반에 두고 새로운 지식으로 나아간다. 그러다 보니 선지식을 얻기 위해 많은 노력과 시간을 들인다. 문명이 성장하면서 지식도 폭발적으로 늘어났다. 지금의 교육은 선지식을 전달하고 외우게 하는 것이다. 가르치고 배우고 시험을 통해 아는지를 확인하는 곳이 학교다. 교육과 학교는 과거의 것을 전하는 매체의 역할에 머물고 있다.

진리는 없다. 있다면 진리가 없다는 사실 뿐이다. 인간이 포착한 지식은 단편적인 것에 불과하다. 항상 옳을 수는 없다. 세상의 답은 하나가 아니다. 정답은 없고 현답만 있다. 교육은 하나의 답을 찾는 것이 아니다. 과학이 증명한 것을 외우는 것이 교육이 되어서는 안된다. 사람들이 옳다고 믿는 것을 받아들이는 것이 공부가 되어서는 안 된다.

아는 것이 힘이다. 지식이 재산이다. 이런 양적 사고는 구시대적이다. 지식에 대한 가치관이 달라져야 한다. 학교가 학생들에게 인간 문명의 최고 진리를 전달하는 곳이라는 주장은 허구다. 기성세대들이 진리라고 '믿는' 것을 후세대에 전달하는 장치일 뿐이다. 장치는 노인을 만들고 괴물을 양산한다.

우리는 개념을 머릿속에 담아두는 것을 앎이라고 착각한다. 앎은 외우는 것과 관련이 없다. 앎은 깨짐이다. 자신이 품고 있던 미망이 깨지는 것이 앎의 시작이다. 이것이 진리다. 내 생각이 옳다, 이것이 정답이다, 이런 확신을 깨는 것이야말로 앎을 가져온다. 앎이란 고착이 아니라 운동이기 때문이다.

소크라테스의 '너 자신을 알라'는 말은 곧 앎의 시작을 의미한다. 앎은 내가 모른다는 것을 아는 데서 시작된다. '그동안 내가 몰랐구나', '안다고 착각하고 있었구나' 하는 생각이 든다면 그것이 앎의 시작이다. 프랜시스 베이컨(Francis Bacon)이 《신기관》에서 인간이 네

가지 우상에 사로잡혀 있다고 강조한 것은 인습에 의해 굳어진 인식 태도를 일깨우기 위한 것이었다. 그에 따르면 인간은 잘못된 선입관에 의해 그릇된 판단을 하는데 그것은 일종의 우상에 빠져 있기 때문이다. 예를 들어 동굴의 우상이 그렇다. 인간은 누구나 자기만의 경험을 하는데 특수한 경험으로 얻은 결론을 인간 전체의 문제라고 생각하는 경향이 있다. 특정 당파에 속해 있다 보니 그 당파의 입장에서 생각하게 되는 것이 대표적인 사례다. 베이컨은 이런 미망에서 깨어날 것을 요구했고 그것은 정확히 앎의 시작이었다.

나의 생각과 지식이 착각이었음을 깨닫는 것은 일종의 충격이고 사건이다. 눈에 보이는 현상이 진실이 아님을 아는 것은 놀라운 경험이다. 석가모니가 '아(我)에서 벗어나라'라고 했던 의미를 깨달은 사람은 '모두가 내 욕심이었구나', '내가 집착하고 있었구나'라는 충격을 경험한다. 이런 충격은 일상의 배치를 바꾸고 패러다임의 전환을 불러온다. 이전과는 다른 사람이 되는 것이다.

문학은 살아 있다

파블로 피카소(Pablo Picasso)의 말처럼 "작가들은 거짓을 통해 진실을 드러낸다". 문학가들의 이야기는 모두 거짓이다. 하지만 그 속에 인간이 어떤 존재인지, 세상은 어떤 곳인지에 대한 진실들이 담겨 있다. 사실이 진실일 수 있듯, 거짓 또한 진실일 수 있다. 《모비딕》의 에이 해브 선장은 실존 인물은 아니지만 그의 말과 행동을 통해 우리는 자기 파괴라는 희열을 향해 맹렬하게 돌진하는 인간의 전형을, 감춰진 진실을 발견한다.

> 눈에 보이는 대상은 모두 두꺼운 종이로 만든 가면에 지나지 않아. 하지만―삶이라는 의심할 수 없는 행위 속에서―벌어지는 모든 일의 경우, 분명히 알 수는 없지만 이성적인 무언가가 비이성이라는 가면 뒤에서 자신의 얼굴이 새겨진 거푸집을 내미는 법이지. 만일 뭔가를 찌를 생각이라면 바로 그 가면을 꿰뚫어야 해! 죄수가 벽을 뚫지 않고 무슨 수로 밖으로 나갈 수 있겠나? 나에게는 그 흰고래가 바로 그 벽이야…. 태양이 날 모욕하면 그 태양이라도 찔러줄 테니까.
>
> _허먼 멜빌,《모비딕》

문학 작품을 읽으면 인간이 어떤 존재인지를 새로운 시각으로 들여다보고 내 앞의 또 다른 나를 발견하면서 인간 이해가 깊어진다. 현실의 벽을 부수고 새로운 삶의 길로 뛰어들고 싶은 열망, 내가 부서지고 쓰러지더라도 이것만큼은 끝장내고 싶은 오기를 발견한다. 그와 함께 '고래를 두려워하지 않는 자는 내 포경 보트에 태우지 않겠다'라는 일등항해사 스타벅의 모습을 보면서 이성적인 행복을 꿈꾸는 우리의 현실을 확인한다. 나는 에이 해브 선장을 꿈꾸는가? 스타벅의 삶을 살고 싶은가? 이런 생각을 하며 자기를 돌아보고 세상을 살핀다. 이것이 문학의 의미이며, 앎의 시작이다. 앎은《모비딕》의

줄거리를 외운다고 되는 일이 아니다. 허먼 멜빌의 삶과 문학적 성향을 분석한다고 얻어지는 것이 아니다. 작품으로 들어가 그들의 이야기와 함께 살고, 그들의 말에서 세계를 발견하며, 그들식으로 세상을 보고 느낄 때 가능한 일이다. 그럴 수 있을 때 문학은 살아 있고 앎은 꿈틀거리는 생명력을 얻는다.

> 신념으로 하여금 사실을 몰아내고,
> 환상으로 하여금 기억을 몰아내게 하라.
> _허먼 멜빌, 《모비딕》

앎은 상태다

공부하는 사람들이 텍스트에 빠져드는 이유는 무엇인가? 공부가 좋다고 말하는 이유는 무엇인가? 공부가 상태이기 때문이다. 하나를 알면 공부가 끝나는 것이 아니라 그 알게 된 것이 다른 의문을 불러오고 새로운 앎을 찾도록 요구한다. 그래서 앎은 상태다. 알고자 하는 상태, 궁금해서 견딜 수 없는 상태, 새로운 삶의 가능성에 희열로 충만해지는 상태, 놀라고 연결하고 새롭게 하고 흥분되고 행복해지는 상태다. 앎은 일종의 중독이다.

공부하는 사람에게 무지의 발견은 기쁨이다. 내가 무지하다는 것을 아는 것은 자기 파괴적인 기쁨을 불러온다. 그 기쁨이 앎을 찾게 한다. 공부와 깨달음은 끝이 없다. 무지의 자각이 또 다른 무지의 자각을 불러온다. 앎은 무지를 전제한다. 이때의 무지는 백지상태와 같은 단순한 무지가 아니라 모른다는 것을 아는 상태다. 결국 무지와 깨달음의 상태를 오가며 사유하는 과정이 앎이다. 모른다는 것을 알고 앎을 시도하고 생각을 펼쳐 새롭게 나아가는 과정이다. 그래서 앎은 살아 있다.

앎은 사랑이다. 좋은 책을 만나면 가슴이 뛰고, 아이디어가 튀어오르고, 생각이 깊어지고, 잠을 자지 않고, 자기를 잊고, 존재에 다가가고, 희열에 싸여 주변 사람들에게 호의적 모습을 보이고, 아는 것을 나누며 유쾌하게 떠들고, 가진 것을 다 내놓아도 기쁨으로 충만해진다. 이것이 사랑이 아니고 무엇이겠는가.

앎과 사건

라틴아메리카 문학의 정수로 불리는 호르헤 루이스 보르헤스(Jorge Luis Borges)는 쉰 살이 되면서 눈이 거의 보이지 않았다. 어느 날 보르헤스가 노모와 함께 한 서점을 들러 이런저런 책을 고른 후 계산대의 점원에게 책 몇 권을 주문했다. 그리고 서점을 떠날 즈음이 되자 점원에게 이야기를 건넸다.

그는 (매우 정중한 말투로) 이제 자기 어머니도 쉬이 피곤함을 느끼기 때문에 자기에게 글을 읽어줄 사람이 필요하다고 설명했다. 나에게 그 자리를 제안한 것이다. 나는 그렇게 하마고 대답했다.

그 후 2년 동안 나는, 행운을 가져다주는 다른 우연한 만남이 그리하듯, 저녁 시간이나 또 학교가 허락할 때는 아침 시간에도 보르헤스에게 책을 읽어주었다.

_알베르토 망구엘(Alberto Manguel), 《독서의 역사》

당시 서점에서 일하고 있던 점원이 세계 최고의 독서가로 불리는 알베르토 망구엘이다. 망구엘에게 보르헤스와의 만남은 사건이었다. 당시 그의 나이 16세, 일하던 서점의 이름은 '피그말리온'이었다. 이 사건은 망구엘이 독서에 빠져드는 계기가 되었고, 그 후 망구엘은 보르헤스에게 얻은 문학적 영감을 바탕으로 작가의 길을 걷는다.

세계적 거장에게 책을 읽어주는 16세 소년의 마음은 어떠했을까? 망구엘이 보르헤스에게 어떤 책을 어떻게 읽어줬는지 자세히 알 길은 없다. 그러나 그가 책을 읽으면서 느꼈던 것이 무엇인지는 짐작할 수 있다. 그것은 떨림이었고, 환상이었고, 희열이었을 것이다. 떨림과 환상과 희열은 사랑을 낳고 사랑은 우리를 문학의 길로 안내한다. 책을 읽는 사람, 책을 사랑해본 사람은 안다. 책에서 발견한 문장과 깨달음이 얼마나 인생을 뒤흔들어 놓는지를. 앎은 사건이다.

지식을 넘어 앎으로

지식 본능을 가진 인간은 앎을 추구한다. 문제는 지식이 고정된 것으로 파악될 때 일어난다. 하나를 안다는 생각이 지식을 고착시킨다. 지식을 소유할 수 있는 것으로 판단하고 더 많은 것을 가지려고 한다. 앎은 고정된 지식이나 진리를 얻는 것이 아니다. 앎이란 자신의 정신을 확장하는 것이고 생각을 열어둠으로써 새로운 생각으로 나아가게 하는 것이다. 아는 것을 신념화시키고 절대화시켜서 지식의 탑을 쌓아서는 안 된다. 높은 탑을 쌓은 사람을 우상으로 신봉하고 추종해서도 곤란하다. 그런 사람은 곧 노인이 되고 좀비가 되어 자기 신념으로 세상을 재단하려 들 것이다. 세상은 우리 생각만큼 논리적이지도 아름답지도 않다. 세상은 우연에 의해 펼쳐진 카오스의 세계이고 우리는 그 세계의 물결을 따라 흘러 다닐 뿐이다.

공부는 마음가짐이다. 나는 앎을 추구하는 사람이지 아는 사람이 아님을 깨닫고 탈주와 접속을 반복한다. 그래서 앎은 사랑이다. 사랑은 자기를 우선시하지 않는다. 누군가를 지그시 바라보고 깊이 몰입하고 존재 자체를 기뻐하고 함께 함을 기꺼이 받아들인다. 공부하는 사람이 행복한 이유가 이것 때문이다. 그는 사랑 안에 기거할 줄 안다. 앎이 살아 있다는 말은 이런 의미다.

과학과 인문학은
어떻게 만나는가

삶의 현주소

> 개념을 넘어서 있는 것은 우리의 생각이라는 범주도 초월합니다.
> 신화가 바로 우리를 늘 그 지점에 데려다 놓습니다. 신화는 우리
> 에게 그것의 신비에 이르는 사다리를 마련해줍니다.
> _조셉 캠벨,《신화의 힘》

고대인들은 신화적 사유에 익숙했다. 그들은 신화를 통해 세상을
이해했고, 이야기를 통해 사는 방법을 배웠다. 신화와 이야기는 삶
의 지침이 되었고 길잡이의 역할을 해주었다. 덕분에 인간은 과학이

나 이성의 도움 없이 자연과 세계의 의미를 발견할 수 있었다. 그들은 사슴과 독수리와 심지어 사자들과도 함께 할 줄 알았다. 고대인들에게 삶은 신비로운 것이었고 세계는 의미로 가득했다. 작은 풀꽃도 숨결을 느낄 수 있고, 얕은 개울도 속삭일 줄 알았으며, 높은 산맥도 존재의 소리를 들을 수 있었다. 신비함 속에는 삶의 의미들이 넘쳐났다.

이성과 과학의 시대가 열리면서 신화적 사유는 뒤꼍으로 밀려났다. 추상적 관념과 환상적 이야기 대신 현실적 개념이 중심이 되었다. 현실적 개념이 중요해지면서 우리의 생각도 신비를 깨고 현실로 내려왔고, 실질적인 것이야말로 가장 중요하게 추구해야 할 것이 되고 말았다. 그와 함께 삶과 세계의 의미도 멀어졌다. 물질적 풍요와 행복을 추구하는 것 외에 다른 것을 상상하는 일은 금지되었다. 심지어 행복조차 물질적 풍요로 측정되는 시대, 이것이 신화를 밀어내고 과학이 차지한 우리 삶의 현주소다.

과학과 인문학,
의미 찾기

신화적 세계관에 따르면, 세상에 존재하는 모든 것은 어떤 의미가 있다. 세상에 쓸모없는 것은 없다. 세상은 완전하며 각자는 개성으로 의미를 갖는다. 개성으로 충만한 삶은 완전한 전체 중 일부다. 개인의 삶은 전체 중 일부이자 각자로 유일한 어떤 것이다. 고대인들에게 자기 길을 간다는 것은 자기로 완전해지는 것이고 하나의 진리에 도달하는 일이었다.

우리는 우주와 자연에 목적이 없다는 것을 알고, 세계는 창조주의 작품이 아닌 빅뱅의 결과라고 믿는다. 우리는 지구와 태양의 관계를 이해하고 있고, 달을 구성하는 물질과 태양의 운동에 관한 연구를 충분히 수행했다. 그러는 동안 우리는 삶을 놓쳤다. 존재의 의미를 잃고 방황하는 객체가 되었다. 우리는 자기 이해가 부족하고, 감히 개성을 추구할 용기를 내지 못한다. 삶은 획일화되고 대중화되어 전체에 포획된 도구로 복무할 뿐이다.

이것은 과학의 잘못이 아니다. 과학은 사물을 현실적으로 개념화하고 법칙화해서 세계를 정확하게 이해하도록 돕는다. 공학은 법칙을 활용해서 요긴한 도구를 만들 수 있는 기술을 제공한다. 편리와 편안을 제공하는 과학과 공학은 죄가 없다. 죄가 있다면 인간에게 있다. 과학에 짓눌려 신화를 잃어버린, 안락함에 이목을 빼앗겨 사유의 힘을 잃어버린 것은 인간이다. 인공지능 시대를 밝게만 볼 수 없는 이유가 이것 때문이다. 과학이 대중을 낳고 소비적 인간을 탄생시켰다면 인공지능은 삶의 의미를 추구하려는 인간의 의지마저 빼앗아갈지 모른다.

리 워넬(Leigh Whannell) 감독의 SF영화 〈업그레이드〉는 갑작스러운 사고로 전신 마비가 된 주인공 그레이가 최첨단 두뇌를 가진 인공지능 '스템'을 장착하면서 아내를 죽인 자들을 처단하는 과정을 담고 있다. 자신의 몸을 되찾기 위해 인공지능을 장착한 그레이는 놀라운 능력으로 복수를 하지만 그 과정에서 자아를 가진 스템에게 조종당한다. 결국 영화는 몸의 제어 능력을 모두 빼앗긴 그레이가 스템이 제공하는 가상현실 세계에서 죽은 아내를 되살려 환상 속에서 사는 것으로 막을 내린다. 〈업그레이드〉는 몸은 인공지능에 빼앗기고 정신은 가상현실 속에서 살아가는 인간의 미래를 냉정하게 그린 영화다.

이런 모습은 지금도 발견된다. 삶의 의미를 찾지 못하고 매일 반복되는 삶을 살면서 인터넷, 게임 같은 가상현실에 빠져 지내는 모습은 양적인 차이만 있을 뿐 그레이의 모습과 다르지 않다. 인공지능 시대의 장래를 밝게만 볼 수 없는 것은 지금 우리의 모습 때문이다. 인공지능은 인간의 소비를 더욱 부추기고 더 감각적으로 만들 것이 분명하다. 이런 상황에서 화려한 미래를 노래하는 것은 통제권을 상실한 채 스템이 만든 가상현실 속으로 자진해서 들어가는 것과 다를 바 없다. 우리에게 필요한 것은 현실을 제대로 보고 삶의 의미를 되살릴 수 있는 인문학이다.

사과의 의미

과학은 사실과 법칙을 탐구한다. 인문학은 과학이 탐구한 것의 의미를 묻는다. 인간은 의미 없는 삶을 견딜 수 없다. 인간의 자아가 의미를 탐색하기 때문이다. 내가 누구인지, 여기 왜 왔는지를 탐색하는 것은 인간의 숙명이다. 힘든 삶은 참을 수 있어도 의미 없는 삶은 견딜 수 없다.

사과를 생각해보자. 사과는 사과나무의 열매다. 사과는 보통 가을에 익는데 5~9센티미터 크기다. 큰 것은 15센티미터에 이르기도 한다. 과육은 노란색에서 연두색을 띠며 맛은 새콤달콤하고 아삭하며 과즙이 풍부하다. 씨앗에는 미량의 사이안화물이 함유되어 있다.

이것은 생물학 혹은 과학에서 말하는 사과의 개념이다. 이 개념은 사과에 대한 객관적 기술로 채워져 있다. 여기에 어떤 의미를 부여하기는 힘들다. 의미를 부여하는 순간 과학에서 벗어난다. 이것이 과학의 숙명이다.

인문학은 어떨까? 오래된 사과 이야기부터 살펴보자.

에덴동산에 살던 아담과 이브는 어느 날 아름답고 먹기 좋은 열매를 발견한다. 하느님은 '선악을 알게 하는 나무의 과일은 먹지 말라'고 하였으나 간교한 뱀의 유혹을 이기지 못한 이브가 그 과일을 따 먹고 함께 있던 남편도 먹게 한다. 이로 인해 인간은 에덴동산에서 쫓겨나고 수고스러운 삶을 산다. 이 이야기에는 사과라는 명칭이 정확히 사용되지 않지만 나무의 열매를 일반적으로 사과로 이해하고 해석한다. 사과는 인류의 역사에서 보편적이고 중요한 의미가 있는 과일이다.

에덴동산의 사과는 과학이 아니다. 이것은 어떤 의미가 담겨 있는 상징이다. 에덴동산의 사과가 의미하는 것은 신으로부터의 분리 혹은 독립이다. 성장한 아이가 부모를 떠나듯 인간도 신을 떠나야 한다. 그래야 인간으로의 삶을 시작할 수 있다. 인간은 편안히 종속된 객체가 아닌 수고롭지만 독립적 삶을 사는 주체다.

그리스신화의 주인공 파리스는 신들로부터 황금사과의 주인공이 누구인지 판결해달라는 요청을 받는다. 바다의 요정 테티스의 결혼식에 던져진 황금사과에는 '가장 아름다운 여신에게 드립니다'라는 글귀가 새겨져 있었다. 이 황금사과는 헤라, 아테나, 아프로디테 세 여신 사이에 놓였고 여신들은 사과가 자신의 것이라며 다툰다. 판결은 인간 파리스에게 맡겨지고, 파리스는 심판에 어려움을 겪는다. 세 여신은 각자의 권능으로 파리스에게 일종의 뇌물을 주는데, 헤라는 권력을, 아테나는 지혜를, 아프로디테는 가장 아름다운 여인을 약속한다. 세 가지 갈림길에서 파리스는 무엇을 선택했을까? 그가 선택한 것은 아프로디테가 약속한 아름다운 여인이었다. 젊은 청년에게는 그 무엇보다 아름다운 여인이 우선이다.

파리스의 사과는 무엇을 의미할까? 그것은 선택 혹은 인간이 중요하게 여기는 가치이다. 아름다움이야말로 인간이 추구하는 최고의 가치임을 파리스의 사과를 통해 짐작할 수 있다.

우리가 잘 아는 빌헬름 텔(Wilhelm Tell)은 스위스의 전설적 영웅이다. 유럽의 전통적 귀족 합스부르크 왕조는 스위스를 침략하고 게슬러라는 행정관을 파견한다. 게슬러는 독재자로 군림하며 스위스 국민을 핍박했고, 광장에 자신의 모자를 걸어두고 지나가는 사람들이 모두 절을 하게 했다. 텔은 그의 모자에 절하는 것을 거부해 체포되어 죽을 위기에 처한다. 텔이 활을 잘 쏜다는 사실을 안 게슬러는 잔인한 제안을 한다. 텔의 아들 머리 위에 사과를 놓아두고 하나의 화살로 사과를 맞추면 두 사람을 살려주겠다는 것이었다. 선택의 여지가 없었던 텔은 활을 들었고 그의 화살은 정확하게 아들의 머리 위 사과에 명중했다. 게슬러는 텔이 하나가 아닌 두 개의 화살을 화살통에 두었는지 이유를 캐묻는다. 만일 자신이 실패할 경우 남은 화살로 게슬러를 죽일 계획이었다는 텔의 말에 분노한 게슬러는 그를 섬으로 유배 보낸다. 유배 가던 배는 난파당하고 그 틈을 타 탈출한 텔은 남은 하나의 화살로 게슬러를 죽인다. 이 사건은 반란으로 이어지고 스위스 연방 건설의 기폭제가 된다.

빌헬름 텔의 사과는 어떤 의미일까? 그것은 저항이다. 타민족의 지배를 허용하지 않는 저항, 자기 나름의 방식을 지키며 살겠다는 목숨을 건 저항이다. 인간은 무엇보다 자유를 추구하는 존재다. '자유가 아니면 죽음을'이라는 강령은 인간이 어떤 존재인지를 여실히 보여준다.

뉴턴은 사과가 떨어지는 모습을 보고 만유인력의 법칙을 발견했다. 실제로 그와 가까웠던 주변 인물들이 당시의 모습을 들려준다.

> 뉴턴의 머릿속에서 이런 질문들이 맴돌았다. 그는 골똘히 생각하다가 물질에는 이러한 보편적인 힘의 방식과 법칙이 존재한다는 사실을 발견했다. 그리고 이 개념을 천체의 운동과 물질의 응집력에 적용할 수 있다는 사실을 깨닫고, 이를 바탕으로 우주에 대한 고유의 철학을 정립했다.
>
> _애덤 하트데이비스(Adam Hart-Davis), 《슈뢰딩거의 고양이》

뉴턴이 정말로 사과가 떨어지는 모습에서 만유인력이라는 우주에 대한 고유의 철학을 정립했는지는 확실히 알 수 없지만 그것이 사과와 연관되어 있다는 것은 그의 말을 볼 때 분명해 보인다. 뉴턴의 사과가 가진 의미는 무엇일까? 그것은 과학이다. 인간이 과학의 힘을 깨닫고 이용하게 되었다는 것, 그것을 뉴턴의 사과가 말해주고 있다. 이것은 인간 역사의 엄청난 사건이었다. 장차 산업혁명과 우주탐사선을 발사할 역사가 여기에서 시작된다.

그림 형제의 동화 《백설공주와 일곱 난쟁이》에도 사과가 등장한다. 백설공주를 죽이는 데 실패한 왕비는 자신이 직접 나설 것을 결심하고 독이 든 사과를 만들어 할머니로 변장해서 찾아간다. 오두막을 찾아간 왕비는 새빨갛게 잘 익은 사과를 보여주며 백설공주에게 먹어볼 것을 권한다. 난쟁이들의 충고를 잊지 않은 백설공주는 할머니의 제안을 거절하지만, 반쪽을 쪼개서 반은 자신이 먹고 반은 백설공주에게 주겠다는 말에 속아 그만 사과를 베어먹고 만다. 백설공주는 정신을 잃고 바닥에 쓰러진다.

백설공주의 사과는 어떤 의미일까. 그것은 유혹이다. 인간의 욕망을 자극하는 치명적인 유혹. 백설공주의 사과는 뉴턴의 사과와 만나 스티브 잡스의 사과, 애플로 이어진다.

스티브 잡스가 자기 아버지의 차고에서 친구와 함께 애플을 차렸다는 이야기는 너무도 유명하다. 애플은 승승장구했고 혁신과 창의성의 대명사가 되었다. 아이팟, 아이폰, 아이패드까지 그가 만든 제품은 혁신을 이끌었고 세계적인 신화가 되었다. 그와 함께 스티브 잡스 자신도 신화적 인물이 되어 사람들의 입에 오르내렸다. 췌장암으로 요절한 잡스의 짧은 삶까지도 전설의 완성에 한몫했다.

스티브 잡스의 애플은 어떤 의미일까? 그것은 혁신 혹은 창의성이다. 애플은 뉴턴의 사과에 기반을 둔다. 잡스는 과학에 기반을 두고 공학으로 탁월한 제품을 만들었다. 여기에 백설공주의 사과를 결합했다. 인간을 유혹하는 치명적인 매력의 사과다. 예술적 감각의 탁월한 디자인이 이것을 말해준다. 과학과 인문학의 결합, 이른바 융합이다.

인간의 삶에 영향을 끼친 사과는 많다. 폴 세잔(Paul Cezanne)의 사과도 있고, "내일 지구가 멸망하더라도 한그루의 사과나무를 심겠다"라던 바뤼흐 스피노자(Baruch Spinoza)의 사과도 있으며, "이것은 사과가 아니다"라는 르네 마그리트(Rene Magritte)의 사과도 있다. 사과는 인간의 삶과 함께했고 세상의 의미부여에 관여해왔다. 사과가 이렇게 다채로운 모습으로 등장한 것은 삶과 세계에 의미를 부여하려는 인간의 욕망 때문이다.

과학은 인문학과 만나야 한다. 미래는 두 학문의 힘을 포용한 자의 것이 될 것이다. 뉴턴의 사과에 인간의 독립적 삶을 돕고 폭력과 압제에 저항하고 새로운 가치를 부여하는 힘은 인문학에 있다. 지구가 멸망하더라도 한 그루 사과나무를 심는 힘이 인문학이다.

인문학은 삶의 순간에, 현실에, 미래에 어떤 의미를 부여한다. 과학의 사실성을 넘어 신화적이고 몽환적인 진실을 추구한다. 인문학이 추구하는 진실은 실제적인 것이 아니다. 인간의 삶에 사실만 있다면 우리는 견디지 못할 것이다. 우리를 먹여 살리는 것은 현실이지만 우리를 살아가게 하는 것은 신화와 환상이다.

자유로부터의 도피

> 근대인은 개인에게 안전을 보장해주는 동시에 개인을 속박하던 전(前) 개인주의 사회의 굴레에서는 자유로워졌지만, 개인의 자아실현, 즉 개인의 지적·감정적·감각적 잠재력의 표현이라는 적극적 의미에서의 자유는 아직 획득하지 못했다. 자유는 근대인에게 독립성과 합리성을 가져다주었지만, 한편으로는 개인을 고립시키고 개인을 불안하고 무력한 존재로 만들었다. 이 고립은 참기 어려운 것이다.
> _에리히 프롬, 《자유로부터의 도피》

에리히 프롬은 근대 이후의 삶을 '자유로부터의 도피'라고 규정한다. 근대를 거치면서 인간은 과거의 인습과 종교, 미신, 신분의 속박 등에서 자유로워졌다. '네 이성을 사용할 용기를 가져라'라는 칸트의 외침처럼 인간은 이성을 통해 합리적으로 생각할 수 있는 존재로 거듭났다. 그 과정에서 얻은 자유는 개인화된 인간에게 부담스러운 것이었다. 이것은 고된 업무와 인간관계로 힘들게 다니던 회사를 퇴직한 사람의 상태와 유사하다. 처음에는 시원한 쾌감을 느끼지만 점점 남아도는 시간을 어떻게 활용해야 할지, 누구를 어떻게 만나 어떤 이야기를 나눠야 할지 막막해진다. 그는 점점 자유에 지쳐 독립성을 잃은 대중으로 변해간다.

어딘가에 속해 있다는 소속감은 개인이 겪는 고독이라는 고통을 덜어준다. 반면 전체로부터 이탈해 고립된 개인은 자유가 주는 잉여의 압력 앞에 무방비로 노출된다. 혼자됨에 익숙하지 않고, 일상의 의미를 찾는 힘을 상실한 이들은 자유를 견디지 못하고 의존과 복종의 길을 선택한다. 정체성을 상실한 사람들은 타인의 기대에 부응하면서 그들을 따라 살아가야만 자기 삶에 안심할 수 있다. 물론 자신의 개성을 포기한 결과 얻게 되는 것은 노예적 삶이다.

이것을 아는 현대인들은 개성을 포기하지 않기 위해 남과 '다르게 보이기' 위해 기를 쓰고 노력한다. 그들에게 중요한 것은 자기답게 사는 것이 아니라 다르게 보이는 것이다. 어차피 자기답게 사는 것은 그들에게 불가능하다. 그것이 무엇인지 모르고 안다고 해도 행동할 용기가 부족하다. 이런 상황에서 할 수 있는 것은 다른 사람과 다르게 보이는 것이다. 최고급 승용차를 타고, 드라마 주인공들이 입는 최신 패션을 선택하고, 남들이 다 가본다는 유명 관광지에서 사진을 찍어 SNS에 올린다. 그렇게 소비는 신화가 되어 또 다른 소비를 부추긴다. 장 보드리야르(Jean Baudrillard)가 《소비의 사회》에서 말한 소비의 메커니즘은 개성 없는 대중의 본질과 맞닿아 있다.

인공지능 사회는 개성 없는 대중들을 더욱 소비의 신화 속으로 끌고갈 것이다. 이때 우리가 선택할 수 있는 길은 자신의 개성, 유니크니스에 바탕을 두고 자신감으로 적극적인 자유를 찾아가는 것이다. 그러자면 자기 삶에 확신을 가져야 한다. 나는 이런 삶을 살기로 했다는 자기 확신이 필요하다. 그런 자신감은 지금, 이 순간 내가 겪는 것에 대한 의미를 부여하는 힘에서 온다. 주위에 주체적으로 살아가는 사람들을 보라. 그들이 무엇이 다른지 금방 발견할 수 있을 것이다. 그들은 자기 선택과 행동에 대해 어떤 의미를 갖고 있다.

하루의 의미

인공지능 로봇 데이비드는 지구에 빙하기가 찾아온 후 2000년 동안 잠을 자다 외계인들에 의해 발견된다. 인간의 존재를 탐구하던 외계인들은 데이비드를 통해 인간을 알려 시도하던 중, 어린 데이비드에게 인간 존재의 의미를 들려준다.

난 인간이 영혼을 가지고 있어 부러워.
인간은 삶의 의미를 수없이 많이 만들어왔어.
미술로, 시로, 수학 공식으로….
_영화 〈에이아이〉 중에서

인간은 죽을 수밖에 없는 존재다. 필멸의 존재이기에 삶의 의미를 고민한다. 영원히 산다면 의미를 찾을 필요도 없다. 언젠가 천천히 어디서든 발견하면 될 일이다. 우리는 왜 삶에 의미를 찾는가? 우리는 죽을 존재이기 때문에, 단 한 번의 삶을 의미 있게 살고 싶어서 의미를 추구한다.

이 문제를 진지하게 고민해야 하는 순간이 왔다. 그동안 우리는 도피하는 삶을 살았다. 자유로부터의 도피, 삶의 의미로부터의 도피, 인간의 역사는 도피의 역사다. 편안과 안락을 위해 살아왔지만 결국 그것을 얻었는가? 물질적 풍요가 그것을 가져왔는가? 이제 깨달아야 한다. 진정한 평안은 자유로부터 도피하여 물질적 풍요로 채우는 것이 아니라 삶의 의미로 충만해지는 것에 있음을.

삶과 세계에 의미를 부여하지 못하는 삶은 결국 인공지능이 제공하는 의미를 추종하며 가상세계에서나 살아갈 것이다. 정보나 지식에 의미를 부여하는 것은 결국 인간이다. "오늘날 많은 사람은 삶의 수단은 가지고 있지만 삶의 의미를 가지고 있지 않다"라는 빅터 프랭클(Viktor Frankl)의 말처럼 우리에게 지금 필요한 것은 신화와 환상을 품고 자기 삶에 의미 부여할 수 있는 힘이다.

외계인을 만난 데이비드는 엄마를 만날 수 있게 해달라고 부탁하고, 외계인들은 자신들의 힘으로 인간을 되살리기는 가능하지만 단 하루밖에 살 수 없다고 말한다. 단 하루의 삶이지만 엄마와 함께 하는 길을 선택한 데이비드는 행복한 하루를 보내고 엄마와 함께 깨어나지 않을 깊은 잠에 빠진다.

영화는 말한다. 우리에게 주어진 것은 하루, 단 하루뿐이라고. 그 하루가 사랑으로 의미로 넘친다면 그것은 좋은 삶이 될 것이라고.

| 함께 읽으면 좋을 책들 |

고미숙 지음, 《아무도 기획하지 않은 자유》, 휴머니스트, 2004

구본권 지음, 《로봇 시대, 인간의 일》, 어크로스, 2015

김기찬·송창석·임일 지음, 《플랫폼의 눈으로 세상을 보라》, 성안북스, 2015

김민섭 지음, 《경계인의 시선》, 인물과사상사, 2019

김하나 지음, 《내가 정말 좋아하는 농담》, 김영사, 2015

나탈리 골드버그 지음, 권경희 옮김, 《뼛속까지 내려가서 써라》, 2013

남현희 지음, 《일득록》, 문자향, 2008

노자 지음, 오강남 엮음, 《도덕경》, 현암사, 1995

니콜라스 카 지음, 최지향 옮김, 《생각하지 않는 사람들》, 청림출판, 2019

더글러스 애덤스 지음, 김선형·권진아 옮김, 《은하수를 여행하는 히치하이커를 위한 안내서》, 책세상, 2005

레이 커즈와일 지음, 장시형·김명남 옮김, 《특이점이 온다》, 김영사, 2007

로버트 루트번스타인·미셸 루트번스타인 지음, 《생각의 탄생》, 에코의서재, 2007

로베르타 골린고프·캐시 허시−파섹 지음, 김선아 옮김, 《최고의 교육》, 예담 아카이브, 2018

롤랑 바르트 지음, 김희영 옮김,《사랑의 단상》, 동문선, 2004

─, 김희영 옮김,《텍스트의 즐거움》, 동문선, 1997

롤프 옌센 지음, 서정환 옮김,《미래경영의 지배자들》, 리드리드출판, 2017

르네 지라르 지음, 김치수·송의경 옮김,《낭만적 거짓과 소설적 진실》, 한길사, 2001

마르셀 모스 지음, 류정아 옮김,《증여론》, 한길사, 2002

매일경제 세계지식포럼 사무국 지음,《지식혁명 5.0》, 2019

맹자 지음, 박경환 옮김,《맹자》, 홍익출판사, 2005

모기룡 지음,《왜 일류의 기업들은 인문학에 주목하는가》, 다산초당, 2015

미하이 칙센트미하이 지음,《창의성의 즐거움》, 북포드, 2003

─, 이희재 옮김,《몰입의 즐거움》, 해냄, 1999

비스와바 쉼보르스카 지음, 최성은 옮김,《끝과 시작》, 문학과지성사, 2007

세스 고딘 지음, 윤영삼 옮김,《린치핀》, 라이스메이커, 2019

신영복 지음,《변방을 찾아서》, 돌베개, 2012

안상헌 지음,《어떻게 일할 것인가》, 책비, 2012

안인희 지음,《안인희의 북유럽 신화 1》, 웅진지식하우스, 2007

알랭 드 보통 지음, 정영목 옮김,《나는 왜 너를 사랑하는가》, 청미래, 2007

─, 정영목 옮김,《불안》, 이레, 2005

알베르토 망구엘 지음, 정명진 옮김,《독서의 역사》, 세종서적, 2016

애덤 하트데이비스 지음, 강영옥 옮김,《슈뢰딩거의 고양이》, 시그마북스, 2017

앨빈 토플러, 하이디 토플러 지음, 김중용 옮김,《부의 미래》, 청림출판, 2006

에드워드 W. 사이드 지음, 전신욱·서봉섭 옮김,《권력과 지성인》, 창, 2011

에드워드 윌슨 지음, 이한음 옮김, 《인간 존재의 의미》, 사이언스북스, 2014

에리히 프롬 지음, 김석희 옮김, 《자유로부터의 도피》, 휴머니스트, 2012

오르테가 이 가세트 지음, 황보영조 옮김, 《대중의 반역》, 역사비평사, 2005

유발 하라리 지음, 조현욱 옮김, 《사피엔스》, 김영사, 2015

——, 김명주 옮김, 《호모 데우스》, 김영사, 2017

이혜정 외 지음, 《IB를 말한다》, 창비교육, 2019

장석주 엮음, 《장석주 시인의 마음을 흔드는 세계 명시 100선》, 북오션, 2017

장자 지음, 오강남 풀이, 《장자》, 현암사, 1999

잭 호키키안 지음, 전대호 전광수 옮김, 《무질서의 과학》, 철학과현실사, 2004

정민 지음, 《다산선생의 지식경영법》, 김영사, 2007

제러미 리프킨 지음, 이창희 옮김, 《엔트로피》, 세종연구원, 2000

——, 이희재 옮김, 《소유의 종말》, 민음사, 2001

제리 카플란 지음, 신동숙 옮김, 《인간은 필요 없다》, 한스미디어, 2016

제임스 무어 지음, 강병구 옮김, 《경쟁의 종말》, 자작나무, 1998

조셉 캠벨 지음, 박경미 옮김, 《네가 바로 그것이다》, 해바라기, 2004

조셉 캠벨·빌 모이어스 지음, 이윤기 옮김, 《신화의 힘》, 21세기북스, 2020

진은영 지음, 《일곱 개의 단어로 된 사전》, 문학과지성사, 2003

짐 콜린스 지음, 이무열 옮김, 《좋은 기업을 넘어… 위대한 기업으로》, 김영사, 2005

——, 김명철 옮김, 《위대한 기업은 다 어디로 갔을까》, 김영사, 2010

찰스 핸디 지음, 이종인 옮김, 《코끼리와 벼룩》, 생각의나무, 2001

최영미 지음, 《내가 사랑하는 시》, 해냄, 2009

최인훈 지음, 《광장》, 문학과지성사, 2001

칼리 지브란 지음, 오강남 옮김, 《예언자》, 현암사, 2003

프란츠 카프카 지음, 김성화 옮김, 《비유에 대하여》, 아름다운날, 2016

필 사이먼 지음, 장현희 옮김, 《플랫폼의 시대》, 제이펍, 2013

하야시 노부유키 지음, 김정환 옮김, 《스티브 잡스의 명언 50》, 스펙트럼북스,
2010

허먼 멜빌 지음, 황유원 옮김, 《모비딕》, 문학동네, 2019

황지우 지음, 《게 눈 속의 연꽃》, 문학과지성사, 1990

후아나 폰세 데 레온 엮음, 윤길순 옮김, 《우리의 말이 우리의 무기입니다》,
해냄, 2002

후쿠타 세이지 지음, 교육을바꾸는사람들 옮김, 《국제바칼로레아의 모든 것》,
21세기교육연구소, 2019

새로운 공부가 온다

초판 1쇄 발행	2020년 5월 22일
초판 2쇄 발행	2021년 7월 19일
지은이	안상헌
펴낸곳	(주)행성비
펴낸이	임태주
책임편집	박은영
디자인	디자인 스튜디오 [서-람]
출판등록번호	제2010-000208호
주소	경기도 파주시 문발로 119 모퉁이돌 303호
대표전화	031-8071-5913
팩스	031-8071-5917
이메일	hangseongb@naver.com
홈페이지	www.planetb.co.kr

ISBN 979-11-6471-098-0(03370)

행성B는 독자 여러분의 참신한 기획 아이디어와 독창적인 원고를 기다리고 있습니다.
hangseongb@naver.com으로 보내 주시면 소중하게 검토하겠습니다.